LETTRES

DE

EUGÈNE DELACROIX

A

M. PAUL MANTZ

Au critique loyal et délicat

J'OFFRE CEŜ *LETTRES DE EUGÈNE DELACROIX*

EN GAGE D'ESTIME ET D'AMITIÉ

PH. BURTY

Paris, novembre 1878.

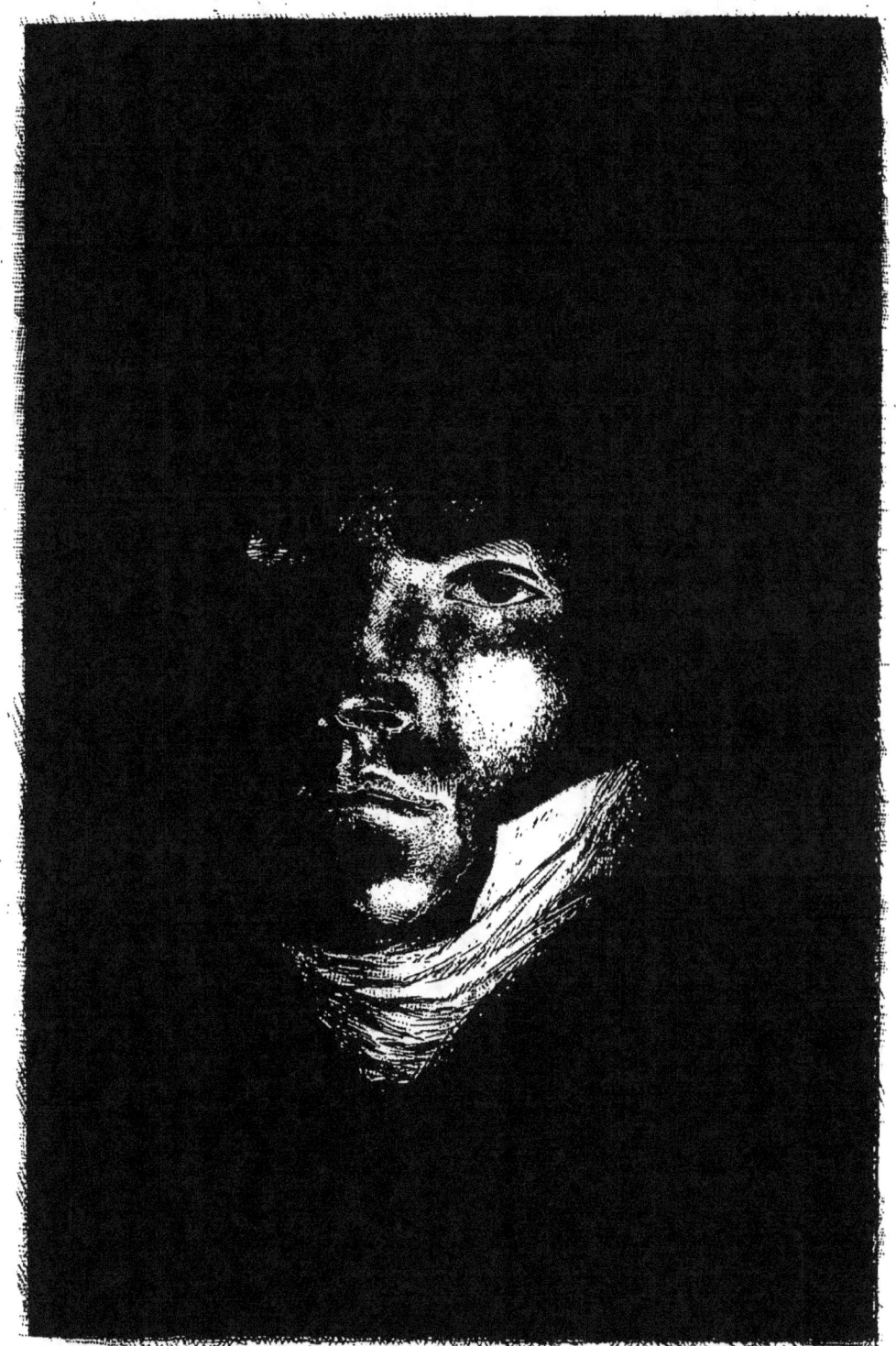

Eug. Delacroix se ipsum. del.

Fréd. Villot sculp 1847

LETTRES DE E. DELACROIX

IMP. A. QUANTIN

LETTRES

DE

Eugène Delacroix

(1815 à 1863)

RECUEILLIES ET PUBLIEES PAR

M. PHILIPPE BURTY

Avec fac-simile de lettres

PARIS

A. QUANTIN, IMPRIMEUR-ÉDITEUR

7, RUE SAINT BENOIT

1878

Au moment où, ramené de sa chère maison de Champrosay dans un état d'épuisement extrême, Eugène Delacroix eut le sentiment de sa fin prochaine, il anéantit un testament antérieur, fit appeler les notaires et, sans s'interrompre, pendant trois heures, avec une lucidité de mémoire et de parole surprenante, il dicta ses nouvelles et définitives dispositions.

C'est le résumé de l'histoire de son génie et de son cœur. L'art et l'amitié avaient été les mobiles et les soutiens constants de sa vie, l'art et l'amitié interviennent seuls dans ces préoccupations suprêmes. Avant tout, il pense à assurer le repos de ceux qui l'ont touché de près, de son parent et ami le peintre Léon Riésener, de son élève Pierre Andrieu, qui l'a secondé avec une si rare abnégation, de sa gouvernante Jenny Le Guillou, dont les soins passionnés et jaloux ont prolongé son souffle frêle, toujours menacé. Il envoie à chaque ami un souvenir. Puis il impose à son légataire universel l'obligation d'uue vente publique de ses études, de ses cartons, de ses esquisses de toiles, qui le vengera des dédains, des déboires, des négations qu'il a recueillis presque sans interruption dans le cours de sa carrière d'artiste.

Voici ce précieux document ; nous n'en avons réservé que quelques paragraphes ayant trait à des arrangemens de famille, sans intérêt général.

Par-devant maîtres......, notaires à Paris, soussignés, en présence de MM......, témoins instrumentaires requis, etc.

A comparu :

M. Ferdinand-Victor-Eugène Delacroix, peintre, membre de l'Institut, demeurant à Paris, rue Furstemberg, nº 6,

Sain d'esprit, mémoire et entendement, ainsi qu'il est apparu auxdits notaires et témoins par ses discours et conversation, mais malade de corps ; trouvé par lesdits notaires et témoins couché dans un lit dans sa chambre à coucher, éclairée par une croisée sur un jardin, dépendant de l'appartement qu'il occupe au premier étage de ladite maison, entre cour et jardin, où lesdits notaires et témoins s'étaient rendus sur l'invitation qui leur a été faite par M. Delacroix;

Lequel, dans la vue de la mort, a dicté son testament auxdits notaires en présence desdits témoins, ainsi qu'il suit :

CECI EST MON TESTAMENT :

Je révoque tout testament et toutes dispositions antérieures au présent testament.

J'institue pour légataire universel M. PIRON, ancien administrateur des Postes ; je le prie de vouloir se charger de l'exécution de mes dernières volontés.

Je vais disposer au profit de Divers de la presque totalité de ma fortune; il restera fort peu de chose pour mon légataire universel, car cela dépendra du prix que produira la vente de mes objets d'art; mais je compte sur son amitié, et je sais qu'il n'hésitera pas à remplir mes dernières volontés. D'ailleurs je ne lui aurais pas imposé une charge semblable si je n'avais la certitude que le produit de la vente sera supérieur aux legs que je fais ci-après.

Dans le cas où M. PIRON *ne voudrait ou ne pourrait accepter ce legs universel, j'institue pour légataire universel à son défaut, M. le baron* RIVET, *administrateur du chemin de l'Ouest.*

Je charge mon légataire universel du paiement des legs ci-après:

Je lègue à M. LÉON RIESENER *mon cousin, une somme de vingt mille francs (20,000 fr.) et la toute propriété de ma maison de campagne de Champrosay, avec toutes ses dépendances et tous les meubles meublants le garnissant. Tous les tableaux, objets d'art et livres s'y trouvant ne sont pas compris dans ce legs. Je lui lègue en outre le portrait de mon cousin Henri Hugues, le portrait de son père à la mine de plomb, plus la pendule et les flambeaux en bronze garnissant la cheminée de ma chambre à coucher de Paris, plus une grisaille que j'ai peinte d'après lui, plus le petit portrait de mon frère couché* [1]. *Je le prie de reprendre les peintures de lui qui se trouvent chez moi.*

Je lègue à M. ANDRIEU, *peintre, une somme de quinze mille francs (15,000 fr.), plus une esquisse de la Chapelle de Saint-Sulpice, plus un lion couché peint par moi sur papier reporté sur toile, et une copie par lui des* Femmes d'Alger, *plus les croquis que j'ai faits pour le Salon de la Paix.*

Je le prie de reprendre les esquisses qu'il a faites d'après l'ensemble des travaux du Salon de la Paix, à l'Hôtel de Ville.

Je lègue à Jeanne-Marie LE GUILLOU *une somme de cinquante mille francs (50,000 fr.) plus ce qui sera à sa convenance*

---

1. Toutes ces œuvres sont de Delacroix. Elles datent de sa jeunesse et offrent un grand intérêt.

dans mon mobilier ..., en un mot ce qu'il lui plaira de choisir pour se composer le mobilier d'un petit appartement convenable.

Plus plusieurs croquis ou peintures que j'ai désignés pour lui appartenir en l'écrivant au dos de ces objets[1];

Plus l'un de mes deux portraits en buste, peints par moi (celui ayant un gilet vert écossais), plus deux médaillons en terre cuite, cadres dorés, de mon père et de ma mère, ainsi que les miniatures de mon père et de mes deux frères.

Je lègue à M. le commandant DELACROIX, mon cousin, une bague en or, donnée à mon frère par le prince Eugène, avec ces mots : Fidélité, Valeur; plus un petit revolver, un sabre donné à mon frère par le prince Eugène (le nom du prince Eugène est gravé sur la lame), un tromblon anglais venant de mon frère, plus la grande médaille d'or que j'ai reçue à l'Exposition de 1855.

Je lègue à M. BERRIER, mon parent, le portrait du pape par Lawrence (gravure), plus une belle aquarelle de Fauvel (Vue d'Athènes).

1. Jenny ou Jeanne Le Guillou, dont le rôle auprès de Delacroix pourrait être dénaturé injustement, n'était pas une nature vulgaire. C'était [une paysanne des environs de Brest, douée d'instincts délicats. Quelquefois, dans l'atelier, elle disait spontanément en face d'un croquis ou d'une peinture : « Monsieur, je trouve cela très bien. — Cette Jenny s'y connaît, s'écriait Delacroix ravi. Eh bien, Jenny, je vous le donne ! » Et il écrivait son nom au revers. De là à accepter qu'il la consultait pour ses tableaux et à renouveler l'anecdote de la servante de Molière, la distance est grande. — Malheureusement, vers la fin, malade, soupçonneuse, elle fit le vide autour de son maître qui ne pouvait se passer de ses soins.

En mourant, elle légua au Louvre le portrait de Delacroix, « en gilet vert écossais ». Il a été placé sous le plus mauvais jour, dans un angle du salon carré de la peinture française.

Les deux médaillons du père et de la mère de Delacroix étaient signés : « Chinard, de l'Institut national et de l'Athénée de Lyon à Marseille. » J'ignore ce qu'ils sont devenus, mais M. Bornot, de Valmont, en possède des moulages.

A M. Auguste BORNOT, *mon cousin, le portrait de ma grand'mère, les deux portraits de mes deux frères enfants; les peintures et les dessins que j'ai eus de la succession de mon cousin Bataille.*

A M. le baron RIVET, *sus-nommé, copie du portrait de Charles II, roi d'Espagne, d'après Velasquez; fleurs sur carton mince avec un cadre étroit (peinture); tableau inachevé de Bonington (Chevalier et Page) et une petite toile portant deux sujets en grisaille du même.*

A M. le baron SCHWITER *mon petit tableau de Watteau (les Apothicaires), tableau de Chardin (Raisins, poires, etc.); un grand paysage inachevé de Th. Fielding.*

A M. Louis GUILLEMARDET, *un petit Enfant en marbre, un vase de porcelaine forme bouteille, bleu céladon, quarante jetons environ en argent, offerts autrefois à mon père par la ville de Bordeaux, quatre flambeaux dorés style Louis XV, une petite médaille d'or de Lucius Verus, qui m'a été léguée par notre cher Félix.*

A M. Ferdinand LEROY, *directeur de la caisse des Travaux de Paris, un beau pastel à son choix parmi mes Études de paysage.*

A M. SAGNIER, *rue du Mail, n° 13, un pastel semblable, à son choix.*

A M. THIERS, *un bronze de Germain Pilon, et un petit Lion antique, également en bronze.*

A M. CHARIER, *conseiller maître des Comptes, la* Revue du Premier Consul *(gravure), plus les Œuvres de Regnard venant de M. Vieillard, plus un serre-papier de bronze représentant une petite Diane.*

*A M*ᵐᵉ *la baronne de* FORGET, *un petit coffre en porcelaine de Sèvres doublé de métal, une petite bague antique en or, avec pierre fouillée par l'outil, une petite miniature de l'impératrice Joséphine. Elle voudra bien faire* *reprendre le volume qu'elle m'a prêté des* Antiquités d'Herculanum.

A Mme *la baronne de* RUBEMPRÉ*, une copie de Sainte en buste tenant une palme et une épée, d'après Alonzo Cano.*

A Mme SAND*, un petit couteau turc, un serpent en plomb qui lui avait été donné par* Mme *Dorval, une grande esquisse représentant le* Sabbat de Faust *(effet de nuit).*

A M. HARO*, la collection de médailles qui m'a été donnée à l'Exposition universelle comme membre de la Commission impériale. J'ai le regret d'avoir distrait celle de bronze* (sic)*.*

A M. *François de* VERNINAC*, président du tribunal à Tulle, un grand bureau à cuivres dorés qui me vient de mon beau-frère.*

A Mme DURIEZ DE VERNINAC*, le portrait de ma sœur par David, le buste en marbre de* Mme *de Verninac* [1]*, trois portraits de mon neveu, l'un se trouvant à la tête de mon lit et le second en ébauche dans mon atelier; le troisième est un petit buste de face, la tête grandeur de nature, deux portraits de mon père et de mon frère, les masques en bronze de mon père et de mon neveu Charles, un dessin allégorique d'Androclès fait à Lyon en l'honneur de mon beau-frère, et des Vues de Constantinople encadrées de noir, ainsi qu'un tableau représentant la série des Empereurs turcs.*

Je le prie de vouloir bien répartir entre M. son frère et son excellente sœur, Mme PERRUGUES*, ces souvenirs de famille.*

---

1. Eugène Delacroix regardait avec raison ce grand portrait comme un des chefs-d'œuvre de David. Il avait toujours exprimé l'intention formelle de le léguer au Louvre. On voit une belle et svelte jeune femme, le corps de profil, assise sur une chaise à l'antique, laissant pendre un de ses bras, reposant l'autre sur le dossier.

Le buste, non moins remarquable dans son genre, est de Chinard, de Lyon.

A M. Cournault, *à Malzéville près Nancy, mes deux coffres de Maroc, et tous les objets venant d'Alger, armes, vêtements, coussins, écharpes, etc.*

*A M*me Cavé, *deux vases en faïence avec des cordes pour ornements.*

Je lègue à M. Maréchal, *de Metz, plusieurs pastels d'études pour* Sardanapale, *plus la belle copie de Géricault d'après* les Géants, *de Paul Véronèse.*

Je lègue à M. Devilly, *à Metz, une répétition ébauchée du* Christ portant sa croix, *plus un dessin à son choix dans mes* Études de Maroc.

Mon tombeau sera au cimetière du Père—La—Chaise, sur la hauteur, dans un endroit un peu écarté. Il n'y sera placé ni emblème, ni buste, ni statue; mon tombeau sera copié très exactement sur l'antique, ou Vignoles ou Palladio, avec des saillies très prononcées, contrairement à tout ce qui se fait aujourd'hui en architecture.

Après ma mort, il ne sera fait aucune reproduction de mes traits, soit par le moulage, soit par dessin ou photographie; je le défends expressément.

J'entends formellement qu'il y ait vente publique et aux enchères, par commissaire—priseur, de tout ce qui m'aura appartenu en dehors des objets que j'ai légués,

Et j'impose à mon légataire universel l'obligation rigoureuse de faire procéder à cette vente dans les deux ans qui suivront mon décès.

Je désire, sans en faire une loi, que la vente des objets d'art soit dirigée par MM. Petit *et* Tedesco.

Je prie MM. Pérignon, Dauzats, Carrier, *baron* Schwiter, Andrieu, Dutilleux *et* Burty, *de s'entendre avec mon légataire universel et de classer mes dessins.*

Chacun d'eux voudra bien accepter et choisir un dessin important.

*J'entends expressément qu'on comprenne dans la vente
un grand cadre brun représentant des Fleurs comme posées
au hasard sur un fond gris, et un Centaure à la mine de
plomb.*

Enfin, je lègue à MM. CARRIER, HUET, SCHWITER *et* CHE-
NAVARD, *toutes les esquisses de Poterlet et les dessins de*
M. *Auguste.*

Je lègue à M. CHENAVARD, *sus-nommé, peintre, une
copie de moi du* Christ au tombeau, *du Titien, plus un dessin
de lui d'après une* Madone du Corrège.

A M. HUET, *toutes mes lithographies de Charlet.*

A M. PEDRON, *receveur des douanes, à Mijoux, près
Saint-Claude (Jura), toutes mes gravures antiques des bas-
reliefs de Rome, plus un grand volume rare gravé d'après
Téniers (Collection de l'archiduc Léopold).*

A M. PETIT, *un petit tableau représentant* le Centaure
et Achille.

A M. TEDESCO, *un tableau sur toile de 30 à 40, représentant un* Grec *à cheval et un* Combat *dans le fond.*

Je me rapporte à MM. PETIT *et* TEDESCO *pour les soins
qu'ils mettront à la mise en vente de mes objets d'art.*

*Mon légataire universel choisira aussi dans mes objets
d'art deux peintures et deux dessins.*

Tout le surplus se vendra aux enchères.

Je lègue à M. BLONDEL, *conseiller d'État, mon portrait
non tout à fait achevé, le fond est très obscur (l'habit noir).
Je regrette vivement de ne pas être en mesure de lui donner
un autre gage de mon amitié.*

*Ainsi que je l'ai dit, le prix de la vente de mes objets
d'art servira à solder les legs en argent; s'il y a lieu, il
appartiendra pour le surplus à mon légataire universel.*

*Les frais d'emballage et envoi des objets légués seront à
la charge de ma succession.*

Dans le cas où il y aurait lieu à la réduction des legs particuliers ci-dessus faits, cette réduction aura lieu seulement proportionnellement entre les legs des sommes d'argent; les legs d'objets mobiliers, comme le legs de ma maison de campagne, ne subiront aucune réduction.

J'ose prier M. LEGRAND, *avoué près le tribunal civil de la Seine, demeurant à Paris, rue de Luxembourg, n° 45, qui m'a toujours témoigné tant de sympathie, d'aider de ses conseils mon légataire universel, et je le nomme à cet effet mon exécuteur testamentaire.*

Je le prie d'accepter une réduction du tableau de Sardanapale, *un grand tableau de fleurs en hauteur, plus un beau vase du Japon, monté en cuivre doré, plus deux lampes Barbedienne, d'un assez beau modèle.*

Ce testament a été ainsi dicté par M. Delacroix... l'an mil huit cent soixante-trois, le trois août, de une heure à trois heures de l'après-midi.

*

Le jeudi, 13 août 1863, à sept heures du matin, Eugène Delacroix s'était éteint doucement. Quelques privilégiés ont pu voir, s'élevant en ton olivâtre et à peine jauni sur le blanc de l'oreiller et sortant d'une haute cravate de mousseline empesée, ce visage à la puissante ossature, aux lèvres pincées, au front haut encadré par les mèches de cheveux noirs sans reflet. Ils n'oublieront pas la perçante attention de ces yeux noirs seulement demi-clos, ni cet air d'aristocratie exotique qui faisait penser aux princes persans des légendes. Ceux qui l'ont bien connu auraient pu croire qu'il écoutait, qu'il allait répondre. Il était passé de vie à trépas, sans regrets, sans appréhensions, en stoïcien.

Peu de jours après, les sept personnes désignées spécialement pour classer les dessins, MM. Pérignon, Dauzats, Carrier, baron Schwiter, Andrieu, Dutilleux et Burty étaient prévenus du grand honneur que leur avait fait Delacroix au moment où il réglait les intérêts les plus chers de sa vie et de sa mémoire. Ils se réunirent dans l'atelier, et en présence de M. Piron, le légataire universel, de M. Legrand et de l'expert M. Francis Petit, se livrèrent à l'étude sommaire des dessins, des pastels, des aquarelles, des calques, des croquis au crayon ou à la plume, des eaux-fortes, des lithographies, qui emplissaient une trentaine de cartons de toutes tailles. Il y en avait au delà de six mille! Personne ne les avait jamais vus, sauf M. Andrieu, qui vivait depuis plusieurs années auprès du maître et l'aidait dans ses travaux. Personne, même les plus intimes amis, n'avait jamais reçu la confidence de ce labeur énorme. Aussi quelle émotion nous prenait quand nous passions des études à l'atelier Guérin, et à l'École des Beaux-Arts, qu'il avait conservées, à ses carnets de voyages, couverts d'écriture chevauchant les croquis pris, en canot, sur la Tamise ou, au Maroc, sur le pommeau de la selle! Quand les projets, les études pour le salon du Roi, pour les pendentifs et les culs-de-four de la bibliothèque de la Chambre des députés, pour le plafond d'Apollon, pour la chapelle des Saints-Anges, pour les caissons du salon de la Paix, nous montraient cent variantes de sa pensée et de sa main, le travail incessant de sa mémoire et de sa pensée, la sûreté de son jugement, l'anxieux et noble trouble de sa science en face de la nature ! Les études, répétées à l'infini, de costumes, d'animaux, de fleurs, de vagues, de levers et de couchers de soleil, de figures nues ou drapées dans des attitudes familières ou héroïques, d'essais d'après les antiques et les maîtres, nous livraient le secret entier du poëte et du peintre.

Il avait, à plusieurs reprises dans sa vie, épuré ces cartons, brûlé ce qui était indigne de lui survivre. Jamais il ne les avait vidés pour en tirer profit. Il voulait qu'après sa mort, ils vinssent, comme un argument solennel, protester contre les reproches amers d'improvisation et de facilité dont on l'avait poursuivi, et prouver qu'une « improvisation » aussi abondante et aussi solide que celle dont il avait fait preuve dans ses travaux décoratifs ou ses tableaux, qu'une semblable facilité à exprimer le sentiment et l'idée, à adapter l'esprit du dessin et de la couleur aux convenances du sujet choisi, eussent été, sans le secours préalable de l'étude la plus persistante et la plus méthodique, des phénomènes sans exemples dans l'histoire de l'art.

Au bout d'une semaine, la commission se sépara en désignant M. Burty pour la mise en ordre des dessins, et M. Andrieu pour la toilette des études peintes, esquisses, tableaux inachevés, copies, etc.

Je passai près de quatre mois dans l'atelier à chercher et à établir des classifications qui laissassent un souvenir de ce grand héritage et qui permissent de ne pas jeter sur table ces trésors à la brassée. Nous renvoyons au catalogue que nous avons dressé pour la vente. Elle dura, avec les jours d'exposition privée et publique, du mardi 16 février 1864 au lundi 29. Il y eut presque tous les jours vacation double, et presque tout le même public assista sans interruption à cette dispersion d'une œuvre qui offrait quelque morceau à tous les appétits délicats. Ce fut une ivresse et une réhabilitation. On vit, on aima Delacroix. La vente, estimée à l'origine à moins de cent mille francs, en produisit plus de trois cent soixante mille. Et la spéculation, qui devait faire plus tard de l'hôtel Drouot un terrain tellement redoutable, ne s'était point encore organisée. Tout, tableaux ou dessins, fut disputé par des amateurs passionnés ou des artistes.

Sur ces dessins, qui furent revus soigneusement carton par carton et un à un lorsque mon travail d'ensemble et de détail fut terminé, couraient souvent des remarques, des pensées sur les arts, que Delacroix notait rapidement, sans s'interrompre dans son jet d'improvisation ou d'étude. La commission fut d'avis qu'il fallait les relever et les réunir en une publication, à laquelle on joindrait le dépouillement que j'avais déjà fait des albums de voyages en Angleterre, au Maroc, en Espagne, en Belgique, dans les Pyrénées, etc.[1].

---

1. La réunion de ces pensées sur les arts, de ces notes de voyage et aussi de souvenirs inédits formera un second volume, qui paraîtra prochainement.

En même temps, ces messieurs, qui avaient tous été en relation suivie avec Delacroix depuis des dates plus ou moins rapprochées, — je ne l'avais abordé que depuis deux ou trois ans, — me remirent les lettres qu'ils avaient conservées et me promirent d'en chercher de nouvelles dans leur entourage.

C'est ainsi que naquit et que prit forme l'idée première de ce livre.

*

Depuis, je ne cessai d'augmenter mon trésor. Je fis à plusieurs reprises des appels dans les journaux et les revues de la France et de l'étranger. Je reçus les communications les plus précieuses et j'acquis le droit d'en extraire tout ce que permettait le respect dû aux morts comme aux vivants[1]. Le fils de ce Soulier, qui fut l'ami le plus sûr et dont on va voir si souvent reparaître le nom, m'envoya une copie de plus de quatre-vingts lettres transcrites par son père sur les originaux, et Mme Pierret me confia la correspondance avec son mari.

C'est dans ces lettres que l'on retrouvera l'expression la plus touchante de ce sentiment qui fut la caractéristique du cœur d'Eugène Delacroix : l'amitié. Aux épanchements de la jeunesse succèdent les préoccupations de la virilité, les tristesses de l'âge mûr, l'horreur de « l'injure de la vieillesse ». Son cœur ne vieillit pas.

---

1. J'ai acquis beaucoup d'autographes dans les ventes. Que MM. Gabriel et Étienne Charavay reçoivent ici le témoignage de ma reconnaissance.

Çà et là, on rencontre les preuves de son intimité avec les hommes éminents de son temps, des jugements piquants et toujours loyaux sur ses contemporains.

Vingt-neuf lettres, adressées au peintre Dutilleux, artiste éminent qu'a en quelque sorte éteint l'obscurité de la vie de province, m'ont fourni l'occasion de le montrer dans sa haute sollicitude pour tout ce qui touchait à la peinture[1]. Que feu Piron, le légataire universel, Mmes la baronne de Forget, la duchesse Colonna, la baronne Rivet, que MM. le baron Larrey, Baptistin Guillermoz, Paul de Saint-Victor, Auguste Vacquerie, Eugène Tourneux, Jehan Duseigneur fils, Arsène Houssaye, Pierre Andrieu, E. Moreau, Charles Blanc, Pierre Petroz, Pingard, Benjamin Fillon... reçoivent nos remercîments pour leur concours à une publication dans laquelle mon rôle était de me dissimuler, de coudre seulement par de courtes notes une série presque ininterrompue, qui va de 1815 à 1863, du collège à la mort.

Par-dessus tout, le concours de Léon Riésener, qui a quitté brusquement la vie presque au moment où j'achève ces lignes, m'a été utile. Nous avons souvent agité ensemble le projet d'une notice biographique, que pour ma part je jugeais inutile, étant peu porté, par mes habitudes de critique, à me substituer à ceux qui peuvent prendre eux-mêmes la parole, et

---

1. Ces lettres ont été reproduites en fac-similé à 25 exemplaires, par le gendre de Dutilleux, M. A. Robaut, qui a déjà exécuté 800 vignettes à la plume, d'après les œuvres de Delacroix, et compte les publier.

la suite de ces lettres étant une sorte d'autobiographie
sincère et colorée. Aujourd'hui, le bon et spirituel
Léon Riésener n'est plus là pour m'encourager et me
rectifier; j'ai jeté mon manuscrit au feu, et je crois ne
pouvoir mieux faire que de transcrire ces curieuses
notes du parent et de l'ami de Eugène Delacroix.

*

«... Je vais tâcher de rassembler mes souvenirs... Dans les relations où a puisé Véron (un manuscrit autobiographique que lui avait
prêté Delacroix et dont il fut publié une partie dans les *Mémoires
d'un bourgeois de Paris*) vous trouverez les incidents de sa jeunesse,
les dangers qu'il a courus d'être brûlé, d'être noyé dans le port de
Marseille en tombant des bras d'un fidèle serviteur entre deux vaisseaux de guerre (son père, alors préfet, visitait en cérémonie un de
ces vaisseaux); son enfance, chez sa mère, avec Mlle Cervoni, fille du
général italien Cervoni, les leçons de musique, sa vocation pour cet
art, ses premières impressions de peintre, à propos des *Martyrs* du
Corrège, qui nous ont été enlevés en 1815, vous sont connus. Déjà sa
tendance était tracée, car je connais, dans ses cartons, des compositions
représentant la *Saint-Barthélemi* et des sujets analogues où les assassins
tâtent du doigt la finesse de leur pointe avec les expressions terribles
et profondes qui sont le tempérament de sa peinture. Un sculpteur
italien qui modelait le médaillon de son père lui fit une grande impression. Il ne rencontrait plus un plâtre sans se demander :

Sera-t-il dieu, table ou cuvette ?

Puis l'atelier de mon père, son oncle, qu'il vit plusieurs fois peignant. Ce fut mon père qui lui conseilla l'atelier de M. Guérin.
Delacroix venait de perdre sa mère. Il avait perdu son père beaucoup
avant et toute la fortune de ses parents dans un procès où il s'agissait
de forêts en Champagne. Il ne resta en tout à l'orphelin, de la fortune de ses parents, qui avaient occupé une si haute position, que deux
couverts d'argent et un pot à l'eau en porcelaine doré. Sa mère habi-

tait au premier étage de l'une des maisons qui font face au bureau de poste du Palais-Bourbon, rue de Bourgogne. Delacroix quitta l'appartement maternel pour mener la vie d'étudiant. Sa mère, qu'il aimait beaucoup, était fort aimable et du grand monde d'alors. Delacroix avait pris auprès d'elle des relations et des façons de monde qu'il ne cessa de cultiver. Il me disait que le jour des obsèques de sa mère, regardant machinalement au travers de la vitre les apprêts funéraires, il se reprochait de ne pas trouver dans son cœur de sanglots à la hauteur d'un tel malheur. Il se trouvait froid, concentré, et exprimant médiocrement son chagrin, quand il vit s'arrêter sous les fenêtres une pauvre femme habituée à y recevoir régulièrement quelque aumône : « Ah ! dit-il à la pauvresse en lui-même, elle n'est plus, celle qui te « donnait, pauvre femme ! » Les sanglots le suffoquaient, il pleura et se désespéra jusqu'à inquiéter sa sœur et ceux qui étaient présents.

« Les relations de Delacroix lui conservèrent dans le monde les manières délicates qu'il avait prises chez sa mère. Arrivant à l'atelier bien élevé, il se lia avec Scheffer, Champmartin, les principaux élèves de M. Guérin. Le talent ne se développe pas inopinément. Delacroix m'a parlé de l'influence qu'un certain Champion avait eue sur le talent de Géricault lui-même et sur tous les élèves de l'atelier Guérin.

« C'est au retour en France de mon père (le père de Riesener était allé peindre des miniatures en Russie) que je connus Delacroix. J'eus pour lui de suite une amitié de jeune frère. Delacroix aimait beaucoup ma mère, qui, devenue veuve, se retira à la campagne, dans la vallée de Montmorency. Nous allions souvent la voir ensemble, même l'hiver. Je me rappelle des promenades dans les bois couverts de neige, bien égayés par un rayon de soleil et par l'aimable esprit de mon ami.

« Après le *Massacre de Scio*, M. de la Rochefoucauld fit appeler Delacroix. Ce n'était pas pour lui commander des travaux, mais pour lui recommander « de dessiner d'après la bosse ». Depuis, Delacroix rencontra souvent, chez des amis communs, M. de la Rochefoucauld, redevenu homme de sens depuis qu'il n'était plus directeur des Beaux-Arts. Ils rirent souvent de la scène d'alors et de la recommandation.

« Le roi Louis-Philippe, alors duc d'Orléans, commanda des tableaux à Delacroix, entre autres *le Cardinal de Richelieu disant la messe*, qui périt en 1848, mais il n'aimait pas sa peinture. M. de Cailleux, au nom du roi, offrit deux mille francs des *Femmes d'Alger*, pendant qu'au même Salon on payait trois ou quatre mille francs à Decaisne un tableau insignifiant, de mêmes dimensions, *l'Ange gardien*. Delacroix ne voulait pas subir cette maladroite comparaison. Le roi insista, promettant de « revaloir la différence sur un autre travail. »

« Pour *les Croisés à Constantinople*, Delacroix avait proposé une esquisse fort belle. M. de Cailleux lui fit entendre que le roi désirait autant que possible un tableau qui n'eût pas l'air d'être un Delacroix. C'est au respect humain et non à l'estime que nous devons ce que nous avons de lui dans les galeries de Versailles.

« Delacroix vécut quelque temps avec Fielding. Pour faire du café le matin, on ajoutait de l'eau et un peu de café sur le marc de la veille, dans l'unique bouilloire, jusqu'à ce qu'on fût forcé de la vider. De temps en temps, on avait un gigot en provision dans l'armoire, auquel on coupait des tranches pour les rôtir dans la cheminée. Mais un jour, les deux amis partageant ce déjeuner se fâchèrent. Fielding disait très sérieusement qu'il descendait du roi Bruce ; Delacroix l'appelait « sire ». Mais Fielding ne pouvait, sur ce sujet, admettre la plaisanterie, et se fâcha pour toujours.

« Delacroix me racontait comment, dans sa jeunesse, amoureux d'une petite Anglaise, femme de chambre de sa mère (il a conservé d'elle un petit portrait charmant, un chef-d'œuvre), il s'était glissé à tout hasard, la nuit, dans un corridor. Dans l'anxiété et la maladresse d'une pareille échappée, il accrocha une immense échelle que des maçons appelés pour réparation avaient laissée debout contre le mur. Voilà l'échelle qui grince peu à peu, et s'abat enfin avec un grand fracas, et, pour l'éviter, le jeune aventureux se jette dans un tas de plâtre. — Sa jeunesse ne fut pas toujours aussi malencontreuse.

« Il conserva la vie simple, et aimait les retours aux façons de sa jeunesse. Les dîners à la barrière, à la campagne, le petit vin lui plaisaient ; et cependant il aimait le bon, mais en petit comité de trois ou quatre amis, et l'on y parlait peinture, drôleries, philosophie. Pendant longtemps, lui, Henri Hugues, fils d'une sœur de sa mère, et moi, nous nous réunissions une fois par semaine, tantôt chez l'un, tantôt chez l'autre, à tour de rôle, ou chez le restaurateur. Il apportait dans ces dîners une gaieté aimable, toujours conciliante, et une amitié attentive, affectueuse pour le cousin Henri, notre aîné, homme charmant, ingénu, chevaleresque, que Delacroix aimait de tout son cœur, et dont le souvenir lui est resté cher constamment. Il en a fait un beau portrait qu'il me donna. Henri, employé dans l'administration des postes, poëte par délassement, était plus que négligé dans sa toilette. Je me rappelle qu'une fois, à grand'peine, nous sortions d'une représentation extraordinaire de *l'Auberge des Adrets*, donnée, je ne sais pourquoi, le jour, par Frédérick-Lemaître. Le chapeau et la tenue d'Henri sortant du théâtre étaient réellement plus que comiques. Delacroix, très élégant et recherché dans sa toilette, lui donnait impassiblement le bras en plein boulevard, et, gai comme un pinson, jouissait de l'esprit de son vieil ami : c'est à l'amitié de ces deux hommes que je dois ce que j'ai de bon, à mes yeux.

« A Valmont, en Normandie, nous avons passé quelques vacances. Tantôt il était tout feu pour le travail, et faisait des aquarelles délicieuses qui ont été vues à sa vente ; tantôt ne pouvant s'y mettre [1], il se mettait à mouler avec passion des figurines qui ornent les tombeaux des moines d'Estouville, fondateurs de l'abbaye de Valmont. Nous travaillions à ces moulages quelquefois après dîner, à la lanterne, malgré les observations du domestique du propriétaire absent, car l'église servait de bûcher. C'était dans l'arrière-saison. L'eau gelait. Le toit de l'église était à jour. Les rayons de la lune y pénétraient et étincelaient dans les feuillages couverts de rosée qui poussaient dans la nef. Nous nous donnions, l'un après l'autre, le spectacle des ombres immenses que nous projetions avec art sous les colonnades des bas-côtés. Delacroix a toujours eu cette particularité d'être jeune par l'imagination. Il a eu l'ennui des chagrins, l'ennui des mécomptes, mais la jeunesse de son esprit a toujours effacé ces maux au moindre répit. Disposé à ne pas attendre grand bien de l'humanité, à compter peu sur le cœur humain, il aimait ses amis tels quels, parce qu'il les aimait de sympathie. Il était d'une indulgence extrême pour leurs défauts. Il rapprochait de lui, par un intérêt véritable et une franche cordialité, les ouvriers, les domestiques qu'il trouvait intelligents et dévoués, et se plaçait dans ce cas, vis-à-vis de ses inférieurs, dans une véritable égalité. Vizentini fut un de ses modèles et serviteurs d'affection. Il fut le même pour ses marchands de tableaux, son maçon, son serrurier, qu'il estimait très haut. Ce qui le charmait, c'était l'intelligence naturelle et la vraie bonté. L'esprit ne lui suffisait pas.

« Il était très fin, soupçonneux et détestait les manéges, qu'il

---

1. J'ai maintenu les négligences de style, de même que, dans la transcription des lettres de Delacroix, j'ai fait conserver autant que possible l'orthographe laquelle est d'ailleurs caractéristique du temps.

exagérait peut-être dans ses soupçons. Il aimait la louange et ne se plaignait pas qu'elle prît une forme exagérée. Mais il connaissait le prix de la sincérité. L'hiver dernier [1], il me témoignait son embarras à propos d'un petit tableau qu'il ne savait comment finir et qui ne lui plaisait pas. Je lui donnai de ces avis toujours faciles à celui qui arrive avec la clairvoyance du premier aspect. Il les trouva bons. Une semaine après, dès qu'il me vit entrer, il me montra son tableau tout changé et m'en remercia. Je repoussai ses remercîments, disant que tout le monde lui en eût dit autant. « Non, me dit-il, ce n'est pas ainsi « que tu penses. Il faut qu'un véritable ami se trouve là, à propos, « qu'il soit éclairé et qu'il vous dise ce qu'il voit. Tu me l'as dit, et je « t'en remercie comme d'un grand service. » Que de bonne et sainte camaraderie dans un aussi grand talent !...

« Son art a été le but de sa vie. Il lui a tout sacrifié et même en dernier lieu sa vie elle-même. Pour avoir la tête plus lucide, pour être plus propre au travail, il avait fini par supprimer le déjeuner et ne mangeait qu'une fois par jour. Les médecins l'ont prévenu qu'il se tuerait. Il prétendait sentir mieux qu'eux ce qui lui convenait ; s'il déjeunait, il ne pouvait travailler et il ne pouvait se résoudre à cesser le travail.

« Jouffroy, dans son Discours à l'Académie, lui fait un trop gros mérite d'avoir rendu justice à M. Ingres. Quand j'étais élève, ce fut lui qui me montra le mérite des tableaux de M. Ingres. Les académiciens d'alors s'en moquaient. Ses principes sur l'art étaient généreux et grands, et mêlés d'une foule d'observations tirées de la nature. Il l'étudiait continuellement, en omnibus, au spectacle, partout, au point de vue des lois naturelles, de l'effet et de la construction humaine. Il cherchait dans la nature des principes généraux plutôt que des personnalités intéressantes. Il avait du sentiment, la grâce des lignes et le lien des figures, la vérité expressive du geste et toutes les qualités supérieures de la composition, qu'il approfondit par l'étude. Ses lithographies, d'après des médailles antiques et étrusques, font foi de son intelligence profonde de cet art.

« Il était convaincu que les tableaux du Titien et de Rembrandt avaient été faits clairs et naturels, et que l'art moderne était malade de l'imitation des vieux tableaux. « Si Titien et Rembrandt pouvaient

---

1. Quelques-unes de ces notes avaient été prises en 1863, peu après la mort du maître.

« voir ce qu'on admire d'eux, disait-il, ils seraient bien étonnés et
« se croiraient dans un monde d'imbéciles. Quoi ! demanderaient-ils,
« vous croyez que j'ai fait cela ? » Dans le premier moment, il fut
contre les restaurations de Villot. A la fin, il avait chaugé d'avis,
« et même pour *la Kermesse* », me dit-il un jour.

   « Voilà, cher monsieur, ce que j'ai pu me rappeler jusqu'à l'époque où vous connaissez Delacroix aussi bien que moi. Quant aux
amphigouris, aux répétitions et aux obscurités de mes phrases, ex-
cusez-les. Je ne peux pas penser à la fois, me rappeler et bien
dire. Il m'aurait fallu recorriger et je ne suis pas à cela près
avec votre amitié que je veuille lui cacher mes faiblesses... »

*

Nous ne voulons pas arrêter plus longtemps le
lecteur sur le seuil de cette publication. Qu'il entre.
C'est Delacroix qui va parler.

Mais ce recueil de lettres, quelques soins que
nous ayons apportés à le faire aussi intéressant que
possible, révèle plus d'une lacune. Si quelqu'un des
amis du maître, si quelque collectionneur d'autographes n'ont point eu connaissance de nos appels, nous
espérons qu'une fois avertis par ce volume, ils vou-
dront bien faire part de leurs richesses à notre cher
éditeur.

LETTRES

DE

DELACROIX

M. Piron, dans son livre sur Eugène Delacroix, a donné une généalogie de son ami qui offre quelques lacunes. Un membre de la famille, artiste distingué, M. L. Riesener, a bien voulu dresser pour nous un double tableau généalogique et, par le fait, rectificatif. On retrouvera plus d'une fois dans ce volume le nom de M. Riesener. Delacroix l'aimait et l'estimait. Il lui a légué sa chère maison de Champrosay et quelques-uns des portraits auxquels il attachait, dans son œuvre, une importance à part.

Ces deux tableaux nous éviteront toute explication de filiation lorsque les noms qu'ils renferment se présenteront au lecteur dans le texte des lettres.

TABLEAU DE LA FAMILLE MATERNELLE

D'EUGÈNE DELACROIX.

Jean-François Œben, ébéniste du roi, à Paris, demeurant enclos de l'Arsenal, marié à

Françoise-Marguerite Vandercruse,

laquelle en second mariage a épousé

Jean-Henri Riesener, ébéniste du Roi, demeurant à Paris, cour des Vétérans, à l'Arsenal, né le 11 juillet 1734, à Gludbeck (électorat de Cologne), de Hermann Riesener, huissier de stice de ia Chancellerie de Cologne, mort à Paris le 7 janvier 1806.

1° Victoire Œben, mariée à Charles Delacroix.

2° Adélaïde-Denise Œben, mariée à Charles Pascot, négociant, puis intendant de la duchesse de Bourbon.

3° Françoise-Mecktilde Œben, mariée à M. Hugues, homme de lettres.

Henri-François Riesener, peintre.

Henriette.
Charles.
Henri.
EUGÈNE.

Alexandrine, mariée à M. Lamey, président de cour à Strasbourg.

Henri Hugues, chef à l'administration des postes.

Louis-Antoine-Léon Riesener, peintre.

TABLEAU DE LA FAMILLE PATERNELLE.

Claude Delacroix, régisseur du comte de Belval, et sa femme, Marguerite-Louise Flize, décédés à Givry en Argonne, eurent huit enfants :

1° Charles Delacroix, avocat au Parlement, ancien premier commis du contrôle des finances, préfet à Bordeaux et à Marseille, ministre des Affaires étrangères.

- Henriette Delacroix (Mme de Verninac).
- Charles Delacroix, général, aide de camp du prince Eugène.
- Henri Delacroix, mort, engagé volontaire à Friedland.
- EUGÈNE DELACROIX.

2° Jean Delacroix (d'Antis).

- Henriette Delacroix.
- Philogène Delacroix, colonel.

3° Anne-Françoise Delacroix, mariée à Louis-Cyr Bornot.

- Louis-Cyr Bornot, officier d'artillerie.

4° Marguerite-Françoise Delacroix, mariée à Nicolas Bataille.

- Alexandre-Marie Bataille.
- Le général Nicolas-Auguste Bataille, aide de camp du prince Eugène.

5° Thérèse Delacroix, mariée à François Dubois.

- M. Dubois.
- Mme Lerozay.

6° Marie-Jeanne-Rosalie Delacroix, mariée à Nicolas Jacquinot.

- Le colonel Jacquinot, sénateur.
- Le général Charles Jacquinot.
- Alexandrine Jacquinot.
- Thérèse Jacquinot.
- Rosalie Jacquinot (Mme Salle).

7° Marie-Anne Delacroix, mariée à Nicolas-Laurent Jacob.

- Charles Jacob.
- Élise Jacob (Mme Georges).
- Léon Jacob.
- Zacharie Jacob.

8° Marie-Louise Delacroix, mariée à Jean-Baptiste Monceaux.

- Louise-Marguerite Monceaux, mariée à M. Flize.

Voici l'acte de naissance d'Eugène Delacroix, transcrit sur les registres de la commune de Charenton, sur le territoire de laquelle son père possédait une maison de campagne :

DÉPARTEMENT DE LA SEINE

ARRONDISSEMENT DE SCEAUX

Canton de Charenton

COMMUNE DE St-MAURICE

EXTRAIT DES REGISTRES DE L'ÉTAT CIVIL

NAISSANCE DELACROIX

FERDINAND VICTOR EUGÈNE

Aujourd'huy huit Floréal de l'An sixième de la République Françoise une et indivisible, par devant moy, Louis Buran, agent municipal de la commune de Charenton Saint Maurice et en cette qualité chargé de recevoir les actes de naissances, mariages et décès des Citoyens en la salle de la Maison commune, est comparu le citoyen Jean Henry Riesner, beau-père de la citoyenne Œben, le citoyen Ferdinand Pierre Marie Doroté Guilmardet, Législateur, âgé de trente-trois et la citoyenne Adélaïde-Denize Œben, âgée de trente ans, domiciliés à Paris, témoins. Lesquels m'ont déclaré que Victoire Œben, épouze de légitime mariage du citoyen Charles Delacroix, Ministre de la République Françoise près celle Batave, est accouchée hier, dans son apartement de la maison qu'il occupe en cette Commune, d'un enfant mâle auquel ils ont donné les prénoms de Ferdinand Victor Eugène.

D'après cette déclaration que le citoyen Ferdinand Pierre Marie Doroté GUILMARDET, et la citoyenne Adélaïde Denize ŒBEN ont certifié conforme à la vérité et la représentation qui m'a été faitte de l'enfant sus nomé, j'ai rédigé en vertu des pouvoirs qui me sont délégués le présent acte que les deux témoins et le citoyen Jean Henri RIESNER ont signé avec moy.

Signé : ADELAIDE DENIZE ŒBEN
femme PASCOT, RIESENER, GUILLEMARDET
et BURAND, ag^t. m^al.

Le père, Charles-Constant Delacroix, alors « ministre de la République Françoise près celle Batave », était né en 1740, en Champagne. Il avait été avocat au Parlement, secrétaire de Turgot, qu'il avait suivi à Limoges, puis député de la Marne à la Convention; où il vota la mort de Louis XVI sans sursis, après avoir rejeté l'appel au peuple. Il appartenait au parti modéré, se joignit, à la fin de 1794, aux plus fougueux thermidoriens, et fit partie du Conseil des Anciens. La rentrée de Talleyrand lui fit quitter sa position de ministre des Relations extérieures pour le poste d'ambassadeur en Hollande. Approbateur du 18 brumaire, il accepta la préfecture des Bouches-du-Rhône, et plus tard celle de la Gironde. Il mourut à Bordeaux, en 1805.

La mère, la citoyenne Victoire Œben, était de famille d'artisans. L'ébéniste Œben est qualifié « fameux » dans les catalogues de grandes ventes du siècle dernier, celle du cabinet Gaignat, par exemple.

Il paraît avoir eu la spécialité de sculpter des bordures pour Mme de Pompadour. Élève de Boulle, il réparait les œuvres de son maître. A en juger par le prix que les cotait à la Marquise le marchand-bijoutier ordinaire du Roy, Lazare Duvaux, ces travaux devaient offrir la perfection : « *de 8 mai 1752, trois bordures d'estampes payées au sieur Oebenne 180 livres ; les trois glaces et garnitures, 9 livres* ». Au mois de juin de la même année : « *Une petite bordure à fleurs pour une estampe, 48 livres.* » Et, dans le mois d'août suivant : « *Sept bordures d'estampes en bois d'amaranthe incrusté à fleurs, 372 livres* », etc. Les ascendances maternelles sont loin d'être sans intérêt dans la vie des artistes.

Le témoin Ferdinand-Pierre-Marie-Doroté Guillemardet, « législateur », était un des collègues du père. Né en 1765, il exerça la médecine à Autun jusqu'en 1789, où il fut envoyé à la Convention par le département de Saône-et-Loire. Il suivit Delacroix dans ses évolutions politiques, et fut nommé préfet de la Charente-Inférieure, puis de l'Allier. On retrouvera dans ce volume le nom de ses fils, qui furent des plus intimes amis de Delacroix.

L'autre témoin, Jean-Henri Riesener, était fils du Riesener, un des célèbres fabricants de ces meubles délicieux qui font la gloire du xviiie siècle. Le fils qu'il eut de la veuve Œben, Henri Riesener, élève de Vincent et de David, peignit avec distinction le portrait à la miniature et à l'huile. Eugène Delacroix, pendant ses vacances, fréquentait son atelier et l'on peut croire que les encouragements de cet oncle artiste décidèrent de sa vocation.

Le 25 août ou auguste si
Cela vous plaît

J'ai été ce matin ~~avec~~ chez Mr Guerin lui faire
Mes adieux. J'y ai admiré les beaux tableaux qu'il
exposera au curieux, le salon prochain. J'ai du regret de ne
pouvoir cette année étudier chez lui. Mais quand je ne serai
plus à ce lycée je veux y passer quelque temps pour avoir
au moins un petit talent d'amateur. ~~~~ je m'apperçois
de la longueur énorme de ma lettre. Jamais, je crois, je n'en ai
écri d'aussi volumineuse ; et quand je t'entretiendrais pendant
une heure de mille autres sottises qui ne t'intéressent
guières je n'en serais pas moins affligé de te quitter, ni
plus attaché à ta personne.

Sois assuré, mon cher ami, du sincère
attachement que je te voue pour la vie
Eugène Delacroix

P.S. Tu ne trouveras pas mauvais sans doute que je fasse
lire cette lettre à guillemardet, qui a diné aujourd'hui avec moi ~~~~
~~~~ et que je regarde deja comme ton futur ami.

L'original de la lettre suivante, qui nous a été confiée par M. Benjamin Fillon, le riche et libéral collectionneur d'autographes, porte en tète « le 25 Aoot ou *Auguste* si cela vous plait ». Elle est adressée « à monsieur, monsieur Jules Allard, rue St. Jacques, n° 297, à Paris ». On n'a conservé aucun souvenir de ce M. Jules Allard, qui ne fut sans doute qu'un ami de collége et ne pénétra pas dans les intimités continuées. On lit sur l'adresse, écrite par une main étrangère, « 5 Auguste 1813 ». Il faut vraisemblablement restituer « 1815 ». En 1815 Delacroix était encore au lycée impérial Louis-le-Grand.

Nous avons, pour cette fois, conservé scrupuleusement partout l'orthographe.

Que les résolutions humaines sont peu de chose! Qu'il est vrai que nous ne batissons que sur du sable, que nous voyons s'écrouler *sous le brillant édifice qu'il soutenait* (continuation de la metaphore). Si jamais on a parlé philosophie avec raison, je crois que l'occasion en est assez belle et qu'il serait difficile de trouver lieu à plus de beaux raisonnements sur l'instabilité des choses d'ici bas. Je comptais, mon cher ami, te voir samedi dernier ; j'ai vu mes espérances trompées sans te soupconner d'inexactitude; pensant bien que tu avais été retenu par des empechements majeurs. Ce qui me contrariait surtout était de ne pouvoir te presenter à Mr Guillemardet qui eut été enchanté de te voir et qui ne t'attendais pas avec moins d'impatience que moi. Mais ce n'est pas là le pis de l'histoire. Je dois t'avoir parlé dans ma derniere lettre, si je ne me trompe, d'un voyage que je me voyais sur le point de faire. Tu me donnes rendez vous pour de-

main à 11 heures et je pars à six heures du matin ! Je suis
au désespoir de ce contre temps. Juges si j'ai sujet de philoso-
pher. Il faut cependant bien se consoler en pensant que je
serai de retour dans un mois et que nous aurons encore le
temps de nous voir amplement avant la fin des vacances.
Pour ne pas nous oublier entierement, nous ecrirons, je
pense, regulierement. L'endroit n'est pas très-loin et nos
ports de lettre nous couteront moins que d'ici à Angoulême.

J'ai été ce matin chez M. Guérin lui faire mes adieux.
J'y ai admiré les beaux tableaux qu'il exposera au curieux,
le Salon prochain. J'ai du regret dene pouvoir cette année etu-
dier chez lui, mais, quand je ne serai plus à ce Lycée, je
veux y passer quelque temps pour avoir au moins un petit
talent d'amateur. Je m'aperçois de la longueur énorme de
ma lettre. Jamais, je crois, je n'en ai écri d'aussi volumineuse; et quand je t'entretiendrais pendant une heure de
mille autres sottises qui ne t'interessent guère je n'en serais
pas moins affligé de te quitter, ni plus attaché à ta personne.

Sois assuré, mon cher ami, du sincere attachement que je
te voue pour la vie.

Eugène Delacroix.

P.-S. Tu ne trouveras pas mauvais sans doute que je
fasse lire cette lettre à Guillemardet, qui a dîné aujour-
d'hui avec moi, et que je regarde déjà comme ton futur ami.

Adresse moi tes lettres, à Vallemont, Seine Inférieure.

A propos pour que tes lettres me parviennent franc de
port tu n'auras qu'à les mettre chez nous, un monsieur se
charge de me les faire tenir.

Philarète Chasles a tracé de souvenir, dans ses
Mémoires (t. I, p. 329), un portrait de l'Eugène Delacroix d'alors, qui semble avoir été fort ressemblant :

« ... J'étais au lycée avec ce garçon, olivâtre de front, à l'œil qui fulgurait, à la face mobile, aux joues creusées de bonne heure et à la bouche délicatement moqueuse. Il était mince, élégant de taille, et ses cheveux noirs abondants et crépus, trahissaient une éclosion méridionale...

« Eugène Delacroix couvrait ses cahiers de dessins et de bonshommes. Le vrai talent est chose tellement innée et spontanée, que, dès sa huitième et neuvième année, cet artiste merveilleux reproduisait les attitudes, inventait les raccourcis, dessinait et variait tous les contours, poursuivant, torturant, multipliant la forme sous tous les aspects avec une obstination semblable à de la fureur... Tout était véhément chez Delacroix, même son amitié qu'il m'a conservée jusqu'à sa mort... »

Le docteur Véron, dans les *Mémoires d'un Bourgeois de Paris*, s'est donné aussi pour un des compagnons de classes de Delacroix. Les vrais amis furent Guillemardet, Piron et Soulier.

———

M. Pierret travaillait comme secrétaire chez Baour-Lormian, poëte et dramaturge.

A PIERRET.

11 décembre 1817.

Viens me voir, mon cher ami, tu me feras un grand plaisir. C'est bien fâcheux que tes soirées soient occupées chez Baour ; mais si tu pouvais en sacrifier une petite, tu serais bien aimable. Je suis dans une drôle de position. Je ne sais comment ça se fait, je suis toujours sur l'escalier, et toute la journée je descends dans la cour pour remonter et pour redescendre. Certain bruit de porte que tu connais retentit à tout moment à mon oreille, et souvent j'entends, quand rien ne retentit. J'ouvre la porte, je m'avance d'un air indifférent et une face à culottes sort de cette porte maudite qui fait tant de train à mon tympan. J'entends encore le bruit, j'accours comme un fou, et je m'arrête la main sur le loquet ; je balance, j'écoute au travers des fentes et j'ouvre ; je mets le nez dehors, j'entends un frou-frou de sylphide. La porte d'en haut se referme et je n'ai rien vu. Cependant la persévérance est une belle chose.

Je ne veux pas me rendre intéressant et te dire que je n'ai qu'une seule idée. J'en ai d'autres, mais elles me ramènent toujours à une qui les colore toutes et qui me tient dans une douce moiteur d'âme, tantôt chaleur, tantôt frisson. Je dévore ma journée. C'est une corde que je file en tirant à moi les nœuds. Il me semble que j'attends quelque chose qui ne vient jamais. Quand je lis, les caractères se brouillent. Je pose le livre et je me prends la tête en fermant les yeux, les pieds sur les tisons. Eh bien, ce n'est pas encore ça qu'il me faut. Je me lève et je me promène et je décroche ma guitare, et je suis sur l'escalier une guitare dans la main.

Sais-tu bien qu'au milieu de tout cela je ne m'avoue pas vaincu ? C'est une fumée qui me fascine un moment ; mais je vois qu'au bout du compte, et franchement, cela ne durera qu'autant que je ne me monterai plus la tête. Et puis, vogue la galère...

Franchement aussi cela vaut la peine. Les jolis yeux! Limpides comme de belles perles, et fins et doux comme un velours. Pardon de l'image qui n'est qu'une bêtise. Le nez est assez original ; la narine est retroussée fièrement et s'enfle de temps en temps à l'unisson des prunelles qui se dilatent et se remuent. La bouche est d'une élégance charmante. Mais le triomphe de cette tête c'est dans son contour. La joue, le petit double menton, la manière dont tout cela se porte sur le col vaut des autels. Oh! la singulière petite femme ! Je ne sais que penser !...

TON AMI.

Dans l'un des extraits qui suivent (donnés par M. Piron), on voit déjà poindre un désir de ce voyage en Italie, qui était pour tous les jeunes artistes d'alors l'idéal du complément d'éducation, et que ne réalisa jamais Delacroix.

A F. GUILLEMARDET.

1818.

... Il y a une chose qu'on regrette toujours, quelque part qu'on la laisse : c'est l'amitié. Je crois ne t'avoir pas vu depuis un an. Combien nous est-il arrivé de rester ainsi sans nous voir ? Toi-même, il y a peut-être des semaines que tu n'as vu P..., mais, quand on respire le même air, c'est presque comme si tu le voyais. On se sent proche les uns des autres, parce qu'on sait qu'en faisant quelques pas on se retrouve. Maintenant au contraire je cherche à me rappeler vos traits. Hier, en trottant sur la grande route, je me disais tout en rêvant : « Où sont-ils à cette heure ? Peut-être à table, peut-être à la queue du spectacle à s'entretenir de l'absent. » Il y eut pendant quelques instants un ciel magnifique que j'admirais avec bonheur, et je pensais que peut-être vous en faisiez autant. Je ne puis en vérité

penser sans un serrement de cœur aux longues années que
je passerai en Italie loin de vous et loin de tous ceux qui
peuvent s'intéresser à moi...

A FÉLIX G.

De la forêt d'Axe, 1818.

... Qu'il vaut bien mieux n'avoir d'autre souci que de
causer avec ses amis, et lire de l'Horace au coin de son feu !..
Horace est à mon avis le plus grand médecin de l'âme,
celui qui vous relève le mieux, qui vous attache le mieux à
la vie dans certaines circonstances, et qui vous apprend le
plus à la mépriser dans d'autres. J'ai fait un peu de latin
pendant ces vacances...

A FÉLIX GUILLEMARDET.

1818.

... Dis-moi encore, à travers toutes ces choses, quels
sont tes travaux, tes pensées et tes projets. Moi, je n'ai pas
plutôt revu cet endroit auquel j'aspirais, que je me suis
pris tout de suite à regretter ce que j'avais laissé à Paris
dans toi et dans Piron. La chasse est une chose fort agréable;
mais comme je suis peu adroit et que cet exercice demande
une fixité d'idées sur une seule chose qui n'est que fatigante pour celui qui n'en est pas passionné, je me dégoûte
facilement : aussi c'est avec plaisir que je retrouve la lecture
quand je rentre tout fatigué et tout crotté. Et toi, te reposes-tu
avec Virgile et Horace de tes plaisirs campagnards?...

A PIERRET.

A la maison des gardes de la forêt de Boixe,
18 septembre 1818.

Il n'y a rien de plus facile, mon cher ami, que de promettre d'écrire, et rien de plus difficile que d'écrire. Depuis
près de quinze jours que je suis arrivé, je mène ici une vie
de paresseux, et cependant je n'ai pas encore trouvé le temps
de t'envoyer de mes nouvelles et de te demander des tiennes.
Il me semble que je suis ici dans un pays inconnu du reste
de la terre, où il n'y a ni almanachs ni pendules, et où j'oublie moi-même que j'existe. Tu peux te figurer la vie que
je mène, d'abord par mon logis et par sa situation. Je suis
placé à peu près au centre d'une forêt de 4,500 journaux
d'étendue, à l'endroit où se croisent deux allées d'une trentaine de pieds de large, dont une a de longueur et en ligne
droite deux grandes lieues des environs de Paris. C'est dans
ce lieu, que l'on appelle dans le pays *la Croisée,* qu'apparaît, quand on a le nez dessus, une maison blanche à
contrevents verts dont le premier étage manque, ce qui par
conséquent la réduit à un seul rez-de-chaussée. Au dehors
elle n'a point l'apparence de certaines maisons du pays;
mais au dedans elle est aussi commodément et même aussi
élégamment distribuée qu'une maison de Paris; ce qu'elle
n'a point de commun non plus avec les habitations des gens
riches de la contrée, ce sont partout de grands et véritables
poulaillers avec des papiers de cabaret sur les murs du
salon et point sur les autres murs, de grandes poutres
déjetées dans les plafonds et des planches enfoncées sous les
pieds : ce qui rend notre maison un objet de jalousie pour
tous les voisins, j'entends pour ces voisins de deux ou trois

lieues de distance. Je me lève de fort bonne heure; quelquefois avec le soleil. Je sors quelquefois seul, quelquefois accompagné, mais toujours avec un chien et avec un bon fusil qui ne me quitte presque point. Je marche pendant trois ou quatre heures sans m'arrêter, brûlant de la poudre et me déchirant à poursuivre du gibier dans des fourrés et dans de verdoyantes clairières.

Je me plais beaucoup à chasser. Quand j'entends le chien aboyer, mon cœur palpite avec force et je cours après mes timides proies avec une ardeur de guerrier qui franchit des palissades et s'élance au carnage; je ne suis pas mécontent de mes essais et je ne me serais pas cru capable de brillantes prouesses à la chasse; j'ai déjà tiré au vol deux beaux perdreaux rouges sans compter le menu volatile; et tu dois savoir qu'il est fort difficile de tirer au vol surtout pour un apprenti. Les gardes admirent ce qu'ils appellent de beaux coups et me pronostiquent de l'habileté. Si tu n'as pas encore tué de perdreaux, je t'avertis que c'est une des jouissances de la vie qu'il te reste à éprouver. Rien même qu'en voyant tomber un oisillon on se sent ému et triomphant comme celui qui découvre dans l'instant que sa maîtresse l'aime.

Au moment où je t'écris ceci je ne puis m'empêcher d'éprouver un contre-coup qui me ramène en d'autres idées qui me reviennent souvent dans le cœur. Il me ramène aussi à te parler un peu, non pas de tout ce que je fais ici, qui est peu fait pour t'intéresser, mais de toi, mais de notre amitié à tous deux, mais des sentiments de l'un et de l'autre, étrangers à notre amitié, mais que la confiance mutuelle a rendus communs à tous deux. Quelque plaisir que l'on trouve dans une vie nouvelle et agissante, elle ne peut éteindre la mémoire des doux nœuds que l'âme a formés dans d'autres lieux, dans d'autres temps. On ne con-

serve dans la vie que la mémoire des sentiments touchants ;
tout le reste est moins même que ce qui s'est passé, parce
que rien ne lui prête plus de couleurs dans l'imagination.
Avec quel bonheur je me rappelle nos douces conversations, nos chers épanchements ! Avec quel plaisir je t'embrasserai à mon retour, toi, mon bon ami, qui as écouté
toutes mes folies ! Que tu vas trouver froid à ton tour le
commencement de cette lettre ! Au milieu de mes occupations
dissipantes, quand je me rappelle quelques beaux vers,
quand je me rappelle quelque sublime peinture, mon esprit
s'indigne et foule aux pieds la vaine pâture du commun des
hommes. De même quand je pense à mes affections, mon
âme embrasse avec ardeur la trace fugitive de si chères idées.
Oui, j'en suis sûr, la grande amitié est comme le grand
génie, le souvenir d'une grande et forte amitié est comme
celui des grands ouvrages des génies... Quelle vie ce doit
être que celle de deux poètes qui s'aimeraient comme nous
nous aimons ! Ce serait trop grand pour l'humanité. Te sou-
viens-tu de certaine conversation que nous eûmes quelques
jours avant mon départ ? Je t'ai dit que c'était à chaque ami
à sentir la part d'affection qu'il a droit d'attendre dans les
affections de son ami. Je te le répète et je désire que tu
sentes juste.

Je t'ai promis de t'écrire le premier : comme Félix me
l'a demandé aussi, vos deux lettres partiront en même temps ;
c'est ce qui m'a empêché de vous les faire parvenir par Piron, parce qu'alors il aurait fallu lui écrire le premier aussi.
J'attends de vous deux la plus longue lettre possible, surtout
moins de retard que je n'en ai mis moi-même. Viennent donc
les soirées d'hiver qui chassent les soucis au coin d'un bon
feu, et cette soirée de la Saint-Sylvestre où nous renouons
chaque année un pacte fraternel. Adieu, mon cher ami, je
te quitte pour le dîner ; c'est bien mal à moi sans doute,

mais comme on ne peut pas vivre sans dîner et qu'on ne peut
pas s'aimer sans vivre, je vais dîner. Adieu, adieu, adieu.
Ces trois mots-là me furent chers dans un temps. Malheureux temps! heureux temps!... Adieu.

Ton ami pour la vie, EUGÈNE DELACROIX.

Poste restante à Maules (département de la Charente).

————

La Saint-Sylvestre, dont il est question ci-dessus,
et dont il sera question bien souvent encore, avait été
réglée de telle façon que l'on devait la fêter à tour
de rôle, chez chacun des trois amis. M. Pierret a
conservé dix-huit albums, consacrant tous, par des
dessins, le souvenir de cette solennité cordiale. Il y en
a dix jusqu'à 1842. Il manque un dessin dans l'album
de 1832. On verra plus loin où était Delacroix à cette
date. Après la mort de M. F. Guillemardet (1840), et
jusqu'en 1854, l'ordre fut moins strictement suivi.
Quelques Saint-Sylvestres se célébrèrent chez M. Frédéric Villot, quoique celui-ci ne fût pas un des amis
de la première heure.

A PIERRET.

A la maison des gardes, 23 octobre 1818.

J'ai reçu ta lettre hier soir seulement. Il y avait longtemps
que l'on n'avait envoyé des messagers à Maule pour en retirer,
et moi qui ne faisais attention qu'à ton silence, je trouvais
bien long le temps qu'elle mettait à venir. Fou que tu es, ton
cœur qui parle toujours plus haut que ton esprit te fait illusion sur cet esprit simple et juste ; ta lettre est une lettre

éloquente, car, comme dit Jésus-Christ, c'est de l'abondance
du cœur que la bouche parle, et ton cœur était plein, j'en
suis sûr, comme est le mien quand je t'écris. Mais prends
garde d'être la dupe de ce cœur; en lisant certaines lignes de
ta lettre, je n'ai pu me défendre d'une tendre indignation et il
ne m'en reste à présent que de tendres reproches à te faire.
Mon pauvre ami, tu ne me connais pas mieux que tu ne te
connais toi-même, et je suis loin de me connaître entièrement.
Ce n'est pas entre nous au moins qu'il peut se glisser quelque dissimulation sur ces petites idées d'amour-propre qui
très-souvent ne m'ont pas été étrangères et tu t'en souviens
bien, mais qui n'étaient pas de longue durée. Ce n'est pas à
dire que je me crois capable de quelque chose, et ce que je
t'écris ici je ne veux le dire à personne. Mais c'est un mystère
si confus, qu'il n'y a que toi encore qui en connaisse un
coin, j'en suis sûr, et cela, parce que j'ai eu la vanité de
te parler quelquefois de moi. Mais il y a bien loin des rêves
d'un enfant à ce rameau d'or, qu'il n'est donné de cueillir
qu'aux favoris de la Nature, et rien qu'en écrivant ces lignes,
je me trouve si véritablement ridicule, qu'il me prend envie de les anéantir, de les oublier et d'oublier de même tous
les endroits de ta lettre qui réveillent ces idées dans mon esprit.

Représente-toi ta lettre, trouvée par quelqu'un de ma
connaissance, quels éclats de rire, quelle pitié! Mais mon
ami, je t'afflige ici, je n'en doute pas, car comme je suis sûr
que tu m'aimes, la seule idée de voir rire de ton ami doit te
révolter et ainsi fait-elle chez moi. Que nous importe le génie, à nous autres, bons amis? Si nous en avons, heureux si
nous l'ignorons jusqu'au moment où l'envie viendra nous
le révéler. Le bonheur d'un homme qui sent la nature, c'est
de la rendre.

Cent fois donc heureux celui qui la réfléchit comme un
miroir sans s'en douter, qui fait la chose pour l'amour de la

chose et non pas avec la prétention d'être le premier. C'est ce noble abandon qu'on trouve dans tous les vrais grands hommes, dans les fondateurs des arts. Je me figure le grand Poussin, dans sa retraite, faisant ses délices de l'étude du cœur humain, au milieu des chefs-d'œuvre des anciens et peu soucieux des académies et des pensions de Richelieu. Je me figure Raphaël dans les bras de sa maîtresse, passant de la Fornarina à la Sainte-Cécile, faisant des tableaux et des compositions sublimes, comme les autres respirent et parlent, tout cela avec une inspiration douce et sans recherche. O mon ami, quand je songe à ces grands modèles, je ne sens que trop que je suis loin non pas seulement de leur divin esprit, mais même de leur candeur modeste. Apprends-moi à étouffer des élans ambitieux, et quand j'aurai le bonheur de te revoir, retiens-moi dans la route ferme et humble que je me suis tracée.

... Toute ta lettre n'a pas été comme les rêveries dont je te parlais là-haut. Ah ! la bonne lettre, que tu as bien trouvé le secret de m'intéresser! J'y pense toujours, il y a un an que je l'ai connue. J'y pense presque toutes les nuits. Il y a tant de douceurs dans cette amertume même que je fais mon bonheur de me ronger et de me persécuter en roulant de mille manières cette image dans mon esprit. Que deviendrais-je dans les longues soirées d'hiver où j'affrontais le froid avec tant de plaisir pendant des heures, pour une ou deux minutes de bonheur! Que peut-on comparer à cette douce attente dans l'obscurité des nuits, à cette entrevue furtive qui s'évanouit dans l'instant, et vous laisse muet, et, le cou tendu, suivre des yeux ce que vous ne voyez plus? Et pourtant à quoi s'en tenir? Quel abîme que ces cœurs charmants! Quand je revenais de passer une bonne soirée avec toi, je faisais déjà mes plans, je calculais toutes les possibilités, je réunissais toutes les chances que j'aurais de dire ce soir-là, deux ou trois mots,

toujours les mêmes, et souvent rien ; car le plus souvent je
ne savais rien dire que demander toujours ce qu'il me fallait
toujours prendre. Tu as raison, la douleur de perdre ces
biens-là est trop vive. Quand je pense à la dernière lettre,
aux derniers adieux qu'on m'y signifie, et, en même temps,
à la dernière entrevue si longuement scellée aux jours qui
suivirent la séparation, je ne sais sur quel côté dormir et je
me remue comme un homme qui a la fièvre.

... Il faut, cet hiver, nous voir bien souvent ; lire de
bonnes choses. Je suis tout surpris de me voir pleurer sur du
latin. La lecture des Anciens nous retrempe et nous attendrit ;
ils sont si vrais, si purs, si entrants dans nos pensées ! Je vais
te mettre ici un petit morceau mal traduit, mais qui te don-
nera l'envie de lire l'original. J'ai été ému jusqu'aux larmes
en le trouvant. Il y a dans ces vers un abattement, un malaise,
le dégoût d'un homme qui se heurte partout pour trouver des
distractions, et à qui tout rappelle son déboire. J'espère,
dans le papier qui me servira de supplément, trouver encore
de la place pour te parler encore d'autre chose que de Virgile. Mais je n'ai pas résisté au plaisir de te faire lire ceci.
Il y a, du reste, quelques rapports peu éloignés de ma propre
situation. C'est peut-être ce qui me l'a fait sentir avec tant
d'ardeur. Ne t'attaches donc point au style, mais à la manière
dont je peux avoir senti et indiqué quelques intentions. C'est
dans l'églogue dixième. Virgile feint que Gallus, son ami,
abattu par la perte de sa maîtresse qui l'avait abandonné
pour suivre à la guerre un officier romain, s'est retiré dans
les forêts, et que les dieux s'intéressant à son sort font tous
leurs efforts pour le tirer de sa noire mélancolie [1]. « Mais

---

1. Voici le début de ces quarante vers charmants :

Tristis at ille : « Tamen cantabitis, Arcades, inquit,
Montibus hæc vestris : soli cantare periti

Gallus, accablé de tristesse : au moins, dit-il, Arcadiens, vous chantez tout cela dans vos montagnes ; Arcadiens, vous seuls êtes habiles à chanter. Oh ! que mes os reposeront mollement si quelque jour votre flûte répète mes amours! Et que ne suis-je un des vôtres, que ne suis-je le gardien de vos troupeaux ou le vendangeur de vos grappes muries! Eh quoi! si j'aimais alors une Phillis, si j'aimais une autre Amyntas, ou que j'eusse quelqu'autre objet de ma tendresse, je l'aurais près de moi, parmi les saules, mollement étendue sous la vigne flexible. Qu'importerait alors qu'Amyntas fût noire ! Les violettes aussi sont noires, le vaciet aussi est noir. Pour moi Phillis enlacerait des fleurs cueillies de sa main. Pour moi chanterait Amyntas. Là, nous trouverions les fraîches fontaines, les vertes forêts, les prés tendres et fleuris, où je voudrais près de toi, Lycoris, voir les années consumer ma vie.

« Maintenant, ô Dieux, un amour insensé te captive au milieu des terribles fureurs de Mars, parmi les traits et les ennemis farouches. A cette heure que ne puis-je en anéantir la pensée, loin de la patrie, seule, sans ton Gallus, cruelle, tu affrontes les neiges des Alpes et les froids mortels du Rhin. Ah! puissent les froids épargner ta faiblesse! Ah! puissent les glaçons tranchants ne point blesser tes pieds délicats.

« Je l'ai résolu : les vers que j'ai composés dans le rythme de Chalcis, j'irai les soupirer sur le chalumeau du pasteur de Sicile. Ah! sans doute il vaut mieux souffrir parmi les retraites des bêtes sauvages et graver mes amours sur l'écorce tendre des arbres. Ils croîtront : ô mon amour, tu croîtras avec eux... Je veux aussi m'égarer sur les sommets du Ménale, au milieu des nymphes, ou bien j'irai pour-

Arcades. O mihi tum quam molliter ossa quiescant,
Vestra meos olim si fistula dicat amores !...

Voici encore le brûlant soupir qui les termine :

Omnia vincit Amor, et nos cedamus Amori!

suivre les ardents sangliers. Les froids les plus insupportables
ne m'empêcheront pas d'entourer de mes chiens les bois de
Parthénie. Je crois déjà me voir parmi les roches et les
forêts mugissantes. Je jouirai, quand de l'arc vigoureux des
Parthes je ferai siffler mes flèches... Ah! comme si tout cela
pouvait me guérir de ma passion insensée, comme si l'amour
apprenait à s'adoucir par les souffrances des mortels... Ah!
voilà déjà que les Hamadryades, les vers eux-mêmes, cessent
de me plaire. Loin de moi encore, ah! loin de moi, forêt!
Quand au milieu des glaces nous irions boire l'eau de l'Hè-
bre, quand nous affronterions les neiges et les pluies sans
fin d'un hiver de Sithonie, quand aussi nous irions garder
nos troupeaux sous le soleil dévorant d'Éthiopie, où l'écorce
brûlée se dessèche au haut de l'orme, tout cela, tous les plus
durs travaux ne sauraient changer l'Amour. Sa force est au-
dessus de toutes les forces, et nous aussi, cédons à l'Amour. »

Je reprends ma lettre. Fais de mon latin et de ma traduction tout ce qu'il te plaira. Ce malheureux courrier qui me
pousse brouillonne mes idées et m'empêche de te dire tout
ce que j'aurais voulu. Tous les soirs et tous les matins je
relis ta lettre et je trouve des choses si tendres et si recon-
naissantes pour tous tes sentiments, malheureusement j'oublie
tout quand je viens à écrire. On a beau dire, quand on est
plein d'un sentiment, on est malpropre à l'exprimer, à le
rendre avec énergie; je parle au moins du sentiment de
l'amitié et de celui de l'amour. Quand je veux parler de
tous les deux, je ne trouve que des redites éternelles. En
relisant l'article de ma lettre qui occupe la troisième page,
je me dis : est-il possible qu'on parle avec cette niaiserie,
cette froideur, d'une chose qui remue si fortement quand
on se retourne sur soi-même? Je crois aussi que ce sentiment est si fort que le plus éloquent homme de la terre
n'a jamais dit tout ce qu'il sentait; que ce sentiment-là a,

pour celui qui l'éprouve, des trésors de jouissances intimes qu'il ne pourra jamais réfléchir dans l'âme des autres. Je sais que j'ai lu dans Rousseau la peinture d'un amour supérieur à tous. Je sais aussi qu'en même temps, moi qui n'ai point l'âme et la chaleur de Rousseau, moi qui n'ai point dans ce temps la passion de Saint-Preux, j'ai trouvé au dedans de moi quelque chose de plus actif que toutes ces lignes brûlantes. Peut-être que tout cela s'accorde mal avec le travail et la lime d'un écrivain qui polit sa période pour la faire imprimer. Essaye, toi qui as de l'âme, d'exprimer ce que tu as senti de plus fort, tu croiras exprimer le sentiment de quelqu'autre que toi-même, ou tu perdras toi-même, dans la mémoire de ton cœur, les traces fugitives de ton propre sentiment.

Mais voilà qu'au milieu de ma péroraison, j'ai oublié toutes sortes de choses matérielles que je devais aussi te dire. Où en suis-je?... J'oubliais le principal. Réponds-moi de suite et courrier par courrier, envoie-moi encore une lettre et passe la nuit à la faire longue, longue. Va chez un papetier te faire battre du papier bien fin pour pouvoir en mettre plus. Il y a peu de temps, ne le néglige pas, je t'en supplie.

Rends-moi un service. Si tu en trouves le moment, va au Musée, tu diras de ma part au jeune homme qui copie le *Concert*, du Dominiquin, le même pour qui je te donnai une lettre avant mon départ, et que j'estime beaucoup, que je le prie de recevoir mon souvenir; dis-lui que je voulais lui écrire par ce courrier, pour le prier de penser aussi à moi qui l'aime beaucoup, mais que j'ai été tellement pressé que je ne l'ai pas pu faire.

Adieu, adieu, adieu, prompte réponse.

Ton ami pour la vie,

EUGÈNE DELACROIX.

Les amis de jeunesse de Delacroix que nous avons consultés à propos de ce « jeune homme'», qui copiait un *Concert* restitué depuis à Leonello Spada, pensent qu'il s'agit très-probablement de Poterlet. Né à Épernay, en 1802, Poterlet avait alors seize ans. Il était élève de Hersent. On a de lui, au Louvre, un tableau spirituel et bien peint, dans le goût de Bonington, la *Dispute de Vadius et de Trissotin chez les Femmes savantes*. Il est mort de la poitrine, en mai 1835.

Delacroix en parlait comme d'un artiste très-doué, mais incomplet. « Quand Poterlet, nous disait-il un jour en nous montrant une de ses copies, en était à faire les mains ou les pieds dans un tableau, il venait me chercher. Je les lui faisais et il me donnait en échange une copie d'après les maîtres coloristes, qu'on aurait pu confondre avec celles de Bonington. »

La pensée de gloire qui rayonnait dans le cerveau de Delacroix à l'aube de sa vie, fut traduite par lui en peinture, plus de vingt-cinq ans après. Il envoya au Salon de 1845 : « la Sybille montrant, au sein de la forêt ténébreuse, le rameau d'or, conquête des grands cœurs et des favoris des Dieux ». Cette *Sybille* (elle ne trouva un acquéreur qu'à la vente posthume de l'atelier!) avait les yeux ardents, la bouche hautaine, le geste noble, la souple allure de Mlle Rachel, que Delacroix admirait passionnément.

A PIERRET.

Le 6 novembre 1818.

... Mon départ est bien prochain.

... Quel plaisir crois-tu que je sois venu chercher ici? A quoi penses-tu que je m'occupe quand je veux passer des moments délicieux? Je me recueille; j'oublie tout ce qui m'entoure, je pense à tout ce qui m'est encore cher sur la terre. Je ne suis heureux, tout à fait heureux, que lorsque je suis avec un ami... Il m'arrive aussi que, dans mes rêveries, je pense à un temps que mes vœux appellent certainement : c'est celui de mon séjour à Rome... Ah! il m'arrivera, quand je serai dans cette ville, trésor de jouissance pour le pauvre peintre éloigné de tout ce qu'il aime, comme il m'arrive souvent dans les parties où je vais parfois ici : on me poste, on me dit « le lièvre va vous passer, tenez-vous sur vos gardes » ; et moi j'oublie mon lièvre... Je ne te verrai donc point près de moi, admirer les Loges et toute cette belle Rome? Où seras-tu?

J'ai appris par la *Minerve* que l'ouvrage de ton ami Baour allait paraître. Je suis impatient de savoir s'il fera tomber sur toi une pluie de napoléons solides, une partie de sa gloire et de son profit. Je me promets aussi de faire connaissance avec le nouvel embryon qu'on appelle le *Conservateur,* et qui ne respire encore que dans un prospectus, avec peut-être un ou deux numéros. Nous verrons cela.

Je serais bien content aussi, car je ne finis pas, si nous pouvions encore cette année assister à l'ouverture du cours de Cousin qui, j'imagine, n'est pas encore commencé!

A M. SOULIER.

PLACE VENDOME.

(*La lettre est tout entière en anglais.*)

10 décembre 1818.

Dear friend... I conjure you to excuse my bad English language... I have a little time part; with your obligeant lessons, I will better speak and write in that fair tongue, in which I am so desirous to be readly instructed...

... Si M. Raisson avait la complaisance d'aller samedi matin à l'atelier de M. Guérin, ou de venir, aussi le matin, dimanche chez moi, nous arrèterions ensemble le jour où nous pourrions nous entendre pour notre entreprise d'enluminure (of colorage), que je désire voir bientôt terminée.

Votre,

E. D.

Horace Raisson, homme de lettres et journaliste, a été un des collaborateurs de Balzac. Delacroix ne l'aimait pas. On lira dans une lettre datée de 1821... « Raisson n'est point changé : il est menteur et suffisant comme devant. Ce sera toujours, dans la peau d'un badaud, le plus gascon que je connaisse. »

M. Soulier croyait cette lettre la première qu'il eût reçue d'Eugène Delacroix. Il le connaissait depuis 1816. Il lui avait enseigné l'aquarelle, procédé de peinture alors presque inconnu en France et que

lui-même avait appris, en Angleterre, de son ami Copley
Fielding. M. Soulier donnait aussi des leçons d'anglais
à l'académicien Andrieux. « Mes autres soirées, dit-il
dans une note jointe à la copie de cette lettre, étaient
consacrées à réunir quelques jeunes gens dans mon
humble chambrette, la plus haute de la place Vendôme, à l'hôtel du Domaine extraordinaire, où j'étais
surnuméraire et secrétaire de l'intendant, le marquis
de la Maisonfort. Horace Raisson était dans mon bureau au secrétariat, et ce fut lui qui m'amena Eugène
Delacroix » qui déjà appartenait à l'atelier de Guérin.
L'étude de la langue anglaise allait conduire celui-ci
rapidement à l'admiration passionnée de Shakespeare
et de Byron.

« L'enluminage, ajoute encore dans sa note M. Soulier, était une invention de Raisson pour nous
faire gagner quelques sols. Nous avions fini par faire
des dessins de machines pour joindre aux brevets
d'invention. Je faisais le dessin linéaire et Eugène le
lavis, les bois de diverses teintes. Tout cela avait un
certain éclat. Lorsque je portai à Eugène le prix de
son travail, il était juché, dans le grand Salon, au
haut d'une immense échelle, copiant des têtes dans
les *Noces de Cana*, de Paul Véronèse. C'est je crois le
premier argent qu'il ait gagné avec son pinceau, en
imitant le bois, le fer, et en lavant tout cela à l'aquarelle. Nous étions fort joyeux d'avoir gagné douze
louis en nous amusant dans ma petite chambre et en
plaignant les pauvres gens appelés à exécuter nos
dessins. »

A M. J.-B. PIERRET jeune.

RUE DU FOUR-SAINT-GERMAIN, N° 50, A PARI.

(*Lettre timbrée, Maule* 1819.)

Lundi 6 septembre.

Mon cher ami,

Nous sommes arrivés ici dimanche matin, fort fatigués du voyage le plus malencontreux qui soit possible. Quand nous partîmes le ciel était gris et noir : j'étais de mauvaise humeur. Je m'étais précipité dans cette voiture ayant eu à peine le temps d'arranger mes affaires et d'emballer ce que je voulais prendre; et puis je voyais se mouiller des yeux, de pauvres yeux que je ne verrai probablement plus. La pauvre fille allait çà et là, emballant tout de travers, puis s'arrêtant au milieu de son occupation la main sous le menton et sanglottant en silence. Je m'en voulais de la laisser sans avoir pu faire pour elle ce que j'aurais désiré, e encore plus d'avoir reçu tous ses sacrifices, d'emporter peut-être quelques-unes de ses affections sans en être digne. Cependant je la regrettais. Non par mes sens je t'assure, mais mon cœur en avait pitié. J'ai béni le ciel de lui avoir fait rencontrer dans la bonté de ta famille un secours bien nécessaire. Tu me diras comment elle s'en tire et si elle ne vous est pas trop inutile.

Pour revenir à ce voyage, le temps devint tout à fait mauvais peu après le commencement de la nuit. La voiture avait été mal arrangée dans l'intérieur et les paquets, placés trop précipitamment, gênèrent beaucoup. Le vent et la pluie fine qui tombait en abondance se mirent de la partie et nous furent désagréables à l'excès. Vers quatre heures du matin, à neuf ou dix postes d'Orléans, le postillon nous dit, en changeant les chevaux, que le coffre de devant était détaché et sur le point de partir. Je vis avec une douloureuse surprise non-seulement qu'il ne tenait plus à rien, mais que tout ce qu'il contenait, sans exception, jonchait la route depuis peut-être six lieues ; car les cahots avaient successivement fait sauter tout dehors. Il se trouva que tous nos souliers furent perdus ; nous en avions fait faire plusieurs paires avant mon départ, de sorte que mon neveu et moi nous arrivons avec celle que nous avions aux pieds. Ma sœur avait encore dans ce coffre plusieurs choses plus intéressantes encore que des souliers et qui furent perdues sans retour, quoiqu'au moment où nous nous aperçûmes de la perte, un postillon ait monté à cheval et couru les chemins que nous venions de faire. Cet incident et des réparations instantes à faire nous retinrent plus de trois ou quatre heures. Retardés de la sorte, tout notre voyage se trouva démanché. Nous espérions pourtant qu'en poussant toujours sans nous arrêter à Tours, comme nous comptions, nous pourrions regagner le temps perdu, mais nombre d'autres choses nous arrêtèrent samedi soir. Un des ressorts de derrière se brisa : on nous prit cher pour le raccommoder, ce qui ne l'empêcha pas tout au beau milieu de la route de se rompre de nouveau et de nous laisser sans ressources à deux ou trois heures des plus proches habitations humaines. Il nous les fallut faire à pied malgré l'assistance de trois garçons qui vinrent à passer sur le chemin, le bâton sur le dos et la gourde au côté, qui s'en allaient précisément chercher fortune à Paris, et qui nous offrirent leurs services. Enfin, après la plus mauvaise nuit, nous avons dimanche matin atteint le but désiré et nous avons oublié les fatigues.

EUGÈNE.

La « maison des gardes » était la propriété des trois enfants survivant alors, Charles, Eugène et Mme de Verninac. Elle fut perdue pour eux, vers cette époque, à la suite d'un procès, et Eugène Delacroix se trouva ruiné avant sa majorité.

Sa sœur, plus âgée que lui de vingt ans, avait été épousée, à Constantinople, par l'ambassadeur de France. Delacroix avait conservé un portrait de cette belle personne, qui la représentait assise. Il destinait au Louvre ce superbe et souple spécimen du génie de David. Au moins nous le disait-il un jour. Mais il l'a légué à M. de Verninac-Saint-Maur, beau-frère de sa sœur, et, en 1863, président du tribunal à Tulle.

Cette lettre, dont nous n'avons pas l'original sous les yeux, a été donnée, par erreur, par M. Piron avec la date « 1813 ». Elle complète le récit de l'événement de voyage déjà raconté ci-dessus.

A F. GUILLEMARDET.

De la maison des gardes, 23 septembre.

... Un coffre de devant, dont les vis et les écrous furent cassés, s'ouvrit de manière à laisser échapper tout son contenu... Après avoir attendu sur le grand chemin, par une pluie fine et pénétrante et le vent le plus incommode, le retour d'un postillon que nous avions à l'instant fait mander à cheval pour retourner d'où nous venions, afin de s'informer de ce que nous avions perdu, nous fûmes obligés de continuer notre route avec les souliers que nous

avions aux pieds, sans qu'il fût possible de ravoir autre chose
qu'un vieux livre en loques et couvert de boue, sur lequel
avaient passé les roues d'un roulier, et que le postillon nous
apportait en triomphe sur le pommeau de sa selle. A quelque distance de là, nous nous aperçûmes qu'un malheureux
pot de thon mariné, que nous n'avions emporté que par
pitié, avait payé notre attention en se cassant dans le tam-
bour ; ce qui couvrit d'huile nombre de choses, entre autres
un Horace que j'emportais ainsi qu'un petit dictionnaire
auquel je tenais beaucoup. Il faut ajouter à cela le désespoir
de Minette en se voyant balancée et agitée dans une voiture
et qui, sans s'inquiéter de courir la poste, ne cessait d'appeler
de ses cris ses chers escaliers, sa chère cave et son cher grenier,
retraite de son cher matou. A Montbazon, avant Poitiers, elle
parvint à tromper notre vigilance. Elle s'enfuit pendant
qu'on changeait de chevaux, et nous voilà dans les rues, à
une heure du matin, à appeler Minette sous toutes les portes
cochères. Comme nous allions remonter en voiture, un postillon crut l'avoir aperçue dans la cour d'une maison par les
fentes de la porte. Alors je me colle les yeux à ces fentes et je
vois en effet quelque chose de noir qui se promenait tranquillement dans l'ombre. Aussitôt je sonne à cette porte, tout
doucement d'abord, de peur de réveiller quelqu'un. Enfin
parut un homme en chemise et en queue, qui se mit à
poursuivre conjointement avec nous la fugitive qui sautait
tranquillement du poulailler au toit des cochers, se léchait
très-tranquillement en attendant le succès de nos efforts. Tu
jugeras ce qu'ils devaient avoir de désagréable dans une
maison dont les recoins, à nous inconnus, nous jetaient à tout
instant dans quelque méprise. Enfin Minette fut saisie par
l'homme à la chemise, monté sur une échelle, que nous com-
blâmes de remerciements. Après Poitiers, un des ressorts se
brise et nous jette de nouveau dans des embarras et des retards

sans nombre. Nous voici cependant rendus, et depuis longtemps, ce qui fait ma honte quand je pense que depuis tout
ce laps, je ne t'ai point encore demandé de tes nouvelles...

A PIERRET.

(Sur le timbre) : 22 septembre 1819.

... Tu enviais peut-être mon sort quand tu m'as vu
partir pour la campagne. L'ennui nous poursuit partout. Je
ne suis vraiment heureux ici que lorsque je m'exerce sur
différentes choses ou que je lis. Certes, ce n'était pas la
peine de faire cent vingt lieues pour se procurer ces jouissances. Il est vrai que malgré moi je respire un air vif, trop
vif peut-être, car je ne suis pas à mon aise comme je l'aurais
espéré.

Décidément la chasse est une chose qui ne me convient pas. Quand je tue quelque chose, je trouve cela charmant et je suis tout ardeur pendant quelques instants ; la
fatigue de plusieurs heures disparaît et s'oublie. Mais autrement, quand il faut se traîner et avec soi une arme lourde et
incommode à porter à travers les ronces, les branches dans
le visage, la terre labourée qui entre dans les souliers et s'a-
masse au-dessous en semelle de plomb, les vignes dont les
rameaux entrelacés embarrassent et font trébucher, tout cela
est bien véritablement ce qu'on peut appeler assommant. Et
puis voilà encore à mon avis, le plus grand inconvénient.
Il s'agit d'avoir, pendant des heures qui ne finissent point,
l'esprit dirigé vers un objet qui est d'apercevoir le gibier. La
moindre inadvertance, la plus légère distraction vous font
perdre le fruit d'un temps infini de patience et d'attention ;
et le gibier habile à profiter de la négligence du chasseur le

laisse les yeux mornes et hébétés d'ennui, la bouche béante
et pendante, et déconcerté de l'occasion manquée. Il y a bien
à tout cela des compensations telles, comme je l'ai dit plus haut,
que l'occasion saisie, le soleil levant, et le plaisir enfin de voir
des arbres, des fleurs et des plaines riantes au lieu d'une ville
malpropre et pavée. Si j'avais ici quelqu'un comme toi, cela
serait fort différent. Nous nous consolerions de laisser échapper
les lièvres en parlant des belles choses ou en en faisant, car tu
sais que nous nous promettons sans façon l'immortalité.

Croirait-on que j'ai l'aptitude de faire des vers, et que de
plus j'ai eu le talent de découvrir que c'était non-seulement
fort amusant, mais plus amusant que tout le reste...

Suit une énumération un peu verbeuse des jouissances qui attendent « l'artiste qui sait peindre avec
la parole ». Il parle du « jeune André Chénier, indi-
gnement moissonné dans sa fleur avant d'avoir ouvert
les trésors de son imagination et porté ses fruits » ;
puis de la vie du Tasse, avec véhémence :

N'est-ce pas que cette vie du Tasse est bien intéressante?... On pleure pour lui... On s'agite sur sa chaise en
lisant cette vie; les yeux deviennent menaçants, les dents
se serrent de colère. Un de mes regrets est de n'avoir pu
lire la belle élégie de lord Byron : je dis belle, parce qu'il a
l'âme trop brûlante et que le sujet lui convient trop bien
pour qu'il ne l'ait pas saisie dans le bon sens. Je n'ai
pu en apercevoir que quelques traits. Dis-moi ce que tu
en penses, et quel effet cela t'a produit.

Je t'embrasse tendrement.

EUGÈNE DELACROIX.

A J.-B. PIERRET.

RUE DU FOUR-SAINT-GERMAIN, N° 50, A PARIS.

Le 8 octobre 1819.

... Ne tarde pas, si tu le peux, à m'écrire, car les jours se succèdent bien rapidement. Quoique je sois désœuvré presque toute la journée, et que je ne fasse rien de suivi, je vois les hier, les avant-hier, les semaines passées s'accumulant avec une sorte d'effroi qui m'étonne toujours. Voilà que les premières gelées ont fait jaunir la feuille de la vigne : bientôt elle tombera, et c'est le signal de la froidure. Le matin, les feuilles des arbres sont couvertes d'une rosée froide qui brille comme des diamants et des rubis aux rayons du soleil. Les mains se gèlent sur le fusil et les chiens n'osent entrer dans les buissons mouillés. Tout cela me rappelle à mes quartiers d'hiver, me rappelle à toi, excellent ami...

... N'oublie pas de consoler pour moi Caroline et de l'encourager.

Ton ami, EUGÈNE DELACROIX.

A PIERRET.

Maule, 29 octobre 1819.

Que ne puis-je retenir la malheureuse lettre qui vient de m'échapper! Je la donnai hier pour être mise à la poste, que n'ai-je attendu à aujourd'hui? Je te fais des reproches, je te parle de ta négligence pour moi, pauvre orphelin! de ce que j'ai souffert de n'avoir pas reçu de tes lettres, de toi, cher ami, qui as souffert la plus extrême douleur de l'humanité! Tu mettais ton père au cercueil tandis qu'au milieu de mes amusements je m'étonnais parfois d'éprouver un retard. Je veux

me punir de mon exigence, de ma dureté, par ta douleur
même. Tu as donc veillé auprès de ton père cette nuit-là,
pauvre cher ami, elle ne sortira pas de ta mémoire. Ce que
cette nuit-là a vu, ce que cette chambre-là a vu, est gravé
devant tes yeux; ce lit, cette lumière, ce silence à cette heure
auprès des restes de ton père, cela est immortel dans ton
imagination. Et si je connais bien toute ton âme, cette agonie
et le spectacle de cette mort portent encore avec elles une
consolation. Cela est donc vrai que le cœur trouve un secret
plaisir à s'enivrer de la vue de nos chers amis quand ils nous
échappent? Oui, on dévore des yeux ces traits qui fuient et
qui s'effacent. Tout ce qui nous rappelle à notre douleur
nous est cher, et c'est nous faire du bien que nous en parler.
J'ai vu ce que tu as vu; ma mère nous a échappé de même;
huit jours avant sa mort, nous étions avec elle à une fête, et
ces huit jours passés la terre s'était refermée sur elle et tout
avait repris son train ordinaire. Moi-même quand je me le
rappelle, mon désespoir était machinal. Tout le monde pleu-
rait autour de moi et je pleurais aussi, et quand je n'avais
plus de larmes, je me demandais si j'étais insensible. L'idée
de cette mort qui m'avait tant de fois fait frémir quand nous
la possédions, me parut un rêve quand elle fut arrivée. Elle
ne me poursuivait pas comme une chose funeste qui empoi-
sonne les amusements et les occupations ordinaires : elle
m'obsédait comme une illusion qui doit cesser. Cette scène,
tout ce que j'avais vu ne pouvait me changer. Elle était dans
son lit, ma sœur était venue me réveiller et elle m'avait dit
en fondant en larmes : « Eugène, viens vite, nous n'allons
plus avoir de mère. » Je m'étais habillé plein de trouble et
en sanglottant. Ma mère avait souffert la nuit des tourments
horribles. Des sinapismes, des cautérisations lui avaient arra-
ché des cris affreux qui n'avaient pu m'éveiller. Maintenant,
elle était étendue sans mouvement, sa tête était colorée par

ses douleurs, et ses yeux à moitié fermés, comme gênés par la
lumière. La chambre était ouverte et remplie. Quand le médecin fut venu et fut sorti froidement en nous conseillant de
nous armer de courage, comme chacun s'était jeté sur un
fauteuil, j'entrai dans cette chambre et je m'y trouvai seul
avec ma mère. Je fus lui donner un baiser. C'est le dernier
qu'elle ait reçu : elle ne le sentit point; son visage était froid
avec l'apparence de la vie, et ses yeux ne se détournèrent pas
sur moi. Mon ami, mes larmes m'empêchent de voir ce que
j'écris. Après cela elle ne fut plus à moi, je ne devais plus la
toucher, mais je la vis encore. La chambre se trouva encore
pleine et c'était un désordre. Ma sœur se prosternait sur ce
lit, mon frère sanglotait; nos cousins, tous nos amis étaient
là. J'étais au pied du lit et je voulus tout voir. Tout d'un
coup, sans qu'il parût un mouvement, sans que les yeux
fussent fermés davantage, les couleurs disparurent comme un
rideau qu'on lève doucement et la pâleur s'étendit des lèvres
jusqu'au front. Tout était fini ! Je crois aussi que tu pleure-
ras en lisant cette lettre, la tienne m'a rappelé ma mère, et
je te remercie des larmes que tu me fais répandre. Ta douleur sera douce par l'idée de sa délivrance et de ce que tu as
fait pour lui. Moi, à cette heure, je ne puis me persuader mon
isolement, je cherche autour de moi ce qui s'effaça si vite et
j'ai perdu ma mère sans la payer de ce qu'elle a souffert pour
moi et de sa tendresse pour moi. Si j'avais dû ne la voir
mourir qu'aujourd'hui ou dans quelques années, ma douleur
eût été plus vive et plus profonde, mais j'aurais véritablement joui de sa vie, car j'étais trop jeune pour lui marquer
à tous les moments combien je l'aimais! Chose incroyable, je
ne puis comprendre le culte des tombeaux et l'amour des
hommes pour revoir les tristes demeures de ceux qu'ils ont
aimés. Le spectacle de la mort a dans son horreur quelque
chose qui rassure, on n'a pas encore tout perdu; car on voit

ces traits, cette bouche insensible qui nous a baisé! ces mains
chéries qu'on a pressées et qui vous ont pressé. Tout cela est
mort, mais on se dit c'est la même chair; c'est encore ma
mère; mais cette idée : je foule sa cendre! elle est là et je ne
la vois point, elle est enfermée et près de moi, et c'est une
pierre qui nous sépare... c'est là que coulent en abondance les
larmes, mais celles-ci sont de désespoir. Mais que viens-je
te dire? Si un autre voyait ce que je t'écris, il dirait : Quelle
manière de consoler un fils qui a perdu son père! Cependant,
tu ne m'en voudras pas, j'en suis sûr. Il fallait que je t'écri-
visse tout cela. J'ai éprouvé les mêmes peines : ce sera pour
toi une consolation que cette autre concordance entre nous.
Ce qui doit te consoler, c'est de pouvoir encore faire le bonheur de ta mère. C'est la consolation que tu ne devras qu'à
toi et à ta vertu. Ce qui te consolera encore, c'est d'avoir quelques amis qui savent aussi pleurer et qui sont malheureux
de ton malheur. J'aurais désiré vivement d'être avec toi; à
présent que c'est fini, je suis bien aise que ma lettre me précède. On s'écrit mille choses qu'un je ne sais quoi vous empêche de dire. On se revoit, on s'embrasse en étouffant, et
ce qu'on n'épanche pas retombe sur le cœur et le serre.

Je t'embrasse : EUGÈNE.

AU GÉNÉRAL DELACROIX [1].

De la forêt d'Axe. 1819.

... Je te dirai maintenant ce qui m'a si fort retardé. De
Saint-Maur j'ai gaiement entrepris ma route. Je fis très-bien
une longue traite, mais la chaleur du jour devint trop forte;

[1.] Extrait donné par Piron, p. 47.

je me reposai dans un cabaret : j'eus la sottise d'y prendre un refroidissement qui dégénéra presque aussitôt en une petite fièvre. J'arrivai à Chatellerault malade; et, pour comble de douleur, je demeurai plusieurs grands jours dans cette ville inconnue, dans une auberge, à attendre diligence ou malleposte qui pût me conduire jusqu'ici. Je ne conseille pas à M. le curé de Loreau de s'en rapporter beaucoup au passage de toutes ces voitures dont il me flattait si fort, le ventre tranquillement à table. Rien n'est si facile à dire que tout cela. Ce qu'il y a de sûr, c'est que j'arrive enfin ici avec une fièvre déclarée, qui me tient jusqu'à présent, et qui fait de moi une allumette pour l'apparence et un brin d'amadou pour la valeur. Ce n'est que d'hier et d'avant-hier que j'ai repris quelques forces et quelques lueurs de raisonnement libre. C'était une fièvre lente, qui me prenait tous les jours : nul appétit, ennui et dégoût continuels, et une faiblesse si grande que j'avais des éblouissements quand je me levais de mon fauteuil. Enfin je commence à me remettre à force de quinquina. La fièvre a levé le pied; le reste suivra.

———

A PIERRET.

21 septembre 1820.

Je suis donc ici enfin, mon bon ami, mais avec la fièvre malheureusement. Après avoir passé une quinzaine de jours avec mon frère et m'être rendu à Chatelleraut, j'ai été obligé d'y demeurer plusieurs jours pour attendre la diligence et j'ai commencé à m'y mal porter. Il est dur d'être à la campagne sans en jouir; je garde la chambre, on m'assure que je m'en porterai mieux. Je le souhaite; j'aurais bien désiré dans tout cela recevoir quelque chose de toi, mais je vois bien qu'il faut toujours que je commence. J'aurais moi-même

écrit plus tôt, mais un fiévreux n'est guère écriturier. Comme
tu penses, tout ce que j'entreprenais de faire me pesait et me
fatiguait beaucoup la tête; au lieu de sortir au milieu des bois
et de jouir de toute la douceur qu'on peut trouver ici, je suis
forcé de rester dans une maison. Quand je veux lire, cela
m'endort, je suis obligé de me lever tard pour m'ennuyer
moins, je n'ai pas faim et je ne vis que de tisanes au milieu
des excellents fruits de toutes les espèces. Pourras-tu me
laisser dans cet état sans consolation. Tes lettres seraient un
baume pour mon ennui. Mais que cela soit bien long et
bien serré : qu'en les ouvrant ces chères lettres mon œil soit
assassiné par une multitude de lignes et de paragraphes. Il
n'y a pas besoin de me conter des événements. Il ne faut pas
que tu t'étonnes si je n'emploie que la demi-feuille, je vais
écrire à Félix aussi et enfin à Piron qui vous fera passer les
présentes. Dans une autre situation, j'en aurais fait davantage; mais j'ai toujours la tête lourde comme du plomb. Que
je vous supplie donc de ne pas mettre de retard dans l'envoi
de ce paquet large et plein qui doit me combler de joie.
Excitez-vous l'un l'autre à m'écrire. Défiez-vous à qui en
écrira le plus long. Fou que je suis : changerais-je vos mains
de fer! Vous ne m'avez pas encore donné signe de vie et je
m'attends à des Encyclopédies, mais pensez pourtant à mon
triste état. Je n'aurai espoir qu'en vous. Ce qui vous intimide,
c'est Piron, je suis sûr. Ah! que vous me feriez de plaisir de
vous en passer... As-tu un peu travaillé, sens-tu toujours comme
tu le faisais quand nous en parlions ensemble, les avantages
qu'il y aurait pour toi à acquérir un talent? Penses-y bien
encore; ce n'est pas une bagatelle à considérer. Lutte avec
courage contre tes malheurs et ne laisse perdre aucune par-
celle de ce temps qui ne sera pas ingrat et t'apportera plus tôt
que tu ne penses le fruit de tes sueurs. Quand tu auras con-
quis par ta force la douce indépendance, comme tu t'aimeras

mieux toi-même! Songe à l'avenir d'un homme qui n'occupe qu'une place précaire dont un sous-chef par ses intrigues peut le priver. Mais tu sais tout cela pour l'avoir dit cent fois, et je suis sûr que tu en as profité, et que tu n'as pas trop perdu de temps depuis mon départ; tu avais bien commencé. Non-seulement tu t'occupais, mais tu as fait des choses qui sont bien.

Adieu, cher ami, je t'embrasse tendrement,

E. DELACROIX.

Il faut d'autant plus te presser d'écrire que je vais bientôt partir pour le pays de mon beau-frère. N'as-tu eu aucune nouvelles de Soulier? N'y a-t-il aucune lettre à la maison pour moi? Tu sais, fripon, que j'ai écrit en Angleterre. Quant à Soulier, Perpignan t'en donnerait peut-être; je te rappelle qu'il demeure rue du Marché-des-Jacobins, n° 11.

A PIERRET.

2 ou 3 octobre (*sic*) (Maule, 1820).

Sainte amitié, amitié divine, excellent cœur! Non, je ne suis pas digne de toi. Tu m'enveloppes de ton amitié. Je suis ton vaincu, ton captif. Bon ami, c'est toi qui sais aimer. Je n'ai jamais aimé un homme comme toi, mais ton cœur, j'en suis sûr sera inépuisable. Que tu es rare, que ton pareil est introuvable, que mon âme est mesquine au prix de la tienne, que tes trésors sont abondants, que de sources ouvertes! Ne rougis pas de ta belle modestie. Crois-moi bien, car mes larmes accompagnent ma plume. Mais tu ne me croiras pas, tu souriras ! Tu voulais me priver d'une partie de ta lettre pour ne pas me fatiguer ! Est-ce que tu l'as pensé? Tu me guéris en m'écrivant et je te réponds tout de suite pour que tu fasses de même et que tu me guérisses encore plus. Que ta célérité m'a charmé! C'est toi qui avais porté ta lettre le premier et c'est la plus longue. Félix m'en a envoyé une comme la mienne. Il me dit qu'il n'avait guère le temps. Soit. Mais quand j'ai vu la tienne si épaisse, si bien remplie, je suis bien sûr que la fièvre a prévu le reste. Tu as donc trouvé du temps, toi, au milieu de ton bureau et des soucis qui t'occupent. Tu as trouvé façon d'envoyer au fiévreux une bonne potion calmante qui va lui donner des forces dans les doigts d'abord et dans la tête pour répondre le plus longuement qu'il pourra, et puis dans toute la machine, j'en suis sûr, pour se bien porter, se promener et penser à son ami sous les arbres et en plein air. En plein air! les arbres! j'en jouis pendant quelques minutes par jour. Misère! C'est parce que mes jambes sont trop faibles pour me porter plus longtemps. Ma maladie n'est pourtant rien du tout. C'est une fièvre lente, sans le moindre danger, mais qui peut durer encore quelque temps. Ainsi aucune inquiétude. C'est de l'ennui que j'éprouve, et voilà tout. Je tâche, au milieu de mes sueurs, lesquelles font de moi une allumette pour l'apparence et un brin d'amadou pour la force, de faire de la philosophie pratique.

Assez pour la fièvre...

Suivent trois grandes pages in-8°, pleines, en écriture fine mais qui s'allonge, se fatigue, se brouille et devient presque illisible sur la quatrième page; celle-ci est couverte sur tous les plis qui circonscrivent la partie centrale, réservée pour l'adresse.

... Oui, c'est bien à toi à donner la Saint-Sylvestre. Si ce n'eût été à toi, j'eusse voulu que c'eût été à moi. Que les pots, les ripailles sont douces choses dans la vie! Là, à la lumière de la chandelle tout unie, on s'établit sur une table où l'on s'appuie les coudes, et on boit et mange beaucoup pour avoir beaucoup de ce bon esprit d'homme échauffé. C'est là la gaîté, et que la nôtre est vraie! Ah! que les potentats et les grands politiques sont à plaindre de n'avoir point de Saint-Sylvestre! Et je crois qu'à tous les âges de la vie nous pourrons retrouver avec la même candeur cette soirée si heureuse. Nous ne sommes pas des marchands. Notre cœur de jeunes gens n'ira pas, à vingt-cinq ou trente ans, se cacher au fond d'un coffre-fort. Les cœurs passionnés et surtout ceux qui sont occupés de l'amour d'un de ces arts qui sont la nourriture des âmes, ces âmes elles-mêmes ne deviennent pas vieilles et sèches. Pour toi, quand tu serais marchand de bonnets, quand tu serais un Auvergnat, marchand de cuivre, et tant d'autres dont la cervelle, les entrailles et toutes les facultés sont : ARGENT, tu ne serais pas encore comme tous ces gens-là. Mais tu vois où j'en viens. Tu seras peintre, ami, nous marcherons ensemble. O délicieux peintre, que tu nous donneras d'heureux moments! N'as-tu pas senti de la vergogne et une bien forte, quand on t'a demandé si tu étais peintre? Cela a dû te percer bien avant, j'en suis sûr...

Je reprends ma lettre et la finis plus à la hâte que je n'eusse souhaité. Il est nuit, on doit venir la prendre demain, à huit heures, et les malades ne se lèvent pas à cette heure...

L'ami Piron, qui s'absente, m'a dit qu'il ne pourrait de quelque temps nous servir. Je comptais avoir le temps d'écrire à Guillemardet. J'ai su que je n'avais plus de temps. Cette fois que je paye un port de lettre, je l'attends énorme, ce sera un véritable in-folio et de la vitesse n'y gâtera rien. Et ce bon, ce cher petit Soulier; figures-toi recevoir une lettre de Florence ! Mon bon ami, j'ai pleuré en l'ouvrant, et ce qu'elle contenait ne m'en a pas fait repentir. Nous la lirons ensemble. C'est un bon garçon que Soulier, et que j'aime tendrement. Mais c'est inutile à dire et à répéter cent fois. Ainsi, bonsoir, mari, oui mari et heureux mari. Ma prochaine sera, j'espère, plus copieuse, mon moral sera quelque peu remonté.

Ton ami pour la vie,

EUGÈNE DELACROIX.

A PIERRET.

(Il lui dit d'adresser sa réponse chez M. Verninac-Saint-Maur, à Souillac.)

Souillac, 20 octobre 1820 (département du Lot).

Mon cher ami, j'ai reçu ta lettre la veille de mon départ pour ici. C'était le soir, j'avais déjà fait mon sacrifice et je n'espérais plus rien avoir de vous autres dans la Charente. Je ne te dis donc pas le plaisir que j'ai ressenti. Je lisais et je relisais, et ce fut une des occupations de ma route. Quand j'ouvre ta lettre, je suis comme un homme à qui le froid fait venir des larmes dans les yeux qui obscurcissent sa vue devant un beau paysage...

Je suis dans le pays de mon beau-frère. Il n'est pas de prévenances dont je ne sois comblé. Ce sont de bien bonnes gens et qui font des cuisinages qui n'en finissent point. Les repas durent quatre heures, parce que sur le déclin les souvenirs d'enfance se réveillent et ouvrent les cœurs des sœurs et des frères qui se sont très-ridés, éloignés les uns des autres.

Et puis la politique a ses tons. Mon beau-frère a des prétentions à la députation. Je ne crois pas qu'il soit nommé ici cette année. Peut-être le sera-t-il dans la Charente...

Je suis dans la plus belle vallée qui se puisse imaginer. J'espère rapporter d'ici quelques belles vues. Le voyage de la Forêt ici a été pour moi bien charmant. J'ai traversé une partie du Limousin et ce sont là véritablement des choses agréables. Ce ne sont que montagnes immenses tapissées jusqu'en haut de vertes prairies. De grands rochers de granit rouge, noir, gris, qui sont suspendus sur votre tête. Les aspects varient à chaque pas. La tête et les regards sont sollicités de tous côtés. Ces vues magnifiques vous échappent avant qu'on ait pu les fixer. Le cheval de posté et le postillon peu sensibles aux belles vues, vous entraînent impitoyablement. Tout au fond de ces flancs de montagnes si hautes et si rapides, coulent à flots clairs ou écumants de petites rivières qui serpentent émaillées dans des bords plantés d'aunes et de peupliers ou qui tombent en cascades qu'on entend de loin. Point ou presque pas d'habitations. Quelques chalets noirs et isolés suspendus aux coteaux. Il faut voir là s'en donner les bœufs et les chevaux et les moutons. Ils vont là où l'herbe les attire ; ils montent et descendent sans gêne et vont tout à loisir se baigner. Ah! j'ai éprouvé autant de regrets que de jouissances. Mais il faut y passer des mois entiers pour y trouver à recueillir quelques fruits. Un croquis ne peut suffire. Les contours de ces belles montagnes bleues sont si coulants et si variés, si fins, si fugitifs, qu'il y faudrait une étude assidue...

Les amis vous manquent encore là. Ces amis se font désirer partout. Toutes les sources de bonheur sont comme les sources minérales, moitié chaudes et moitié froides, troubles et limpides. Il y a toujours un côté plus amer, parce que l'autre est plus délectable.

Je serai, je crois, encore abandonné à moi-même cet hiver.

L'idée de ce tableau que j'ai à faire me poursuit comme un spectre. J'aurais bien désiré pouvoir retourner promptement à l'atelier. Oh! que je suis ganache! J'ai plus d'une fois essayé de dessiner pendant mes fièvres, et ce qui m'a le plus affligé, c'est que tout ce que j'ai voulu chercher pour mon tableau n'a été que misérable. Je me suis occupé davantage de toutes les folies qui me passaient par la tête... Un homme qui se lève à huit ou neuf heures, fatigué de sa nuit, et qui va de là tout d'un trait s'encoussiner dans une bergère au coin du feu, tandis que les autres vont à la chasse; qui avale ses deux prises de quinquina pendant qu'ils déjeûnent, et qui voit s'écouler assez lentement, mais bien dans ses mains et sous ses yeux, sa journée qui est toute à son esprit pendant que son corps ne marche, ne digère ni ne mange; qui enfin se possède bien jusqu'à ce que la fièvre se glisse par des avant-coureurs glaçants jusqu'à la source de ses nerfs pour l'envoyer dans son lit faire de la philosophie; cet homme-là est dans un monde nouveau assurément. Alors que de plans, que d'entreprises qui ne font reculer ni son esprit, ni les forces de son corps! Il se plonge dans le travail avec ténacité. L'œil distrait de son foyer, il retourne avec acharnement sa matière, et jusque dans la nuit quand il souffre, il est escorté de ses idées qui trompent l'ennui. Voilà ce que j'ai été dans ma fièvre. Les aliments me répugnaient, me soulevaient. La nuit ne m'apportait que de la fatigue, je ne faisais pas deux pas sans éblouissements, je ne pouvais écrire sans avoir la tête fendue; mais quand je m'arrêtais à mes rêveries ma tête travaillant beaucoup sans fatigue, je faisais des plans de toute espèce, j'entreprenais de tout. Le malheur est qu'il ne me reste presque rien de tout cela, parce que je ne m'y suis mis que quand je commençais à m'habituer à la fièvre, laquelle alors commençait à aller en dérive à cause des médecines et du quinquina.

Avec la fièvre que j'ai tant maudite s'est donc envolé tout mon génie pour la composition. Que de déconfiture pour ceux qui m'auraient lu ! Il y avait aussi un grand malheur. Je rime dur. Je suis un véritable welche. J'enfonçais à grands coups de marteau de petits mots dans mes vers pelotonnés et ficelés. Je m'en étais presque fait un plaisir et une tâche. Hélas ! cher ami, tout est difficile. Comment faire quelque chose de complet, de serré et de coulant ? Peinture ou poésie, mêmes choses, mêmes rebuffades. Il y faut retourner souvent avec des outils frais. Il ne suffit pas d'avoir des sources actives et fécondes, il faut un esprit ferme et subtil, ramassé, et qui se multiplie, pour porter le poids de l'invention, pour soutenir partout et développer sans flétrir cette fleur fugitive qui colore la pensée dans la pensée et qui s'efface si rapidement quand la pensée a pris son habit pour se faire voir et palper. Que les grands hommes sont grands ! Je me figure ces vastes génies au sein de la composition. Ce travail sage et ferme sur ce terrain soulevé, embrasé par ses volcans !...

Cette lettre, visiblement écrite dans l'animation désordonnée de la convalescence, se termine par ces lignes à l'ami Pierret qui venait de se marier :

... Vous êtes un vrai traître que j'aime pourtant bien tendrement. Ne dirait-on pas la lettre d'une maîtresse à son amant, et réciproquement ? Nous sommes bien fous ! Ne m'oublie pas auprès de ton excellente famille.

A M. SOULIER.

LÉGATION DE FRANCE A FLORENCE.

Souillac, 22 octobre 1820.

Mon ami, mon bon, mon cher ami,

... Je n'étais pas à Paris lorsqu'y arriva ton excellente lettre. Il fallut me la renvoyer à la *Forêt*. Tu es surpris à ton tour de voir une date si retardée. A la suite d'une marche longue par la chaleur, je me refroidis par imprudence et me donnai la fièvre. Elle m'a quitté il y a une dizaine de jours et me permet d'écrire à mon aise.

J'étais travaillé par une fièvre lente et quotidienne, quand on me remit un paquet. Il contenait une lettre de mon cher Pierret, de Guillemardet que j'aime aussi tendrement, et une de toi. La tienne fut ouverte à l'instant et je versai des larmes aux premières phrases. Ceci n'est point une figure, c'est aussi vrai que les sentiments que j'ai pour toi ; tu m'en as inspiré de vifs et de sincères.

Ce que tu me dis m'a rappelé ce soir où je te quittai et dont le souvenir ne me quittera pas. Quand tu fus entré dans un café, je me retournai brusquement et marchai vite comme pour me fuir moi-même, et pourtant je sentais un désir violent de me retourner pour te voir encore. Je fis bien de ne pas céder et de m'affliger en homme, car il m'eût alors fallu voir disparaître la voiture renfermant mon ami, te suivre enfin jusqu'au dernier moment. Vois-tu, les départs sont des morts. Quand on se quitte, l'espérance de se revoir n'est rien. Je ne suis pas en Italie, moi, je n'ai pas traversé des monts admirables ni vu des merveilles, je n'ai rien de nouveau à te dire.

... Je suis dans le midi de la France, cela vaut tou-

jours mieux que les brouillards de la Seine. Je partis de
Paris vers le 25 août. Je m'arrêtai quinze jours environ chez
mon frère, près de Tours, et c'est dans le trajet de la Tou-
raine à l'Angoumois que je pris le germe de cette fièvre qui
m'a rongé à la Forêt pendant près d'un mois. C'est une chose
triste pour un homme qui ne cherche à cent vingt lieues de son
trou dont il a grande peine à se tirer, autre chose que l'amu-
sement, de ne trouver que la pâle maladie. Ma fièvre revenait
tous les jours. Elle n'était violente ni dangereuse, mais elle
avait bien des désagréments. Le premier, c'est que c'était la
fièvre, et celui-là, ainsi qu'il est loisible de le penser, renferme assez généralement tous ceux qui en sont la conséquence. Je me levais assez tard, je sortais moulu de mon lit
après avoir passé une partie de la nuit à suer et à perdre ma
substance. Je me traînais de là dans une bergère au coin du
feu et j'y restais enterré jusque vers cinq ou six heures du
soir, où les avant-coureurs de la fièvre se glissant dans mes
nerfs, commençaient à balancer tout mon sang dans mes
veines de la glace à une ardeur dévorante. Du reste, les aliments et le vin me soutenaient le cœur...

Cette adjonction à la lettre précédente débute
par de vifs reproches à Soulier sur sa froideur. Delacroix emploie même, par manière de représailles, le
« vous ». Mais cela cède vite aux souvenirs :

... Comme je t'aimais quand nous faisions des projets de
peinture, que nous parlions de coucher de soleil et de pittoresque! Ne m'as-tu pas mené chez ta sœur et ta mère? N'ai-je
pas partagé ton repas à ton foyer? J'ai mangé de ton pain
comme d'une eucharistie fraternelle, bénie par la présence de
ta respectable mère...

24 novembre 1820.

... Ce *Souillac* que tu vois en tête de ma lettre est le pays de mon beau-frère où j'ai été passer un mois, à peine guéri de ma fièvre, languissant encore et faible comme une pauvre herbe sans soutien. Je suis parti de la Forêt pour m'y rendre. Là, qu'il m'a fallu épier de moments, dans les premiers jours de mon arrivée, pour me dérober à la foule des gens trop obligeants qui me cherchaient dans les coins où je me retirais pour penser à Florence et à Paris, qui disaient qu'un fiévreux devait se distraire et non pas s'appliquer ! Les sots, qui ne voyaient pas que j'étais dans mon plaisir ! Je me croyais débarrassé de cette terrible fièvre. Hélas ! je ne tardai pas à la reprendre. Elle fut violente dans la seconde apparition. Cependant le temps pressait ; il fallait retourner à Paris. Mon neveu devant rentrer au collége, moi je voulais retourner absolument. Je pensais que le changement d'air me guérirait peut-être. Je partis donc avec ma sœur et mon beau-frère. A Limoges, impossible d'avoir place dans courrier ni diligence. Par Bordeaux, autre impossibilité. Le croirais-tu ? nous dûmes retourner à la Forêt et faire plus de soixante lieues. N'oublie pas toujours que cette lettre commencée, cette maudite lettre était emballée, encaissée à la Forêt. Nous n'eûmes d'autre ressource que de nous décider d'aller avec nos chevaux et notre voiture à petites journées jusqu'à ce que nous trouvions place dans quelque chose. Après bien des traverses, j'arrive enfin à Paris aussi fiévreux qu'auparavant. Il est vrai que maintenant elle me laisse quelques jours de bon. Mais quand elle revient, adieu peinture, adieu tout. Il faut tout quitter. Tu vois ma misère.

... Heureux coquin qui vois l'Italie ! Tu n'as pas la fièvre, toi. Tu ne grelottes pas au coin du feu. Des hommes d'une belle nature à voir, des signoras à consoler. Mais point de

Ronzi! Voilà qui me surprend. Elle est donc l'unique dans le monde, cette femme adorable? Et à Pâques, nous la perdrons! Je la perdrai!

... Je me suis un peu appliqué à l'aquarelle ces vacances. J'ai vu des montagnes magnifiques en traversant le Limousin. J'ai vu des pays admirables, mais tu manques à tout cela, et les impitoyables postillons ne s'embarrassaient d'autre chose que d'arriver au relais au mépris de mes extases... Il me tarde bien de voir de ta peinture. Tu es entouré de gens de mérite qui ne peuvent que t'être bien utiles. Moi, je ne vois encore que dans le brouillard le moment où j'irai en Italie. Adieu, adieu.

———

La Ronzi était une cantatrice du Théâtre-Italien dont la beauté paraît avoir fait une bien vive impression sur Delacroix. Il y pensera encore dans ses dernières années.

A PIERRET.

Souillac, le 29 octobre 1820.

, Tu as raison, on n'écrit pas à un ami comme on copie une ordonnance de ministre. Pour moi, au moins, c'est une affaire importante, mais une douce affaire. Après le plaisir de le lire, écrire à lui est le temps le mieux employé; ce serait pour moi une mortelle douleur que d'écrire à la hâte à celui que j'aime. J'ai déjà bien de la peine à lui tirer une à une les lignes que je lui couche sur le papier. Quand je crois avoir entrevu au dedans de moi quelque idée, je la veux poursuivre, et je ne peux pas me ramener à dire quelque chose de beau et que ma pensée ne me nécessite pas. Ton outil t'a bien servi dans la lettre que je reçois; je t'ai, je crois, dit quelque

chose dans ma dernière de ce que je pense de tes lettres, je
veux encore te l'exprimer. Elles sont vives comme la pensée,
ce sont les bonnes. On voit l'état où tu étais quand tu as écrit
et tu y mets ton monde. Quand on te connaît et qu'on reçoit
une lettre de toi, on ne l'ouvre pas comme celle d'un autre. L'é-
tincelle a passé sans intermédiaire ; je crois malheureusement
me rappeler que je te répète, ou peu s'en faut, ce que je t'ai
déjà dit cent fois; mais c'est aussi à recommencer toutes les
fois que je te lis. Le courrier arrive ici plus lentement qu'à
la Forêt, ce qui fait que j'ai déjà éprouvé quelques désappoin-
tements en attendant votre paquet. Il est enfin arrivé par
le canal de Piron, c'est un bon garçon que j'aime bien.
Pour Félix, il va bientôt rentrer ; manque-t-il chez son
avoué? Dure chose, avoue-le; malgré tes travaux, ton sort
est plus heureux que le sien et ton avenir aussi. La nature
de son caractère est la seule chose qui puisse le sauver. Toi,
je te regarde déjà comme peintre, tu es de l'état.

Voici une lettre d'Édouard qui répond à une où je lui
parlais de ma fièvre ; il me parle avec éloge du tableau de
Cogniet. Il paraît bien, comme tu le dis, que c'est ce qu'il y a
de meilleur ; son dernier ne promettait pas. Je suis bien aise
qu'il se soit ramiché quelque peu ; mais j'ai peur que ce ne
soit pas encore de la Roche sévère. Il a manqué son séjour
en Italie, je le crois du moins. Nous nous disons ce qui
nous passe par le tête avec une naïveté si grande, que nous
finirons par nous louer nous-mêmes l'un à l'autre avec tout
autant de bonne foi. Tu me parles de mes *Trésors* en homme
bien pauvre. Est-ce par un effet de cette vertu prétendue
qu'on appelle modestie? Qu'est-ce que c'est que de la modestie? Est-ce de ne pas reconnaître le mérite qu'on a, de ne pas
le sentir? C'est au moins rare. Est-ce de ne pas faire sentir
aux autres sa supériorité, de ne s'en point vanter? C'est cela sans
doute, ou ça n'est rien. Je pars de là pour m'excuser dans

toute la sincérité de mon cœur, et deviner un peu ce que je
pense de moi. Il est doux, n'est-ce pas, d'en être à ce point
entre amis, de s'ouvrir l'un à l'autre ces caches si profondes
où s'enveloppe l'amour-propre. Hélas! j'en ai beaucoup et
rien ne le dirige. Il m'exalte quelquefois beaucoup devant
moi-même, mais à l'habitude il me donne moins d'estime
pour moi qu'une hausse continuelle sur les traces battues que
suit la foule des hommes. J'ai l'orgueil ridicule de bouder et
de m'indigner quand je suis méconnu tout à fait, et les éloges
qui m'enivrent et me transportent toujours me font voir en
même temps combien, combien je suis éloigné d'un grand
but. Pourquoi loues-tu et me dis-tu des choses exagérées ?
Pourquoi es-tu le seul qui en dépassant énormément ce que
mes plus forts accès de vanité m'aient pu inspirer, m'as pourtant un peu remis à mon rang ? Chose singulière, avant de te
connaître il y avait au dedans de moi un sentiment d'orgueil
qui se consolait lui-même et se suffisait. A présent, tu me fais
rire en me parlant de mon énergie et de cette kyielle de trésors donnés si gratuitement. Au total, nous sommes tous des
êtres misérables, et toute âme bien placée rougira jusqu'au
sang d'éloges exagérés qui flattent, mais qui lui grossissent
aussi son vide, sa faiblesse, son inertie. Mais, écoute, ton amitié
a bien deviné une chose, c'est qu'il y aura toujours quelque
chose pour toi dans tout ce que je produirai. Ton suffrage
tout seul dans une balance emportera tous les suffrages réunis
dans l'autre. Puisque le premier tu m'as dit que tu sentais
quelque chose dans ce que je fais, il est juste que tu aies
ta récompense du bien que tu m'as fait et du courage que
tu m'as donné dans mes efforts pour te plaire. Récompense!
ce mot-là s'adresse à ton cœur, que ton esprit le laisse
passer sans contrôle. Admirable amitié! j'ose penser que la
beauté de mes ouvrages me paiera une dette auprès de mon
ami...

Voici donc toute l'étendue de mon ambition et de mon orgueil, je te demande ton suffrage; je me sens à présent quelque force. J'ai pour moi de l'estime en pensant à la tienne; mais aussi sois moins indulgent, il faut le dire, moins faible que souvent. Frappe d'un coup vigoureux dans les ouvrages auxquels tu verras que je tiens par un fol amour de père. Que si ton avis bien franc n'est pas écouté, laisse-moi ma liberté, que je la mérite ou non, parce que je veux avoir ma voix sur mon propre ouvrage. Mais nous sentons trop bien à l'unisson. Je veux avoir vis-à-vis de toi les mêmes engagements. Je sais, par ma propre expérience, qu'on se trompe souvent en conseillant, et quand je donne un conseil, bien que désintéressé, n'est-ce pas moi toujours qui le donne, c'est-à-dire celui qui sent à sa façon, voit à sa façon, enfin a sa façon d'être qui ne peut coïncider de tout point avec un autre? Je vais te voir enfin entamer la besogne. Félix me dit que tu es décidé à fréquenter cet hiver une académie du soir. Il ne pouvait m'apprendre de nouvelle plus agréable. C'est là que nous en découdrons. Je félicite ta femme de ce qu'elle l'est; j'espère n'être pas un monstre à ses yeux. Quand on est heureux, on pardonne aisément. Je crois à votre bonheur futur et je ne peux assez l'appeler. Adieu, mon cher ami, il est tard, et il faut la part aux autres qui ont aussi daigné penser à moi et qui veulent bien m'aimer. Vous êtes de bons amis, vous n'oubliez pas l'absent et l'orphelin, il n'a que vous, que votre sein pour mettre sa tête à l'abri de ses petits chagrins humains. Adieu donc, je t'embrasse tendrement. Ah! j'oubliais: est-ce exiger trop que demander une réponse; mais ne t'effraye pas, tu la feras à ton aise et tu n'auras pas besoin de l'aide de Piron pour la remettre à mon portier pour qu'elle m'attende à mon retour, et que j'aie encore une fois le plaisir de te lire. Je t'embrasse déjà en idée. Oh! que le cœur me battra quand j'entrerai dans la maison, je m'arrê-

terai à chaque étage. Tâche, ce jour-là, de ne pas avoir le
visage ensavonné, il est bon de s'embrasser tout de suite, à la
minute, entends-tu?

L'extrait qui suit a été pris par M. Piron dans
une lettre à M. Soulier, datée « janvier 1821 ». Il s'agit
évidemment des *Scènes des massacres de Scio,* qui furent
terminées seulement pour le Salon de 1824.

... Je me propose de faire, pour le Salon prochain, un
tableau dont je prendrai le sujet dans les guerres récentes des
Turcs et des Grecs. Je crois que, dans les circonstances présentes, s'il y a d'ailleurs quelque mérite dans l'exécution, ce
sera un moyen de le faire distinguer. Je voudrais donc que tu
m'adressasses quelques sites de ton pays de Naples, quelques
esquisses pochées de *sites marins* ou de montagnes bien-pit-
toresques. Je ne doute pas que cela m'inspire pour le lieu de
ma scène.

A SOULIER.

A FLORENCE.

26 janvier 1821.

... La fièvre vient de me quitter. Je suis plus allègre et
moins empêché, et quoique le tableau dont je suis chargé me
prenne beaucoup de moments, j'en trouverai bien quelques-
uns pour aller voir votre mère... Tout me rappelle les instants que nous avons passés ensemble. Si je suis chez moi,
j'ai sous les yeux vos dessins faits à côté de moi. Je vois vos
yeux dans ce portrait que vous ne m'avez pas laissé finir. Il
n'y a pas jusqu'à ce chaudron de clavecin, dont les notes ne

me rappellent votre morceau de réception, que vous exécutiez
si bien en *fa*. Je ne passe pas devant la boutique de
M. Brant, rue du Bac, sans me rappeler le mauvais dîner
que nous y fîmes ensemble et aussi la soirée agréable qui le
suivit. Quand je vais au spectacle, aux Italiens surtout, vous
pouvez penser si vous me faites faute. Cette Ronzi a toujours
les beaux yeux que nous avons admirés tous deux. Vous en
avez par douzaines, vous, et c'est ce qui vous fait oublier tout
le reste. Que vous êtes heureux de respirer dans cette belle
Italie! Vous avez, je suis sûr, acquis des idées nouvelles, vu
plus de choses dans les six mois qui viennent de s'écouler,
que moi en six années dans ce coin obscur d'un pays humide
et routinier. Ne deviez-vous pas m'envoyer quelques dessins,
quelques aquarelles, pour me donner un avant-goût de ce
beau pays? Vous me l'avez promis. Bien plus, vous en pro-
mettez, vous en annoncez à Perpignan, qui n'est qu'un pro-
fane, qu'un Welche en peinture, et vous oubliez dans ces
libéralités à venir un pauvre fou dont cela est l'habituelle
pâture. La nature piquante et neuve n'a pas dû vous manquer.
Enfin, vous êtes un monstre.

     ... Ce bon Pierret, avec lequel je parle si souvent de vous,
ne comprend rien non plus à votre silence. Je ne vois presque
dans le monde que lui et mon tableau devant lequel je sèche.
Je ne sors jamais du sillon de ma vie coutumière; même s'il
faut aller chercher un plaisir hors d'habitude, je préfère m'en
sevrer à m'allonger un peu trop hors de ma coquille. De plus,
je suis timide en amour, et le détail de mes aventures n'aurait rien d'attrayant.

     ... Voulez-vous des nouvelles intéressantes? J'ai vu hier
ce fou de Raisson. J'ai dîné tête-à-tête avec Philarète chez
d'Agneau. Nous avons été faire faction à la porte de l'Odéon,
et par le plus grand froid de la terre, pour voir *Pourceaugnac;*
et après avoir attendu bien longtemps et tourné tout à l'en-

tour, nous avons été nous coucher sans avoir pu entrer. Ce matin, je vous écris auprès de mon feu que j'attise inutilement sans pouvoir me réchauffer. Vous n'avez pas froid, vous, vous pouvez écrire à vos amis sans la goutte au bout du nez, et sans vous morfondre les doigts. On est chaudement à Florence. On y voit un beau soleil, un ciel d'azur, une nature vigoureuse, de belles femmes. Oh Dieu! de ces têtes qui n'ont jamais paru dans nos climats... Ah! j'irai quelque jour savourer la paresse sous un ciel encore plus pur que le vôtre. J'irai le soir respirer le frais de la mer de Naples et m'en donner le jour à l'ombre des orangers. J'irai à Rome, vivre avec les morts et oublier tout ce qui ne sera pas peinture ou amitié. Je réaliserai peut-être tous mes rêves brillants. Hélas! je suis bien triste en ce moment, le temps est si gris et l'air si glacé! Jouissez bien de votre Italie.

A FÉLIX G.

15 février 1821.

... Nous vivons, mon bon ami, dans un temps de découragement. Il faut de la vertu pour y faire un dieu du Beau uniquement. Eh bien! plus on le déserte, et plus je l'adore. Je finirai par croire qu'il n'y a au monde de vrai que nos illusions. Au reste, bien que tout aille de travers, nous n'avons pas le droit de crier plus haut que tous les humains qui nous ont précédés. De tout temps on a dit que tout allait mal, que le monde touchait à sa fin et que tout était épuisé : nos neveux sont encore obstinés à nous trouver plus heureux qu'eux...

A SOULIER.

Paris, 21 février 1821.

... Cher ami, tu regrettes Paris, moi je regrette toi et la
Toscane que je ne connais pas. Paris est mon antipathie : ce
bruit, cette saleté humide, ces cris discordants de colporteurs
et de misérables, me remplissent d'ennui et de mauvaise humeur. Comme j'aime beaucoup la solitude, je vois que je ne
pourrai jamais me plaire dans ce lieu-ci. Mais un beau ciel,
des figures expressives, mille charmes, cette Italie enfin, avec
toutes ses séductions, voilà ce qu'on désire ardemment quand
on vit dans le Nord et qu'on n'aime ni les prétendus plaisirs
de la grande société, ni les jouissances des crapuleux. Hélas!
il est pourtant trop vrai, on a beau faire, on voit toujours au
dedans de soi un gouffre, un abîme qui n'est jamais comblé.
On soupire après quelque chose qui ne vient jamais. Au
moins tu travailles. Que j'aurai de plaisir, à ton retour, à parcourir ces cartons et ces albums sans fin !

... Je vais souvent chez Guillemardet, qui demeure à présent rue Louis-le-Grand, tout près, s'il t'en souvient, de la
place Vendôme. Eh bien, il me semble toujours que je vais
chez l'ami aux huit étages! Quand le soir j'apercevais de le
lumière à la mansarde, j'étais comme Léandre découvrant
son flambeau à travers le brouillard. Tu n'es cependant pas
ma maîtresse, mon cher ami, mais l'ami et l'amante sont tout
voisins chez moi.

Je suis malheureux, je n'ai point d'amour. Ce tourment
délicieux manque à mon bonheur. Je n'ai que de vains rêves
qui m'agitent et ne satisfont rien du tout. J'étais si heureux
de souffrir en aimant! Il y avait je ne sais quoi de piquant

jusque dans ma jalousie, et mon indifférence actuelle n'est qu'une vie de cadavre. Je suis obligé, pour vivre réellement à ma manière, c'est-à-dire par les sentiments et par le cœur, de chercher ces jouissances dans la peinture et de les lui arracher. Mais la nature n'entend pas tout cela, et quand je retombe sur mon cœur vide de tout le poids de mon ennui trompé et distrait artificiellement, je sens trop qu'il faut à la flamme de l'aliment et que je ferais bien d'autre peinture si j'étais toujours tenu en haleine par la douce chaleur de l'amour.

Je travaille à mon tableau depuis le commencement du mois de janvier. Il commence à se débrouiller, mais l'inspiration me manque. Je travaille à tâtons. Point de flambeau qui, du premier coup, ait jeté une vive lumière sur la route que j'ai à suivre. Je fais, je défais, je recommence, et tout cela n'est point ce que je cherche encore. Il faut dire que la fièvre qui m'avait quitté m'a repris et m'a laissé beaucoup moins de temps pour le travail. J'espère, cependant, que le retour voisin de la belle saison me rendra tout entier à moi-même.

...Je suis bien charmé d'apprendre que tu aies trouvé Planat à Florence. C'était un fort bon garçon. Il avait au collége un grand amour pour le dessin et y réussissait fort bien. Il doit bien faire à présent. Tu ne me dis pas s'il a jeté son bonnet par-dessus les murs et s'il est peintre tout à fait, ou bien s'il a encore comme toi un pied dans quelque petit bout de chaîne. Il faut que j'aille quelque jour dans cette Toscane, vous arracher tous à cette servitude, comme un autre Messie, et vous jeter les uns et les autres dans les bras de la peinture, cette bonne et indulgente mère qui vous pardonnera d'avoir donné quelque part de votre temps à des sottises. Au fait, que sont les artistes, bons ou mauvais? Les bons sont les vrais sages, ceux qui jouissent innocemment de leur âme et

de leurs facultés; les mauvais sont des fous, heureux de leur
marotte et qui ne sont pas plus à plaindre que ceux qui vendent leur temps et leur conscience aux folies des autres.

Le nom de Sallafons sonne bien à mon oreille comme un
nom de connaissance, mais je ne peux l'appliquer à aucune
figure ni à aucune circonstance. Donne-moi quelques indices
plus certains. Fais-lui cependant mes compliments, puisqu'il
veut bien se souvenir d'un roseau isolé, jeté à la merci de
toutes les tempêtes. M. Lenoir de la Roche est encore dans le
même cas pour moi. Sais-tu qu'il y a de tout cela quinze ou
dix-huit ans !

A SOULIER.

30 mars 1821.

J'ai reçu tes dessins il y a un peu plus de huit jours,
mon cher ami. Je les portai de suite chez Mme Perdoux, afin
de tâcher de les placer, et je ne voulais pas t'écrire avant de
te donner sa réponse. Je ne te dis pas ici comment j'ai trouvé
tes dessins, je t'en parlerai plus bas. Mais voici l'avis de la
dame, qui me les a rendus hier en me disant que tu n'étais
pas connu, et que c'était un obstacle à la vente. Il bon de
savoir que les ridicules amateurs qui achètent de ces choses-là
achètent sur le nom, point sur la façon. En second lieu, on
n'avait pas trouvé que cela fût assez fini, ni que les sites
fussent assez intéressants. Il y avait encore un obstacle
effroyable : deux de ces aquarelles étaient collées sur carton,
et cela seul, quand c'eût été d'un homme à réputation, eût
suffi pour les faire demeurer éternellement à la boutique. Il
faut savoir que ces dessins sont presque tous achetés pour les
albums qui font fureur dans ce moment. Une feuille simple,

mais à laquelle on peut laisser une marge est plus facile à
coller dans l'album, et c'est encore par suite de la même destination qu'on a trouvé que la forme des dessins n'était pas
favorable. Tu as maintenant la clef du goût du public. Le
mien n'est heureusement pas à l'unisson. J'ai trouvé de
grands progrès dans ce que tu as envoyé. J'ai été étonné de
la facilité avec laquelle tu avais saisi le ton chaud qui caractérise votre Italie. Je ne sais par quel instinct tu m'as destiné
le dessin qui me plaît le plus dans tout l'envoi. Pourquoi,
traître, ne l'as-tu pas achevé? C'est ce que tu as fait de mieux.
Je ne peux pas te rendre le plaisir qu'il me fait tous les jours.
Lui seul serait capable de me faire aller en Italie. Dieu quel
pays! Comment, vous avez des ciels comme cela? des montagnes comme cela? Je ne plaisante pas, ce diable de dessin
m'avait tourné la tête, et j'avais déjà fait une foule de plans
superbes pour aller manger mon petit revenu dans la Toscane, auprès de toi, mon cher ami. Mais ne parlons pas de
tout cela. Je n'aurai jamais la force de prendre une résolution,
et je pourrirai toute ma vie où le ciel m'a jeté en commençant. Les sépias sont charmantes et les deux autres dessins
aussi, surtout la vue de montagnes où des espèces de bri-
gands sont apostés. Le dessin de Perpignan ne me plaît pas
autant que les autres. Il lui plaît à lui, et j'ai contribué à lui
persuader que c'était le meilleur de tous. Je trouve que ces
grands arbres noirs sur le devant ne font pas un bon effet. Le
fond est d'une bonne couleur. J'avais oublié de te dire que
les amateurs de chez Mme Perdoux tiennent beaucoup aux
bonshommes. Il faut t'appliquer à cette partie. Tu devrais
croquer beaucoup d'après nature et d'après des gravures. J'ai
vu chez elle une foule de dessins qui se vendent, et dont les
auteurs font bien d'être connus, car ils n'ont guère à mes
yeux que ce mérite; tout cela est pâle, sans effet, et d'un ton
faux. Ne perds pas courage pour tout cela. Je m'arrangerai

d'abord pour te placer ceux-ci. Quant à ceux que tu renverras pour être vendus, soigne tes arbres un peu davantage. Fais-les plus finement. Choisis des sites où il y ait plus de choses; celui de montagnes, par exemple, était fort bien pour cela. Applique-toi aussi à rendre les fabriques plus verticales sur le plan. C'est un défaut qui donne aux dessins un air négligé que ces gens-là ne peuvent souffrïr.

Ce Perpignan, il faut le confesser, est un grand vandale et un homme sans cérémonie. Trouvant qu'il avait besoin de tapisser son appartement de dessins, il parlait de t'en commander sans façon une demi-douzaine. Je lui en ai fait honte et nous sommes convenus qu'il les paierait quand il en prendrait. Et là-dessus, mon bon ami, pas de faiblesse. Un homme qui vient de gagner plus de 50,000 francs par ses spéculations d'argent et qui n'en dépense pas plus que lui, est bien en état de soutenir les arts...

Donne-moi donc quelques détails sur cette Toscane. Les hommes y sont-ils beaux, y vit-on à bon marché, y aurait-on facilement un atelier et les loyers sont-ils chers? Y a-t-il une académie où l'on puisse dessiner le nu, ou bien y a-t-il des peintres qui aient un atelier et des élèves? Tout cela sont des questions un peu en l'air; mais enfin sait-on ce qui peut arriver, si mon ami avait quelque certitude de rester encore quelque temps à Florence, si de mon côté je parvenais à arranger mes affaires?

... Tu me demandes, je crois, dans ta lettre si le tableau que je fais n'est pas le *Sacré-Cœur*. Tu ne te trompes pas, ce l'est. Ma chienne de fièvre m'empêche de le finir. Voilà pourtant bien longtemps qu'il traîne.

... Voilà le printemps qui revient. Comme tout doit fleurir et s'embellir dans vos parages! Hélas! voici bientôt venir le temps de nos expéditions de l'an passé, Saint-Germain, les Carrières, Asnières, Mme Dommage et les histoires le long du le 15 avril 1821.

Dans ce moment je sors pour ainsi dire de maladie
je suis tout essoufflé et j'ai besoin de me reposer un peu.
au premier jour je m'acquitterai avec un vif plaisir de
promesse que je t'ai faite. quel plaisir je me promets
près de toi. mais ta joie à toi sera bien mêlée. Hélas
point de bonheur pur. Dis moi, écris moi de suite si
tu comptes que ton séjour à Rome puisse encore être
long. Car je te suppose à Rome maintenant qu'un autre
ambassadeur est envoyé à Naples. — à propos des
Croquis dont tu me parles, je t'en ai fait quelques uns,
et j'attends toujours l'occasion que tu m'annonce, pour
les faire partir tu ne tu m'envoyes par scélérat. j'ai
vu les aquarelles de Seziqua dont j'avais oublié de te
parler. Elles sont charmantes sauf les devants un peu
maigres et de l'incertitude dans les arbres. mais tu
excelles dans les fonds. Oh nous ferons là de bonnes études
Donne moi quelques détails sur la vie que je pourrais mener, moi, en
usant d'économie. Ludovic m'a dit qu'il n'était pas impossible de
gagner là quelqu'argent éclaircis-moi tout cela. adieu adieu et
prompte réponse. amitié amitié et Rome!
E. Delacroix

A Monsieur

Monsieur Ch. Soulier

Chez Mr. Le Duc de Blacas

ministre de france. ———

chemin ! Rendez-moi donc tout cela. Je suis seul, triste, ennuyé, dégoûté. Le printemps est sans fleurs pour moi, la feuille qui point me laisse insensible.

E. D.

Ce tableau « assez considérable » dont parle Delacroix dans cette lettre, est *le Dante et Virgile conduits par Phlégias*, qui figura en effet au Salon de 1822, et fut pour lui l'occasion du plus brillant succès.

A. M. CH. SOULIER

CHEZ M. LE DUC DE BLACAS, MINISTRE DE FRANCE.

15 avril 1821.

Enfin je t'écris puisque tu ne veux pas m'écrire, mon cher ami. Tu me disais dans ta dernière lettre que tu ne la regardais pas comme une véritable lettre, et c'était dans cette attente que je me berçais de l'espoir d'en recevoir une conditionnée. Je n'avais pas attendu cela pour te donner de mes nouvelles. Mais je sors d'un travail de chien qui me prend tous mes instants depuis deux mois et demi. J'ai fait dans cet espace de temps un tableau assez considérable qui va figurer au Salon. Je tenais beaucoup à m'y voir cette année, et c'est un coup de fortune que je tente. Si on y fait quelque peu d'attention, ce me sera un motif de plus pour *spronar mi* à t'aller joindre le plus tôt possible. Oui, bon ami, j'entrevois enfin sûrement une chose certaine, mon voyage très-prochain en Italie. Cette idée me travaille continuellement. Je ne demande au ciel qu'une chose : c'est d'avoir le bonheur de t'y

posséder longtemps à mon tour. Tu sais combien le destin est
bizarre. La chance maudite.te rappellera peut-être en France
au moment où libre d'entrave je me serai vu prêt à passer avec
toi des moments délicieux dans ce beau pays. J'ai vu Ludovic, dont les discours, comme tu penses, n'ont fait que m'en-
flammer. Je ne vais plus penser qu'à mettre ordre à mes
affaires ; je passerai quelques mois auprès de ma famille, chez
mon frère, à Tours, chez ma sœur, à Angoulême, et de là
j'irai embrasser mon cher ami. Oh ! je t'en prie, sois là. Bien
que tes regrets se tournent incessamment vers la France où tu
as laissé des objets si chers, qu'au moment où je te serrerai
contre moi, l'amitié te laisse au moins dans cet instant goûter
un plaisir pur. Quand je pense que tu peux retourner bientôt
en France, je voudrais pousser le temps pour moi seul, hâter
sa course et abréger ma propre vie d'autant, pour en avoir
davantage à passer près de toi dans une si douce contrée. J'ai
vu la *cara*. Elle s'est donné la peine de venir chez moi ;
j'étais dans ce moment enfoncé dans le travail dont je sors.
Elle a pu apprécier elle-même que mes instants étaient comp-
tés ; je travaillais douze ou treize heures par jour pour ne pas
manquer le moment où les ouvrages des peintres qui n'ont
pas été pensionnaires sont soumis au jury. Dans cemoment,
je sors pour ainsi dire de maladie ; je suis tout essoufflé et
j'ai besoin de me reposer un peu...

Dis-moi, écris-moi de suite si tu comptes que ton séjour
à Rome puisse encore être long ; car je te suppose à Rome
maintenant qu'un autre ambassadeur est envoyé à Naples.

A propos de tes croquis dont tu me parles, je t'en ai fait
quelques-uns, et j'attends toujours l'occasion que tu m'annonces pour les faire partir. Tu ne m'en envoies pas, scélérat. J'ai vu les aquarelles de Perpignan, dont j'avais oublié
de te parler. Elles sont charmantes, sauf les devants un peu
maigres et de l'incertitude dans les arbres. Mais tu excelles

dans les fonds. Oh! nous ferons là de bonnes études! Donne-
moi quelques détails sur la vie que je pourrai mener moi,
usant d'économie. Ludovic m'a dit qu'il n'était pas impossible
de gagner là quelque argent. Éclaircis-moi tout cela. Adieu,
adieu, et prompte réponse. Amitié, amitié et Rome!

E. Delacroix.

A SOULIER.

30 juillet 1821.

... Je suis pris trois ou quatre fois par mois d'une forte
envie d'émigrer en Italie. J'ai renoncé à courir la chance du
prix à l'Académie. Comme je ne désire pas aller à Rome
pour y bien manger et y loger dans un palais, je saurais aussi
m'y contenter de peu comme je le fais ici.

Je désirerais vivement faire un tableau pour le Salon prochain, surtout s'il pouvait quelque peu me faire connaître.
Comme je suis fort pressé de besogne en ce moment, je n'entrevois guère la possibilité d'en venir à bout, car il me reste
bien peu de temps jusqu'à l'exposition prochaine. Que n'ai-je
ici les têtes que tu vois là-bas courir les rues! C'est une
grande disette dans ce pays-ci...

Nous t'enverrons cette année un peintre de paysage ren-
forcer la pension de Rome et remplacer Michalon. C'est
encore un homme à facilité qui s'annonce d'une manière
brillante; mais tout cela n'est pas encore Poussin...

J'ai été hier avec deux peintres à l'île Adam. Après avoir
fait des charges à l'hôte et arrosé sa friture de son vin de Su-
resnes, nous avons été dans les champs et nous avons roulé
dans la boue au bord de la rivière. Ensuite, nous étant incon-
sidérément roulés sur une meule de foin dont nous avons
éparpillé, perdu sans ressources pour le propriétaire au moins

les quatre-vingt-dix-neuf centièmes d'une botte, nous nous sommes querellés avec une douzaine de faucheurs qui revenaient sur le soir avec des râteaux et des fourches sur le dos. Ils nous ont dit force injures et nous leur avons ri au nez. Ce qui les a si fort indignés, qu'ils s'en sont allés sans oser se mesurer avec nous, mais en grossissant leur voix et leurs insolences à mesure qu'ils s'éloignaient. Tu vois, cher ami, qu'il m'arrive force aventures, et en ami fidèle je me fais un devoir de t'en transmettre le détail pour te récréer...

15 septembre 1821.

... J'ai moi-même quelques petites choses particulières à te demander. Je me propose de faire pour le Salon prochain un tableau dont je prendrai le sujet dans les guerres récentes des Turcs et des Grecs. Je crois que dans les circonstances, si d'ailleurs il y a quelque mérite dans l'exécution, ce sera un moyen de me faire distinguer. Je voudrais donc que tu m'adressasses quelques sites de ton pays de Naples. (M. Soulié avait quitté Florence.) Quelques esquisses pochées de sites marins ou de montagnes bien pittoresques. Je ne doute pas que cela ne m'inspire pour le lieu de ma scène.

... Que ces Italiens me plaisent! Je me consume, à Louvois, à écouter leur belle musique et à dévorer des yeux leurs délicieuses actrices. Nous avons une autre espèce de Ronzi à ce théâtre, qui est venue fort à propos remplacer la nôtre, cette chère petite folle que j'ai bien regrettée. C'est Mme Pasta. Il faut la voir pour se figurer sa beauté, sa noblesse et son jeu admirable. Au reste, j'en parle peut-être à un homme qui pourrait m'en apprendre des nouvelles, puisqu'il est possible que tu l'aies vue en Italie avant son arrivée ici. Galli est arrivé. Il a débuté hier dans la *Gazza* et a eu beaucoup de succès. Je l'attends à la deuxième représentation.

AU COMTE DE FORBIN.

Le 1er juin 1822.

Monsieur le comte,

Je m'étais présenté chez vous ce matin pour répondre de vive voix à la lettre que vous m'avez fait l'honneur de m'écrire hier et dans laquelle vous me demandez le prix de mon tableau. Je désirerais en avoir 2,400 francs. Si cependant vous trouviez ma demande exagérée, je m'en rapporte entiérement à ce que vous jugerez convenable et possible en cette circonstance. J'ai trop à me louer de votre active bonté pour récuser votre propre jugement sur le prix d'un ouvrage que vous voulez bien voir avec intérêt et que vous avez distingué de la foule.

Recevez de nouveau, monsieur le comte, l'expression de ma reconnaissance et des sentiments dont je suis pénétré pour votre empressement qui a passé mes espérances, malgré ce que je savais de votre extrême obligeance envers tous les artistes.

J'ai l'honneur d'être avec respect,

Monsieur le comte, etc.

A PIERRET.

Louroux, le 18 août 1822.

... Je suis chez mon frère et je ne sais encore quand j'en partirai...

... Je fais quelques études manchotes. J'essaye de peindre par-ci par-là dans les monts et dans les plaines, mais tout cela ne signifie rien. Je vois des chiens, des arbres, des rochers, de l'herbe : à force de les voir je finirai peut-être par les savoir par cœur. Je porte un fusil à la chasse et je bêche le jar-

din. Je t'écris à une toise et demie de distance de la plus charmante Lisette que tu puisses imaginer. Que les beautés de la
ville sont loin de cela! Ces bras fermes et colorés par le grand
air sont purs comme du bronze; toute cette tournure est
d'une chasseresse antique. Dis à notre ami Félix que, malgré
son antipathie pour les bas bleus, je crois qu'il rendrait les
armes à Lisette. Et, du reste, ce n'est pas la seule; toutes ces
paysannes me paraissent superbes. Elles ont des têtes et des
formes de Raphaël et sont bien loin de cette fadeur blafarde
de nos Parisiennes. Mais, hélas! malgré quelques larcins, mes
affaires ont bien de la peine à avancer auprès de ma *Zerlina !*
Sævus amor !

———

Le timbre « *Tours* » que la poste posa sur l'enveloppe, nous indique que Delacroix était alors chez son
frère le général.

Le règlement de comptes avec Géricault ne peut
concerner que le *Sacré-Cœur-de-Jésus*, dont Géricault avait accepté de l'administration des Beaux-
Arts, à la suite du Salon de 1819, la commande qu'il
passa à Delacroix. La peinture, non signée, est dans
une des chapelles du Sacré-Cœur, à Nantes. L'esquisse
de cette composition, la Vierge assise sur un trône
de nuages et élevant d'une main un cœur enflammé,
avait été conservée par Delacroix et fut adjugée 420 fr.,
à la vente posthume de son atelier à M. Isambert.

A PIERRET.

Le 30 août 1822.

... Je n'ai jamais autant qu'à présent éprouvé de vifs élans
à la lecture des bonnes choses : une bonne page me fait pour

plusieurs jours une compagnie délicieuse. Je hais les écrivains peu naturels et qui n'ont que du style et des pensées sans avoir une source vraie et sensible.

... Je suis assez entendu en affaires pour voir que tu ne t'y entends pas assez. Tu ne me dis pas ce que tu as reçu de Géricault, ni si tu as reçu la totalité... A Paris je prendrai mes mesures selon la manière dont auront tourné mes affaires avec ma sœur. J'ai donné procuration à un homme d'ici qui m'inspire confiance pour répéter de ma part et revendiquer mes droits à la succession de mes père et mère. Un cœur tant soit peu généreux est souvent froissé péniblement dans la vie quand il faut prendre un parti qui peut sembler dur à des personnes auxquelles le sang nous lie. Mais avant tout il est bon de connaître, de voir et de n'être dupe que le moins possible. Tout cela est un peu de l'hébreu. Nous en causerons.

Cher ami, si ma petite fortune s'arrange, nous pourrons jouir d'heureux instants. J'ai des espérances de sauver quelque chose du naufrage. Il est vrai que dans ces derniers temps, l'incertitude de mon avenir me tracassait et a pu se compliquer facilement avec mon humeur variable comme un baromètre.

Dis-moi donc si tu sais qui fait le rôle de la comtesse dans les *Nozze di Figaro,* que l'on joue à présent depuis que Mme Mainvielle n'y est plus.

E. D.

L'obligeance de notre ami M. Paul Chéron, de la Bibliothèque nationale, nous permet de répondre à la question de Delacroix sur les *Nozze.* Les *Nozze* furent données, du 27 juillet au 14 septembre, quatre fois avec cette distribution : Almaviva, Levasseur ; Figaro, Pellegrini ; Bartolo, Profeti ; Bazilio, Deville ; Antonio,

Auletta; *Comtessa, Bonini;* Suzanna, Nardi; Cherubino, Cinti; Marcelina, Goria; Barberina, Blangy. Aucun journal ne parla de cette Bonini. Le *Cherubino* devint plus tard Mme Damoreau-Cinti.

A SOULIER.

A MAINTENON.

Le mardi 11 octobre 1823.

... Je t'écris, mon bon ami, de la rue Jacob, où je suis installé. Nous avons vu partir samedi le bon Thalès (Thalès Fielding), chose qui m'a bien affligé et dont je ressentirai ainsi que toi le vide.

... Ce que tu me proposes pour M. d'Ayen me convient infiniment.

Tu n'as oublié qu'une chose, c'était de régler cela avec lui, d'après ce que c'est et d'après ce qui te viendra à la tête. Je souscris à tout, puisque l'essentiel là-dedans est que cela me fournisse l'occasion de te voir. N'ayant aucune idée de la dimension, du degré de travail qu'il y faut, il est, tu le sens, absolument impossible de rien baser. Mais je te répète que je m'en charge. Si une fausse délicatesse pour moi ou un embarras peut-être bien naturel entre les deux parties, t'empêchaient absolument de décider cela toi-même, tiens toujours pour dit que j'irai et que sur les lieux nous arrangerons cela ensemble. Écris-moi à quelle époque ton duc n'y sera plus, et alors je tâcherai de régler mon séjour là-dessus. Il faudrait m'écrire aussi ce dont il faut que je me munisse : les toiles, etc., de quelle grandeur ?

Je nourris le projet d'aller en Angleterre l'année prochaine voir le bon Thalès. J'ai des projets de travail immenses pour cet hiver. Je ne ferais pas mal de t'aller voir avant qu'ils ne soient tout à fait déclarés...

A FÉLIX GUILLEMARDET.

Valmont, 20 octobre 1822.

... Piron t'a-t-il parlé du journal le *Temps*[1] qui doit paraître à cette heure, et dans lequel on m'avait engagé à travailler? Je m'en suis excusé, ce qui est fort simple, et pour toutes sortes de raisons; mais j'ai offert les amis de moi : ce sont toi et Piron. Je voudrais bien que vous vous encourageassiez mutuellement à essayer un peu de cette carrière...

Rappelle-toi que c'est à moi la Saint-Sylvestre cette année.

A PIERRET.

(Sans date, vers 1823.)

... Je suis fâché de ne t'avoir pas vu, mon petit ami. Mais du moins fais-moi le plaisir de m'en dédommager en venant demain travailler avec moi. J'aurai modèle depuis 7 heures du matin, rue de Sèvres, n° 11. Tu diras au portier que tu vas chez le jeune homme qui travaille à l'atelier de M. Monvoisin. J'avais tâché de déterminer Félix à venir nous tenir compagnie demain. Mais il m'a dit que le *régime dotal* l'emporterait sur le fessier de Mlle Rose pour cette fois.

Le timbre de la poste nous précise la date « 27 mai 1825 ». En tête de sa lettre, Delacroix a mis, « *à*

----

1. Ce journal demeura à l'état de projet.

Pierret et Guillemardet. Ceci est pour deux »; et après :
«*Mon adresse est 14, Charles street, Middlesex Hospital.*»
A cette époque, Charles street était dans un quartier
habité surtout par les peintres et les sculpteurs. Le
mouvement actuel, qui pousse ceux-ci vers Bayswater
et Kensington, ne date guère que de 1850.

Londres, dimanche.

Mon cher enfant, je suis depuis deux ou trois jours dans
cette grande ville et je n'ai guère eu le temps de t'écrire parce
que je suis fatigué du voyage qui a, du reste, été très-heureux. Le courrier est une façon de voyager que je trouve fort
agréable et j'avais affaire à un assez bon diable qui a eu
pour moi toutes les sortes de complaisances. Je suis arrivé à
Calais à 10 heures 1/2 du soir; parti le lendemain jeudi à
10 heures 1/2, et à Douvres à midi 1/2 ou une heure, fort
ballotté dans la traversée, mais point malade, ce qui m'a fait
beaucoup de plaisir. J'avais cependant compté là-dessus pour
me guérir de mon rhume; c'était un petit vomitif forcé qui
m'en eût débarrassé. Mais je l'ai encore quoique moins fort.
J'ai eu à Douvres le temps de monter sur les falaises dont
Copley Fielding a fait une belle aquarelle que tu te rap-
pelles, et de voir le château qui domine la mer. Nos premiers pas en Angleterre ne m'ont point charmé. J'étais d'une
impatience extrême d'entrer dans ce port; à peine ai-je été
débarqué que je ne me suis pas senti beaucoup de goût pour
tout ce que je voyais, et cette impression dure encore. Surtout en arrivant à Londres mon idée constante était que je
me trouverais bien malheureux d'être obligé d'y rester éternellement. Je suis pourtant d'un naturel assez cosmopolite.
Mais je ne doute pas que ce que j'ai trouvé de choquant ne
vienne de mon manque d'habitude des usages. Tout naturel-

lement je comparais tout ce que je voyais à la France et je
vous aimais bien mieux. C'était une hostilité véritable. J'ai
trouvé dans la voiture de Douvres à Londres un vieux Français d'assez de mérite, et nous jouissions à dire du mal de
l'Angleterre devant un gros goddam d'Anglais qui, à la
vérité, n'entendait pas un mot de ce que nous disions,
d'abord faute de savoir le français, ensuite à cause de deux
bouteilles de vin de Porto qu'il avait jugé à propos de prendre avant son départ de Douvres pour se consoler de l'ennui
de la route. Ce qui le rendait d'une gaieté folle quand il ne
ronflait pas.

L'immensité de cette ville ne se conçoit pas. Les ponts sur
la rivière sont à perte de vue les uns des autres. Ce qui m'a
le plus choqué, c'est l'absence de tout ce que nous appelons
architecture. Préjugé ou non, cela me déplaît. Et puis ils ont
une rue de Waterloo qui est un tas de palais d'Opéra à
la suite l'un de l'autre, terminée par un édifice au haut
duquel est un clocher comme cela, exactement. C'est horrible.

Mais les belles boutiques! le luxe extrême! Le soleil
est encore d'une nature particulière. C'est continuellement un
jour d'éclipse. J'ai déjà vu beaucoup en peu de temps. J'ai
été hier avec six jeunes gens, dont étaient les Fielding, à
Richmond par la Tamise. Nous avons fait pour y aller six
lieues et plus en deux heures, et de même en revenant, dans
un bateau à six rames qui mérite à lui seul qu'on fasse le
voyage pour le voir. Figure-toi un violon d'amateur : tout
ce qu'il y a de plus délicat en construction, en grâce, en
vitesse, enfin inimaginable. C'est ce que j'ai vu de plus éton-
nant jusqu'ici dans ce pays. Je ne peux assez te dire combien
c'est admirable. J'avais l'honneur de tenir le gouvernail. Les
bords de la Tamise sont charmants. J'ai retrouvé tous les
paysages qui viennent à chaque instant sous la main de
Soulier.

J'ai vu la pièce de l'*Invasion en Russie de Napoléon.*
C'est fort drôle. Ils ont fort bien imité le principal person-
-nage, qui commence tous ses discours à ses braves soldats en
criant *gentlemen !* Mais ces pauvres soldats, qu'ils sont amusants ! Les uniformes sont pleins de bêtises très-drôles. C'est
à un théâtre comme Franconi où il y a des chevaux. Ils sont
très—forts dans ces exercices.

Fielding m'a retenu un logement fort bien qui ne me
revient guère qu'à 40 francs par mois, ce qui est très—bon
marché, n'est-ce pas? On dit à tort que *goddam* est le fond
de la langue. C'est *one schelling, sir.* Ce qui veut dire *un
schelling, monsieur.* C'est ce qui se trouve au bout de toutes
les phrases. Je ne parle pas précisément de la conversation
qu'on tient dans le palais du roi, car je n'ai pas encore été à
portée d'en entendre de cette espèce.

J'ai vu la galerie de M. West, pour un schelling, bien
entendu. Il y a beaucoup de choses à en dire, comme pour
tout; nous en causerons. Je vous embrasse tous deux. J'écrirai,
je pense, à Édouard ce soir pour le prier de venir s'il est
possible...

Votre ami,

E. DELACROIX.

A M. SOULIER.

Londres, ce 6 juin 1825.

Je suis enfin dans ce pays qui est presque tien et où je
regrette beaucoup de ne pas t'avoir auprès de moi. Il est impossible d'être mieux accueilli et avec une politesse plus noble
que par les personnes auxquelles je me suis trouvé recom-
mandé. Cette ville est superbe et fort différente de la nôtre

en beaucoup de points. Mais, en définitive, cela revient toujours au même, et je crois à présent n'avoir pas changé de
place. Je me suis cruellement ennuyé pendant les premiers
jours ; j'ai été sur le point de repartir sans cérémonie. Cela
vient de ce que je ne faisais que voir de côtés et d'autres sans
autre fruit que me fatiguer. Depuis que je me suis mis à travailler, je me plais ici. Je suis très-flâneur, à la vérité, mais
pas badaud de la manière que je vais dire : je me soucie
peu de voir à Londres une foule de choses fort curieuses, sans
doute, mais qui ne sont pas de ma compétence ; et il y en a
tant de cette espèce que je n'ai jamais désiré voir à Paris, que
je ne veux pas commencer ici. Je te dirai même que toutes
ces galeries éternelles de tableaux se ressemblent furieusement et qui en connaît une sait les autres.

L'aspect premier de leur peinture ne m'a pas fait plaisir.
Je m'y fais à présent. Je ne m'étonne pas de l'impression défavorable qu'en rapportent ceux qui n'ont pas là-dessus les
idées que nous avons. L'imitation des vieux maîtres a ses inconvénients comme toutes choses.

Il se forme une société de grands personnages qui, sous
la protection du gouvernement, encourage les grands tableaux. Je crains dans cette mesure la perte de l'école anglaise. Ils ont des peintres admirables dans les proportions
moyennes. L'envie de briller davantage les ôtera de la route
qu'ils suivent. Ils feront de grands tableaux qui ne seront
plus à la portée des particuliers. Cette sociétété a acheté une
grande croûte de M. Hilton, moyennant 25,000 francs. C'est
une réminiscence maladroite de tout ce que les maîtres ont
fait. En revanche, il y a des peintures de genre très-belles.
J'ai été chez M. Wilkie, et je ne l'apprécie que depuis ce
moment. Ses tableaux achevés m'avaient déplu, et dans le
fait ses ébauches et ses esquisses sont au-dessus de tous les
éloges. Comme tous les peintres de tous les âges et de tous

les pays, il gâte régulièrement ce qu'il fait de beau. Mais il
y a à se contenter dans cette contre-épreuve de ses belles
choses.

Les chevaux, les voitures, les trottoirs, les parcs, la Tamise, les bateaux de la Tamise, les bords de la Tamise, Richmond et Greenwich, tout cela demanderait des volumes de
lettres et nous en parlerons à loisir. Ce pays-ci convenait tout
à fait à ton talent. L'Italie a mis le désordre dans ta boutique. Je retrouve continuellement ces ciels, ces rivages, tous
les effets qui reviennent constamment sous ton pinceau.

Fielding est le meilleur enfant possible. Cowpley est un
homme qu'on ne voit pas et peu dans ma nature. Le soleil
n'est pas la partie la plus brillante de l'Angleterre. Je n'ai
pas pu encore me guérir d'un rhume que j'ai apporté de
France, à cause des froids qui reviennent continuellement.

E. DELACROIX

14, Charles street, Middlesex Hospital.

Tu diras à Mᵉ de Ron que les Françaises n'ont pas d'égales
pour la grâce.

De 1820 à 1830, il y eut dans l'art anglais une
tension extraordinaire vers cette exagération doctri-
nale que l'on appelle « le grand style » ; on produisit
surtout de grandes toiles. Le peintre Haydon, dans ses
Mémoires, explique ingénuement les causes et les
phases de cette maladie qui sévit particulièrement
dans les Académies. Les vastes toiles du peintre
Hilton n'atteindraient peut-être pas aujourd'hui le
prix qu'elles ont coûté vierges.

J.-B. PIERRET esQ_{re}.

(Timbrée, 18 juin 1825.)

J'écris à Soulier. Tu lui enverras la feuille ci-jointe et tu la liras auparavant : c'est toujours une partie de ce que m'inspire ce pays-ci. Tu ne m'écris pas et tu attends sans doute que des amis de Londres fassent oublier ceux de Paris. Tu veux que je me détache de toi et que tout concoure à me retenir dans ce climat. Mais non : malgré ton oubli, j'aime mieux notre pays, et loin de chercher à affecter de la conformité avec les façons anglaises, je me plais à me faire voir tout français. Les Anglais ne sont pas chez eux ce qu'ils sont chez les autres, et tous les hommes sont les mêmes. Ils sont bien plus prévenants, bien plus empressés à savoir votre opinion sur leur pays, et par revanche je me sens un peu ce qu'ils sont chez nous : fort disposé à relever la France et à leurs dépens, ce que nous ne faisons jamais vis-à-vis d'eux quand nous sommes dans nos foyers.

... As-tu prié la portière de mettre du poivre dans les habits et selles turcs? Fais mettre des barres de bois à la table pour les chevaux.

... J'ai vu chez Wilkie une esquisse de « *Knox le puritain prêchant devant Marie Stuart* ». Je ne peux t'exprimer combien c'est beau, mais je crains qu'il ne la gâte ; c'est une manie fatale.

J'ai vu ici une pièce de *Faust* qui est la plus diabolique qu'on puisse imaginer. Le Méphistophélès est un chef-d'œuvre caricature et d'intelligence. C'est le *Faust* de Gœthe, mais arrangé : le principal est conservé. Ils en ont fait un opéra mêlé de comique et de tout ce qu'il y a de plus noir. On voit la scène de l'église avec le chant du prêtre et l'orgue dans le lointain. L'effet ne peut aller plus loin sur le théâtre. J'ai vu le *Freischutz* sur deux théâtres différents, avec de la musique qu'on a supprimée à Paris. Il y a des choses fort singulières dans la scène de la fonte des balles. Ils entendent mieux que nous l'effet dans le théâtre, et leurs décorations, qui ne sont pas exécutées avec autant de soin, font mieux ressortir les personnages. Ils ont des actrices d'une beauté divine qui valent mieux souvent que le spectacle. Elles ont des voix charmantes et des tournures qui ne sont que dans ce pays-ci.

Adieu, cher ami, bien des choses à tous nos amis, à Leblond et autres. Si tu vois M. Rivière, pour qui tu sais que nous avons tous deux beaucoup d'amitié, dis-lui mille choses de ma part et que ses jugements sur ce pays-ci sont bien justes pour moi; que je suis entièrement d'avis que nous valons ces insulaires et même mieux en bien des choses.

E. D.

A PIERRET.

Londres, 27 juin.

Mon cher ami,

Je profite du départ de M. Enfantin, qui est ici depuis un mois, pour t'envoyer quelques nouvelles d'ici. Plus j'y reste, et plus je voudrais y rester. Il fait un beau temps rare pour Londres. Beaucoup de gens m'ont plaint de ne pas assister aux fêtes du couronnement, mais je crois que ma présence n'y aurait ajouté aucun charme. J'ai reçu une lettre de toi et une d'Édouard qui s'annonce toujours pour prochainement. Je calcule qu'il doit arriver maintenant. La politesse anglaise est extrême pour les étrangers chez eux, et je n'ai qu'à m'en louer. Les échantillons de Français qu'ils ont chez eux ne sont pas pour donner une haute idée du caractère national. Il y a une foule de gens d'une existence douteuse qui se réfugient ici. Les banqueroutiers, les faussaires de Paris, se rencontrent dans les hôtels de Londres.

J'ai vu *Richard III,* joué par Kean, qui est un très-grand acteur, quoi qu'en dise l'ami Duponchel qui l'appelle le *Philippe de l'Angleterre* [1]. Je ne saurais être de son avis. Young ne me plaît pas autant. Je l'ai vu dans plusieurs pièces, entre autres dans la *Tempête,* qu'on a remise à la scène. On a changé le commencement de *Richard :* au lieu de la mort de Clarence, ils ont mis la mort de Henri VI, qui est aussi de Shakespeare, mais dans la deuxième partie d'*Henri VI.* Richard, qui n'est encore que Gloster (*sic*), vient dans sa prison et l'assassine à coups d'épée. Ce moment a été terriblement rendu par Kean, ainsi que mille autres dont je ne manquerai pas de te rebattre les oreilles. J'ai vu aussi *Othello* par lui. Les expressions d'admiration manquent pour le génie de Shakespeare qui a inventé Othello et Iago. Je suis obligé, à mon grand regret, de manquer une représentation demain où Young doit jouer le rôle d'Iago avec Kean dans *Othello.* Quoique à des théâtres différents, ils se réunissent pour un bénéfice. Je pense voir aussi *Hamlet.* M. Elmore est on ne peut plus aimable pour moi. Je me suis mis depuis peu de temps à travailler chez lui.

... J'espère que vous avez eu l'esprit de donner à Édouard ce paquet de lettres. Il faut bien que je sois amplement dédommagé de l'avoir attendu si longtemps. J'ai rencontré Mayer qui gagne de l'argent beaucoup avec des portraits. Il a infiniment regretté de n'avoir pas su que Duponchel était à Londres. Il est pour moi la boussole de la mode comme on

1. Philippe était un célèbre acteur de mélodrame.

peut penser : malheureusement, dans ce pays-ci on ne va pas loin avec peu d'argent.

On a pendu plusieurs fois depuis que je suis ici ; mais je n'ai pas été tenté de l'aller voir. Au reste, comme c'est le lundi et le vendredi de chaque semaine, si la fantaisie en reprend tu vois qu'il est commode de se la passer. — Je ne sais pas si je t'ai parlé de la peur que j'ai que les vers ne se mettent dans ces habits turcs ou tapis, etc., qui sont à l'atelier...

A PIERRET.

Londres, le 1er août 1825.

Mon bon ami, je profite du départ d'un monsieur pour t'écrire quelques mots. Je pars demain pour un petit voyage de quelques jours, moitié par la Tamise, moitié par mer. C'est sur le yacht d'un ami de M. Elmore. Je suis fou de la marine, et j'irai peut-être sous peu dans le Cornwall avec Isabey Eugène qui est ici et fort bon garçon. Ce serait un voyage d'une quinzaine sur les plus sauvages côtes d'Angleterre, ce qui pourrait par la suite être pour moi d'un avantage à compenser les dépenses qu'il m'occasionnerait dans ce moment. Je reviendrais ensuite à Londres où je n'aurais plus grand'chose à faire et d'où je ne tarderai pas à revenir parmi tous les amis dont je n'ai pas cessé de m'occuper dans mon imagination pendant un seul jour depuis que je les ai quittés, et dont l'éloignement m'est plus sensible encore dans ce triste pays. Il y a décidément quelque chose de triste et de roide dans tout ici qui ne cadre pas avec tout ce qui est France. La propreté des maisons et de quelques rues est compensée par

la saleté des autres. Les femmes sont toutes mal tenues avec
des bas sales et des souliers mal faits. Ce qui me frappe le
plus, c'est une mesquinerie générale qui fait qu'on se croit
dans un pays de gens plus petits et plus rétrécis que chez nous.
Je commence à croire qu'on y est, s'il est possible, plus com-
mère et plus ganache : chose que je n'aurais jamais pu imaginer avant de venir ici. Je ne regarde pas tout cela en écono-
miste et en mathématicien. Sous ce rapport ils ont toutes sortes
de beaux côtés que je leur laisse. Ensuite toutes ces impressions doivent naturellement m'être particulières. Je me figure
que l'abandon de l'Italie irait mieux à mon esprit que la
netteté de l'Angleterre. Il faut convenir que c'est un coup
d'œil délicieux que ces belles campagnes verdoyantes et les
bords de la Tamise qui sont un jardin anglais continuel;
mais cela à l'air de joujoux. Ce n'est pas assez nature. Je ne
sais par quel caprice la nature a fait naître Shakespeare dans
ce pays-ci. C'est lui assurément qui est le père de leurs
arts et on est tout surpris du désordre méthodique qu'ils y
portent.

J'ai été chez Lawrence avec quelqu'un qui était assez re-
commandé auprès de lui pour qu'il fût pour nous d'une grande
complaisance. C'est la fleur de la politesse et un véritable
peintre de grands seigneurs. Je te le décrirai amplement. J'ai
vu chez lui de très-beaux dessins de grands maîtres et des
peintures de lui, ébauches, dessins même, admirables. On
n'a jamais fait les yeux, des femmes surtout, comme Lawrence,
et ces bouches entr'ouvertes d'un charme parfait. Il est ini-
mitable.

Je ne sais si je t'ai dit que j'avais vu Kean dans Shylock du
Marchand de Venise. C'est admirable et nous en causerons.
Je suis inconsolable d'avoir manqué *Hamlet* par Young.
Maintenant les grands théâtres sont fermés, et d'ailleurs il
fait très-chaud.

Je me mêle d'aller à cheval. M. Elmore, qui a pour moi
toutes les bontés imaginables, est mon maître d'équitation.
J'ai de grandes dispositions. Je me suis donné les airs de
manquer trois ou quatre fois de me casser le cou. Mais tout
cela forme le caractère.

Je romps des lances pour la France contre tous les Anglais possibles. Il y a dans le sang de ce peuple quelque
chose de sauvage et de féroce qui perce horriblement dans la
canaille, qui est hideuse. Ensuite c'est un fameux gouvernement. La liberté ici n'est pas un vain mot. L'orgueil de leurs
nobles et la distinction des rangs sont poussés à un point qui
me choque infiniment ; mais il en résulte de bonnes choses.
— Adieu, grand bon enfant. Si je meurs dans ma tournée
dans les tempêtes, je ne mourrai pas Anglais, mais très-
Français et ton ami qui s'honore de l'être. Je m'étais senti
une velléité de retourner en France par la Bretagne, et d'aller
voir le frère de Félix, mais je ne crois pas que ce soit possible. Si tu peux retrouver le paquet de *gumwater* (gomme-
gutte) que Fielding m'avait envoyé dans le temps, tu me ferais
bien plaisir d'en donner une bonne partie à M. Auguste qui en
manque totalement. Vous me répondrez à l'adresse suivante :
M. *Eug. Delacroix at M. A. Elmore, 3, John Street, Ed-
geware road.*

Comme je me propose de rapporter à Leblond différentes
curiosités que je pourrai rencontrer, suivant ses intentions
pour éviter que cela soit déballé et visité à Calais, je prendrai le parti de faire une caisse des objets de ce genre et de la
faire plomber à mon débarquement pour être envoyée à la
douane de Paris, à l'adresse de M. Leblond. Communique
ceci à Leblond, et qu'il te dise s'il y a quelque chose de
mieux à faire, et quel nom important il faut que je lui donne
comme attaché à l'administration des douanes. Cela pourra
éviter jusqu'à l'apparence des difficultés. J'ai appris de ses

fredaines par Edmond, qui n'a pu cependant me donner des nouvelles bien précises de Mme B***, notre amie commune, la providence des gens qui n'ont pas le bonheur d'avoir des épouses légitimes. Tu me diras comment se porte Henry. Tu le chargeras de me rappeler à mon oncle et à ma tante Riesner. M. Louis Schwiter, à qui je prends la liberté de me rappeler *kindly*, sera assez bon pour me faire savoir par ton moyen, et en l'informant de la délicieuse Mlle Sophia, dans laquelle des *Princes Street* habite la nymphe pour laquelle j'ai un anneau. Il y a à Londres une douzaine de *Princes Street*, et Londres est fort grand. On ajoute ordinairement au nom de la rue celui du square ou de l'endroit remarquable le plus voisin, comme, par exemple : *Charles Street, Middlesex Hospital,* etc. Il faudrait ici de fameuses leçons de bon genre, et il faut avouer que certains hommes y sont très-bien. Mais je suis brouillé avec les femmes. A l'exception des pièces de Shakespeare, je n'ai rien vu sur leur théâtre qui ne fût des imitations plus ou moins maladroites de ce qu'on a en France. J'ai vu un *Barbier de Séville* et un *Mariage de Figaro,* qui sont précieux dans le genre ridicule. Leur musique est atroce. Leurs aveugles même ont moins de sentiment encore que les nôtres pour la partie instrumentale, tant violon que clarinette et flageolet. Il n'y a pas au théâtre d'air si sentimental qu'on n'y fourre de la trompette. Quand John Bull, du haut de son paradis ne les entend pas, il croit que ce n'est pas de la musique et que les musiciens dorment.

N'y a-t-il rien de décidé au sujet de *mes délicieuses productions* dont M. Laffitte paraissait avoir envie? La partie finances deviendra sous peu un objet de réflexions sérieuses.

———

A PIERRET.

Je reçois une lettre de toi, mon cher ami, et je suis surpris que vous n'ayez pas eu de mes nouvelles. J'avais écrit à toi et à je ne sais plus qui par un Français qui retournait à Paris. Je pense que vous avez ma lettre ou qu'elle est dans la poche du monsieur. Je me rappelle que je te priais entre autres choses de voir s'il serait possible de retrouver un petit paquet de gumwater (gomme) que Fielding m'avait envoyé dans le temps, si tu t'en souviens, et de le donner, au moins en bonne partie, à M. Auguste, rue des Martyrs, n° 11. — Je reviens depuis trois jours d'un voyage fort agréable en Essex où j'ai été par mer dans le navire d'un noble Anglais qui y possède un château où j'ai passé quelques jours. Comme le temps était contraire pour retourner à Londres, nous avons fait plusieurs excursions par quelques mauvais temps, qui m'ont fait voir la mer un peu méchante. Du reste, l'Angleterre me semble peu amusante. Il n'y aurait qu'un motif bien puissant, comme, par exemple, d'y faire des affaires, qui pût m'y retenir. J'ai vu seulement dans mon séjour la possibilité de travailler fructueusement un jour dans ce pays regorgeant d'or. — Je serai à Paris vers la fin du mois. J'ai trouvé ta lettre hier en rentrant rongé de mélancolie. Elle m'a fait un plaisir infini aussi bien que celle de Leblond, que je te prie de remercier beaucoup. Vos lettres sont si agréables pour moi ! Vous n'avez rien quitté de vos habitudes, et une personne de moins ne fait jamais une différence aussi sensible que lorsqu'on quitte tout à la fois. Quoi qu'il en soit, les voyages sont une bonne chose. Ils vous donnent des émotions nouvelles. Ils nous font juger par nous-mêmes des autres pays et retrouver le nôtre avec plaisir. J'entrevois le possibilité par la suite d'un établissement dans ce pays, mais ce n'est pas sans appréhension. Il faudrait bien des guinées pour en faire digérer la monotonie, ou y faire assez d'amis véritables pour y trouver le temps court. Encore regretterait-on toujours les autres qu'on a laissés derrière soi et qui sont les premiers en date.

... A propos, je me rappelle que tu m'as dit que tu apprenais l'anglais. Je m'en réjouis. Je compte te demander quelques leçons à mon retour, si tu as déjà fait tous les progrès que je suppose. Je suis si horriblement paresseux que je n'ai aucunement travaillé l'anglais et que je n'ai pas fait tous les progrès que je devais raisonnablement espérer, après trois mois environ de séjour. Au reste, comme il arrive toujours, je quitte le pays juste au moment où j'allais parler avec quelque facilité. Tous les Français qui sont ici disent que cela vient tout à coup après quelques mois. — Les théâtres sont presque tous fermés. Tout le mode est à la campagne. On ne rencontre plus un équipage dans les rues. Ceux qui restent à Londres (j'entends les personnes distinguées) se gardent bien de se montrer ou habitent le derrière de leur maison. Il serait de la dernière indécence d'être à la ville pendant cette saison. ... Il n'y a plus guère que l'opéra anglais, et la musique est une des choses dont l'industrie et les machines ne sauraient donner le sentiment. Adieu, mon bon ami, je me rappelle à ta mère et à toute ta famille.

E. DELACROIX.

L'abondance des matériaux inédits que nous destinons à ce volume, nous interdit les remarques développées. L'impression que la peinture et certains artistes anglais firent sur Delacroix fut profonde. *La Mort de Sardanapale*, exposée au Salon de 1827, en contient les preuves manifestes. Dans une lettre à

W. Burger, et dans une autre lettre à Th. Sylvestre, que l'on rencontrera plus loin, Delacroix a témoigné que les sentiments de sa jeunesse ne s'étaient point modifiés.

A M. SOULIER.

A BELFOR.

Ce 31 janvier.

Tu te figures donc que je te boude, monsieur le paysan. Est-ce que Pierret ne t'a pas parlé de ma paresse insupportable à moi-même et aux autres? Croirais-tu que depuis mon retour d'Angleterre j'ai reçu deux lettres de mon bon frère qui sont pleines de la plus tendre amitié? Ajoute à cela que j'avais moi-même le plus grand besoin de lui exprimer les sentiments de plaisir que j'ai éprouvés quand j'ai appris que, malgré sa cuisse en compote, il s'était jeté à l'eau dans son village pour retirer deux dadais qui se noyaient.

... Je travaille un peu plus que quand tu me connaissais. J'ai eu quelque temps Bonnington dans mon atelier. J'ai bien regretté que tu n'y sois pas. Il y a terriblement à gagner dans la société de ce luron-là, et je te jure que je m'en suis bien trouvé...

Cette lettre était presque entièrement écrite au crayon. Delacroix, qui travaillait beaucoup alors et passait ses soirées dans la compagnie « de Leblond, Auguste et autres », dit à la fin : « c'est une chose singulière que d'avoir perdu l'habitude d'écrire (avec une plume) ».

A PIERRET.

10 mars 1826.

Cher ami, demain, en allant à ton bureau, mets dans ta poche mes petits crayons. Tu me les apporteras en venant me prendre pour aller au Musée. Aie bon courage, cher, pousse ton sillon comme nous poussons tous le nôtre. Les Dieux font aide aux cœurs qui luttent contre le sort.

Adieu et à demain.

EUG.

———

A SOULIER.

21 avril 1826.

... Nous allons avoir une exposition au profit des Grecs. Cela accoutumera le public à payer pour voir de la peinture. Je finis un *Marino Faliero,* tableau assez considérable qui sera, je pense, à cette exposition pour les Grecs dont je te parlais. Nous avions espéré former une société de peintres à l'instar de celle de Londres. J'ai fait venir les *laws and regulations,* par le moyen de Fielding. (Le reste en anglais.) Mais je crains que les Français n'aient pas la persévérance nécessaire pour une telle entreprise, parce qu'un peintre ne consentira jamais à perdre un quart d'heure par semaine pour s'occuper du bien général de la société... Si vous étiez ici, je vous dirais combien je suis malheureux du traître abandon d'une Desdémone que je n'assassinerais cependant pas dans son oreiller, comme le fait si élégamment M. Kean, dans le *More de Venise.*

———

A SOULIER.

13 décembre 1826.

... J'ai vu Granet, qui m'a parlé de toi en homme qu
t'a apprécié; il me charge de l'excuser auprès de toi de ne
pas t'avoir répondu... Granet fait aussi des vœux pour te voir
tout à fait livré à toi-même.

———

Malgré la date, il s'agit du Salon de 1827, qui s'était
ouvert le 4 novembre. La *Mort de Sardanapale*, le
Massacre n° 2, auquel il fait allusion et qui fut pour
Delacroix un désastre, ne figure que dans le deuxième
supplément du livret.

A SOULIER.

6 février 1828.

... J'ai effectivement fini mon *Massacre n° 2*. Mais j'ai
eu à subir les tribulations assez nombreuses de MM. les très-
ânes membres du Jury. J'en aurai long à te dire sur ce
chapitre.

Je continue ma lettre à deux jours d'intervalle. C'est ce
matin qu'on a rouvert le salon. Ma croûte est placée le
mieux du monde. De sorte que, succès ou non succès, ce sera
à moi qu'il faudra m'en prendre. J'ai éprouvé en arrivant là
devant un effet abominable, et je ne souhaite pas que l'excellent public ait mes yeux pour juger mon chef-d'œuvre. C'est
malheureux que je tombe à t'écrire un jour où je suis aussi
vexé. Mais ce sera pour toi la peine de m'avoir écrit si peu
de choses.

Quel exécrable métier que de faire consister son bonheur dans des choses de pur amour-propre! Voilà six mois de travail qui aboutissent à me faire passer la plus foutue des journées. Du reste, je suis habitué à ces choses-là, et ne t'alarme pas trop pour l'amour de moi. C'est peut-être, c'est probablement comme toutes les autres fois où le premier aspect de ma sacrée peinture accrochée à côté de celle des autres me jugule entièrement. Cela me fait l'effet d'une première représentation où tout le monde sifflerait.

Je suis déménagé. Je t'écris de la rue de Choiseul, 15, quartier très-fashionable et beaucoup trop pour un gueux de mon espèce qui est sur la voie pour aller à l'hôpital. A propos, je ne suis plus si maigre. Mais si les affaires se gâtent, adieu les roses de mon teint! Adieu; souhaite-moi plutôt une bonne place dans quelque mine. Pour moi, j'ai bien celle d'un homme embêté ce soir.

E. D.

A SOULIER.

11 mars 1828.

... Je ne fais pas encore grand'chose. Je suis ennuyé de tout ce Salon. Ils finiront par me persuader que j'ai fait un véritable fiasco. Cependant je n'en suis pas encore tout à fait convaincu. Les uns disent que c'est une chute complète; que la *Mort de Sardanapale* est celle des romantiques, puisque romantiques il y a; les autres comme ça, que je suis *inganno*, mais qu'ils aimeraient mieux se tromper ainsi que d'avoir raison comme mille autres qui ont raison si on veut et qui sont damnables au nom de l'âme et de l'imagination. Donc, je dis que ce sont tous des imbéciles, que ce tableau a des qualités et des défauts, et que s'il y a des choses que je désirerais mieux, il y en a pas mal d'autres que je m'estime heureux d'avoir faites et que je leur souhaite. Le *Globe,* c'est-à-dire M. Vitet, dit que quand un soldat imprudent tire sur ses amis comme sur ses ennemis, il faut le mettre hors les rangs. Il engage ce qu'il appelle la jeune École à renoncer à toute alliance avec une perfide dépendance. Tant il y a que ceux qui me volent et vivent de ma substance crieraient haro plus fort que les autres. Tout cela fait pitié et ne mérite pas qu'on s'y arrête un moment qu'en ce que cela va droit à compromettre les intérêts tout matériels, c'est-à-dire *the cash* (l'argent).

Tu sauras que mon tableau de *Marino Faliero* est à British Gallery et que les journaux anglais en ont fait des éloges magnifiques.

... Mme de Mirbel est excellente pour moi et me pousse. Pousse aussi, mon cher bon, pousse-toi, poussons-nous et tâchons d'avoir, avant de tordre l'œil, un peu de pain et d'indépendance dans ce bas monde. Une petite bibliothèque, quelques bons vins et quelques bonnes choses encore. Le reste, comme dit mon ancien ami Sardanapale, ne vaut pas un fétu.

E. D.

A SOULIER.

Samedi 28 avril 1828.

... Tu me crois donc un homme bien répandu. Loin de là. Les quelques soirées où je vais par habitude m'ennuyer et me désennuyer finissent au total par me fatiguer physiquement à l'excès. Le plus souvent je suis accaparé par quelque jobard qui me parle peinture à tort et à travers, pensant que j'emporte de sa conversation et de sa capacité une haute idée.

De femmes, ça ne m'en procure pas. Je suis trop pâle et trop maigre. La grande occupation de mon existence, celle qui tient en suspens et en échec les hautes et puissantes facultés que la nature m'a accordées, au dire de quelques bonnes gens, c'est... d'arriver à payer mon terme tous les trois mois et de vivoter mesquinement. Je suis tenté de m'appliquer la parabole de Jésus-Christ, qui dit que son royaume n'est pas de ce monde. J'ai un rare génie qui ne va pas jusqu'à me faire vivre paisiblement comme un commis. L'esprit est le dernier des éléments qui conduise à faire fortune ; cela sans figure, sans exagération. L'imagination, quand pour comble de malheur ce don fatal accompagne le reste, consomme la ruine, achève de flétrir, de briser dans tous les sens l'âme infortunée. L'amour de la gloire, passion menteuse, feu follet ridicule, qui conduit toujours droit au gouffre de tristesse et de vanité. Je ne parle pas de l'amour qui a les peines les plus cuisantes, mais qui a réellement quelques instants rafraîchissants. Si j'ai des enfants, je demanderai au ciel qu'ils soient bêtes et qu'ils aient du bon sens.

De travaux et d'encouragements je n'en dois attendre aucun. Les plus favorables pour moi s'accordent à me considérer comme un fou intéressant, mais qu'il serait dangereux d'encourager dans ses écarts et dans sa bizarrerie[1]. J'ai eu dernièrement une petite discussion avec le Sosthène. La substance est que je n'ai rien à attendre de ce côté tant que je ne changerai pas de route. Le ciel m'a fait la grâce de conserver mon sang-froid pendant ce colloque, où cet imbécile, qui n'a ni sens commun, ni aplomb d'aucun genre, n'en avait plus du tout. C'est aujourd'hui même à deux heures que les distributions de grâces et d'honneurs auront lieu au Musée. J'interromps ceci pour t'en parler.

---

1. Sosthène de la Rochefoucauld, directeur des Beaux-Arts.

Dimanche matin.

Je t'achève ce bout de lettre. Je t'en écrirai plus long une autre fois. J'ai été hier à cette séance. Comme je m'y attendais, le tableau n'est pas acheté et point de commandes pour le futur. La mystification a été plus loin encore dans la lecture qu'on a faite des travaux exécutés précédemment pour le conseil d'État. On n'a fait mention ni de mon nom ni de ce que j'avais fait (1). Cequi démontre qu'il faut me retourner d'autre façon. Au reste, je n'en meurs pas et la bête n'est pas encore crevée...

E. D.

A M. CHARLES RIVET

Paris, 16 mai 1828.

Heureux ami, qui voyez tous les jours peut-être avec indifférence toutes les belles choses auxquelles je rêve depuis quinze ans, que vous êtes cruel de ne pas plus souvent écrire quelque chose de tout cela! Que votre lettre s'est fait attendre... Si cela ne vous touche que médiocrement, qu'importe? écrivez toujours ce que vous sentez. Si vous ne peignez pas, écrivez. J'ai assez des impressions de toute la bande voyageuse et écrivante qui me gâte l'Italie depuis que je m'occupe d'elle. Vous avez des impressions toutes fraîches et dégagées de préjugés.

Croiriez-vous que j'allais vous écrire lorsque j'ai reçu votre lettre? Oui, moi, mettre la main à la plume, pour vous dire, quoi? Que j'avais envie que vous m'écriviez, mais vous le saviez bien. Moi, si peu écrivassier que j'ai la cruauté de

1. L'empereur Justinien composant ses lois.

faire languir M. Véron et le public, quoiqu'il m'a paru que le public ne peut plus attendre et qu'il s'impatiente. Heureux homme! j'écris sur Michel-Ange et vous le contemplez. Je mentirai à ce même public avec la même impudeur que tous ceux qui entreprennent de l'occuper d'eux-mêmes, bien plus que du sujet qu'ils traitent. Est-ce que la plus simple description faite dans le jour de la plus mauvaise humeur, mise en face des chefs-d'œuvre eux-mêmes, ne serait pas pour les gens doués de sensibilité à cent mille pieds au-dessus de tout mon pathos à froid? Vous frisez Rome en passant; à peine allez-vous écorcher Naples; vous courez, vous volez. Faites pour moi, pour votre compagnon de rêveries et d'ambitions folles, ce qu'on fait entre amis au lycée : *Soyons faisants;* gardez-moi un peu de ce que vous mangerez au bon dîner que vous faites tandis que je mange mon pain à la fumée! Tubleu! si vous ne revenez, suivant vos projets, qu'au mois d'octobre, vous avez encore plusieurs mois. Mettez-moi donc quelquefois le soir en vous couchant, si les belles ne vous mettent pas sur les dents, quelques lignes de bonne ou de mauvaise humeur, sur ces merveilles que vous parcourez trop vite. Pauvre garçon, qui court le plus beau pays de la terre en compagnie d'Horace Vernet, qui vous fume au nez et qui vous assassine de ses froides vanteries! J'irai, moi, j'irai tout seul, comme un ours, comme un tigre s'il le faut. J'aurai des griffes aux ennuyeux. Je m'ennuierai tout seul. Mais des bonnes occasions comme celle dont vous me parlez, point. Je vivrai avec tous ces illustres morts.

Je parie, traître, que sans ce bout de lettre vous ne m'écriviez pas. Vous attendiez que je vous réponde. Que puis-je vous apprendre? Je mène la vie la plus monotone, vous le savez. Votre lettre a été le plus grand événement du mois qui vient de s'écouler. Pendant que Michel-Ange et Raphaël poursuivent silencieusement leur carrière de vraie gloire, là-bas où vous êtes, ici c'est comme à l'ordinaire. D. E. triomphe dans son petit cercle. A. est le plus grand peintre de l'époque, pour deux ou trois ans. B. est mieux que Raphaël. H. fait oublier le Dante qui se passe bien de vivre dans la réunion de ceux qui admirent H. Que je voudrais m'admirer un peu moi-même au milieu de tout cela! Mais, le croiriez-vous? je doute plus que jamais de mon infaillibilité, et pourtant je ne suis pas découragé. Je viens de passer un ou deux mois pleins de tristesse et de noires idées. A présent, c'est passé : je renais avec la verdure et je suis en train au travail. M. Gérard, avec qui l'autre jour je parlais de tous ces côtés sombres de la vie, me dit que ce qu'il y avait encore de préférable, *c'était l'Enfer et l'atelier*. Je trouve cela très-juste...

Je vous embrasse bien vraiment et bien sincèrement.

Votre ami.

Le baron Charles Rivet, qui de nos jours a attaché son nom à la fondation de la République, demeura un des fidèles amis de cœur de Delacroix. Celui-ci, dans un premier testament, que lui fit déchirer sa gouvernante, Jenny Lesguillon, l'avait désigné comme son légataire universel. C'était un homme de grand sens et de mœurs aimables. Il avait été le camarade d'atelier de Bonington.

A PIERRET.

14 juin 1828.

Mon cher ami, j'ai oublié dans une lettre d'hier de te prier d'envoyer à l'adresse de M. A. Constantin, rue Saint-Lazare, 52, ma notice pour mon tableau, à insérer dans le prochain Catalogue. Tu écriras cela de ta belle écriture en spécifiant que c'est pour le renouvellement de l'exposition.

Combat de Giaour et de Pacha. — Tiré de Lord Byron.

« ... Je le reconnais à la pâleur de son front; c'est lui qui m'a ravi l'amour de Leila, c'est le Giaour maudit. »

Avec lesquels je t'embrasse,

E. DELACROIX,

Désespéré du moment où je retournerai à Paris, malgré le plaisir que j'aurai à te retrouver.

Le tableau figura au livret sous ce titre : *Scènes de la guerre actuelle des Turcs et des Grecs.*

———————

A SOULIER.

(26 septembre 1828.)

... J'ai achevé le tableau d'animaux du général et je lui ai déterré un cadre rococo que je fais redorer et qui fera merveille. Il a déjà donné dans l'œil à une provision d'amateurs et je crois que cela sera drôle au Salon.

Les Anglais ont ouvert leur théâtre. Ils font des prodiges puisqu'ils peuplent la salle de l'Odéon à en faire trembler tous les pavés du quartier sous les roues des équipages. Enfin ils ont la vogue. Les classiques les plus obstinés baissent pavillon. Nos acteurs vont à l'école et ouvrent de grands yeux. Les conséquences de cette innovation sont incalculables. Il y a une Mlle Smytson qui fait fureur dans les rôles de miss O'Neill. Charles Kemble s'est simplifié et a fait plus qu'on n'aurait cru.

E. D.

P.-S. Il est onze heures et demie du soir. Je vais t'écrire

encore un de ces jours si le bon Dieu me laisse un peu de
souffle. Je vais de très-bonne heure à ma boutique : il paraît
que ces messieurs se proposent d'être d'une sévérité de chiens .
et particulièrement à propos des novateurs. De sorte que pour
finir ce que je veux y envoyer, non compris, bien entendu, le
grandissime tableau que je ne peux décidément avoir fini
tout de suite, je suis obligé de me lever *very early*.

Delacroix entend probablement . désigner par le
«tableau d'animaux» le *Jeune tigre jouant avec sa
mère*, qu'il exposa, en 1830, au profit des blessés de
Juillet, et qu'il envoya ensuite au Salon de 1831. Il en
a fait une délicieuse lithographie.

La miss Smytson devint Mme Berlioz.

A M. VICTOR HUGO.

Ce mercredi 1828.

Eh bien! Envahissement général : Hamlet lève sa tête
hideuse, Othello prépare son poignard essentiellement occi-
seur et subversif de toute bonne police dramatique. Qui sait
encore... Le roi Lear va s'arracher les yeux devant un public
français. Il serait de la dignité de l'Académie de déclarer
incompatible avec la morale publique toute importation de
ce genre. Adieu le bon goût !

Apprêtez-vous, dans tous les cas, une bonne cuirasse sous
votre habit. Craignez les poignards classiques, ou plutôt
immolez-vous courageusement pour nos plaisirs à nous autres
barbares...

                                        E. D.

Le « M. Barry, sculpteur paysagiste », n'est autre
que Barye, si peu communicatif à tous les âges de sa
vie, qu'il n'est nullement surprenant que Delacroix se
soit trompé sur l'orthographe de son nom. Ils avaient
fait en compagnie, m'a dit M. Delacroix, des études au
crayon ou à l'encre, de lions, de lionnes, de tigres,
dans une ménagerie qui s'était établie à la foire de
Saint-Cloud.

A PIERRET.

Tours, 27 octobre 1828.

... Bonjour, cher ami. Une réflexion est venue attrister la
douce perspective de retrouver un billet de 1,000 francs intact.
C'est que j'avais oublié dans mes répartitions le sieur Souty[1],
pour une bagatelle de 300 et quelques francs, et le sieur
Jobin pour une misère de 170 ou 180. Ces guerres d'argent
nous tracassent toujours. Si tu avais découvert une mine
depuis mon départ tu m'en ferais part...

... Ce que je te recommanderai pourtant le plus instam-
ment, c'est de faire penser Ostenwald au dessin que Thalès
demande. Si tu étais un peu moins féroce que je ne te connais, tu irais chez M. Barry (*sic*), sculpteur paysagiste, passage Sainte-Marie, maison de Fauconnier, orfévre, lui dire
que, par une étourderie pitoyable, j'ai emballé les animaux
qu'il avait bien voulu me prêter avec mes paperasses, et que
la crainte qu'ils ne s'égarent ou se plissent en les renvoyant
m'a empêché de le faire. Demande-lui-en donc pardon.

Je tâche de chauffer le chapitre et les curés pour me faire
faire des tableaux d'église. J'ai fait un prospectus magnifique
que je leur ai délivré.

Je me rouille infiniment. Je n'ai plus cette activité d'es--

1. M. Souty, marchand de couleurs, de toiles, de cadres.

prit qui suppléait autrefois à ma paresse. Je ne trouve plus
aux choses le même charme. Il y a un prisme charmant qui
se décolore.

———————

A SOULIER.

Octobre 1828.

... Tu ne me reconnaîtrais pas tant je suis engraissé...

... Je te dirai que le maudit tableau du duc d'Orléans
m'a tenu trois grands mois. Le ministre de l'intérieur, homme
aimable sous tous les rapports, m'a commandé un tableau pour
le musée de la ville de Nancy, représentant la mort de Charles
le Hardi ou le Téméraire, grand libertin de sa nature...

Ton et tout entièrement,

EUG. DELACROIX.
Peintre d'histoire et baron en herbe.

———————

La lettre dont nous ci-contre le fac-simile fut
adressée à M. Victor Hugo à propos du drame d'*Amy
Robsart,* lequel avait été écrit en collaboration avec
Paul Fouché et qui n'eut qu'une représentation. (1828)

A PIERRET.

Tours, 5 novembre 1828.

... Tu as raison. Nous changeons, voilà tout; mais tu sais,
on ne peut soi-même assister au spectacle de son cœur et de
son imagination. Il faut être doubles comme nous sommes,
depuis que nous nous connaissons pour qu'une moitié de l'un
suive et décrive l'autre. Je ne t'apprends rien de nouveau,
n'est-ce pas? C'est ainsi que nous sommes ensemble...

Je vous envoye mon cher ami la presque totalité des costumes en question. Le tailleur peut entrer en danse. Il n'y comprendra peut-être rien du tout. mais au reste, j'arrive moi-même pour éclaircir toutes les obscurités. Je n'ai qu'une peur, c'est que tout cela n'ait été bien tardif. Nous aurons peut-être de la peine à obtenir certaines choses. mais je les attends à Cromwell. on a quelque besogne qui sera toute entière votre sang et le fruit de vos entrailles. Dieu veuille que ce soit bientôt. Je vous souhaite en attendant une patience de saint pour le

qu'il vous reste à arracher
à ces têtes de bois. — La
veille de mon départ j'ai
remonté fortuitement celui qui
fait Flibbertigibbet. Il me paraît
effectivement dans de bonnes
dispositions, et quand à certains
doutes où il se trouvait encore,
j'ai fait de mon mieux pour
le convertir. —

Adieu mon cher
Victor. Veuillez faire agréer
à Madame Hugo mon
hommage respectueux, & croyez
à une vive amitié et à l'enga..

… souvent que je serais bien heureux
de mettre à vous être encore
bon à quelque chose de
meilleur que tous les barbouilla-
= ges. Votre ami
Eugène Delacroix

Nantes ce Jeudi

Victor Hugo

... Le temps continue à être charmant. La campagne est bariolée de rubis, d'émeraudes, de topazes et de tout son luxe d'adieu. Malgré mes occupations qui me rappellent et ma fainéantise ici, j'appréhende de m'en aller et de reprendre le collier de fatigue.

... S'il en est temps encore, écris à Louis qu'il me rapporte le plus de vues qu'il pourra des différents côtés de la chapelle et du local où a été tué Charles le Téméraire. Je remercie son préfet de sa courtoisie, mais j'ai en conscience des affaires et des plaisirs plus pressés.

Tout à toi,

EUGÈNE DELACROIX.

———

A SOULIER.

28 janvier 1829.

Cher ami, comment faire pour écrire par un temps aussi scélérat! Aujourd'hui, je ne me suis levé qu'à deux heures après-midi pour avoir moins froid. Je suis dans les horreurs du déménagement. J'espère que je serai bien. Tu voudras bien m'écrire dorénavant, quai Voltaire n° 13. Tu vois que je me rapproche du quartier de la bonne compagnie, et cela sera, s'il plaît à Dieu, pour me faire devenir le plus insociable possible, pour me coucher de bonne heure, narguer les insolents et les cousus d'or comme c'est ma nature. Il faut tâcher d'être gueux en enrageant le moins possible. Imagine que je n'ai qu'une porte à ouvrir, encore puis-je la laisser ouverte, et de ma simple chambre je passe en pantoufles dans mon atelier, très-confortable, lequel a encore pour surcroît un escalier qui lui est propre et qui est propre. Quand tu viendras me voir, je puis, au moyen d'un lit de sangle, te recevoir dans mes appartements.

7

Tout cela me coûtera une bagatelle de plus que je ne payais jusqu'ici, et l'économie de temps sera pour moi si grande que c'est un gain véritable que de l'argent si bien placé. Le plus grand de mes avantages sera sans contredit de me plaire chez moi, chose après laquelle je cours depuis bien longtemps. Je vois de mes fenêtres le Louvre, un peu de la rivière et des Tuileries. Il ne tient qu'à moi de me croire roi de tout cela.

Tout cela sera bel et bien quand j'en jouirai pleinement. En attendant que je sois complétement établi, je mène une vie pitoyable, et je n'ai d'autre ressource que d'aller embêter toutes mes connaissances... J'ai dîné chez le bon P... dont la femme fait des habits aux duchesses d'Orléans. Moi, je leur ai fait de la peinture, comme tu sais[1], et l'un n'est pas plus facile que l'autre ; j'entends de les contenter.

Je ne me souviens plus si tu aimes ou non le froid. Si tu l'aimes, tu devrais bien venir à Paris pour en rencontrer un des plus choisis. Il va *très-forzando,* comme un final de Rossini, depuis le commencement de l'année. La Seine a un faux air de vouloir se faire patiner... Je crois que j'ai envie de me coucher. Le feu baisse et avec lui ma verve. Il y a dans ma porte un grandissime vent coulis qui me tape dru dans le dos. Adieu.

EUGÈNE.

A M. DE LA ROCHEFOUCAULD.

Le 25 février 1829.

Monsieur le vicomte,

La lettre par laquelle vous avez bien voulu m'indiquer un rendez-vous pour prendre connaissance de mon esquisse de la

---

1. *Melmoth. Intérieur d'un couvent de Dominicains, à Madrid,* plus connu sous le titre : *l'Amende honorable.*

bataille de Nancy, m'arrive le soir du jour que vous m'avez fixé. Ayant d'ailleurs fait quelques changements à ce que je désirais vous soumettre, je vous prie de vouloir bien m'indiquer de nouveau un jour où il vous sera possible de me recevoir, pressé que je suis de présenter à votre approbation le commencement d'un ouvrage auquel je désire vivement vous voir attacher votre suffrage.

J'ai l'honneur d'être avec respect, monsieur le vicomte, votre très-humble et très-obéissant serviteur.

E. DELACROIX,
Quai Voltaire, n° 35.

A SOULIER.

Paris, le 21 juin 1829.

... Tu es gai, tu reçois, tu changes de peau. Tant mieux. Moi qui suis un peu de je ne sais quel tempérament, que je ne puis prendre la peine de te décrire, attendu que tu dois te connaître mieux que moi-même. Moi qui suis tantôt très-triste, tantôt très-heureux, juge le plaisir d'une lettre de toi, surtout quand elles sont rares... Tu sais que je suis casé comme un bon bourgeois et que j'ai une vue superbe. Mais tout cela ne me fait pas mieux porter. Il est vrai qu'il y a un peu de ma faute. Malgré cela j'ai travaillé suffisamment ces derniers temps et je fais des progrès.

Ayons, cher bien cher, un jour un petit pignon à nous, sur rue ou sur champ, en quel pays, n'importe, et coulons-y des jours heureux et philosophiques. J'incline à la retraite.

Quel plaisir ce serait de voir s'arrondir notre ventre à chacun, et comme l'a dit le Dante des enfants d'Ugolin : « Voir dans son ami comme dans un miroir son propre aspect, c'est-à-dire celui de jubilation ! » Quand verras-tu un pareil moment? c'est ce que Méphistophélès seul sait, lui qui se plaît à brouiller les affaires et à les arranger dans ce bas monde...

EUGÈNE.

Je suis bien content que tu aies été embrasser cette bonne petite amie de la rue Godot. Ce qui est surtout gentil à toi, c'est d'avoir eu l'idée de l'aller trouver. C'est par-dessus tout un cœur excellent. Ce bien-là en vaut un autre. Baise-la encore avant de t'en aller pour l'amour de moi, et encourage-la sur la peinture.

A PIERRET.

Valmont, ce 28 octobre 1829.

Mon bon petit, c'est bien tard commencer à t'écrire quand je vois déjà de près le moment de retourner. J'ai retrouvé mon Valmont comme je l'avais laissé il y a quinze ans, et cela m'a valu de grands accès de tristesse dans les premiers jours. Je n'ai trouvé que moi de changé, hélas! et fort changé et peu avancé, malgré cela. Je n'ai guère eu de loisir d'écrire depuis que je suis ici. Je n'y suis guère resté, ayant toujours été dans des parties chez des voisins et au bord de la mer. J'ai vu des sites les plus extraordinaires en fait de rochers, etc., et mon Anglais, le décorateur, m'avait donné d'excellents renseignements. J'ai trouvé tout ce qu'il m'avait indiqué et au delà de ce qu'il m'avait dit... Le beau pays! le beau pays, mon petit homme! Quel dommage que les feuilles tombent! Et la mer, je la revois toujours comme une amie ou plutôt comme une maîtresse. Quand j'y suis je ne puis m'en déta-

cher. Toutes les études du monde sont d'une insupportable
froideur...

Il ajoute un mot pour tracer à Soulier son itiné-
raire s'il se décide à le venir voir.

Il rappelle ensuite des « projets d'écriture en commun » avec Pierret et Gaillardet. « ... Il est important et
amusant dans ce triste monde que l'esprit ait un intérêt quelconque. En outre, cela pourra être d'une utilité positive. » Il demande son passe-port, au cas où il
reviendrait par le Havre ou par Dieppe.

Ensuite tu tâcherais que l'ami Goubeaux donne quelque
chose de manière à payer son loyer quand on sera de retour.
Ensuite tu penseras à la palette qui doit être finie à présent,
et, à ce que je suppose, chez Rivet, pour la bien faire à l'huile.
Tu le lui recommanderas bien et de manière à ce qu'elle soit
prête pour le 8 ou 10 au plus tard. J'insiste bien là-dessus.
Je ne pense pas sans effroi aux affaires qui m'attendent. J'en
ai un million et cela me fait traîner la savate ici. Je voudrais
bien passer un ou deux jours à Rouen. As-tu vu Rouen? Tout
cela est superbe, et il faudrait des vies à n'en plus finir pour
faire tout cela. Et puis chacun son affaire. Il y a ici des
vieilles femmes sublimes pour un sabbat.

Dieu du ciel! Trente pieds de marchandise à fournir.
C'est bien conséquent!...

E. D.

Delacroix avait peint une série des portraits de
jeunes gens de l'institution Goubeaux, qui avaient
remporté des prix au grand concours.

A PIERRET.

Valmont, 19 novembre 1829.

...19 du mois et pas encore de retour! Cher petit, les projets des hommes, comme tu sais, sont sujets à manquer d'exécution. Qui plus est, je t'écris pour te donner une commission. Dans l'hypothèse où Goubeaux se serait exécuté, tu donneras à Thérèse de quoi acheter du bois, ce que j'avais oublié de te prier de faire. Il fait ici depuis deux jours une gelée d'une âpreté extrême qut m'a rappelé physiquement que mon bûcher était entièrement vide.

Ce qui m'a retardé considérablement, c'est u'au dernier moment il nous a pris fantaisie de mouler certaines petites figures qui ornent les tombeaux de l'église et qui sont d'un très-beau style. Ayant une fois commencé, nous avons voulu nous en tirer à notre honneur. Malgré nos efforts, les difficultés étaient si grandes que tout cela a été de guingois et qu'il en arrivera ce qui pourra.

Je compte partir lundi pour Rouen. J'y resterai un jour ou deux chez ma tante Riesner. De sorte qu'irrévocablement je serai à Paris vers vendredi ou samedi. Il me semble que j'irai voir tout le monde, que tout le monde m'amusera. J'ai envie de ne voir d'abord que les gens ennuyeux. Je les trouverai délicieux pendant quelque temps. Ensuite je me permettrai ceux que j'aime. Tu vois que c'est pour ne pas rendre trop subite la transition du pays de Caux à la mère des arts et de la civilisation. Je t'écris avec des gants que j'ai graissés, non pas parce que je crains l'*air aux mains*, comme disait Vernet le père, mais parce que je les ai toutes gercées par le plâtre et le froid.

Nous empruntons ce fragment de lettre au livre de M. Piron.

A PIRON.

Valmont, 1829.

..., Juge de mon étonnement d'y trouver tout si peu changé, qu'il pourrait me sembler que je ne l'ai pas quitté un instant. Il est une chose incroyable et qui l'était pour moi jusqu'à ce jour : c'est combien les choses changent peu, et combien nous autres nous changeons! Si j'ai trouvé tout à la même place et avec la même figure, en revanche n'ai-je pas été reconnu par un seul des individus qui m'y avaient vu autrefois. Quelques-uns de ceux qui y étaient alors sont furieusement changés, car ils sont morts; il y en avait de maigres qui sont gras, et *vice versa*. Avoue que c'était pour donner de l'humeur! L'église est toujours de même, et les bons moines y dorment du même sommeil de fer qui les cloue tout de leur long dans leurs tombeaux. Une chose remarquable que je ne me rappelais pas, sont deux beaux tombeaux, du plus beau style de l'époque qui précédait la Renaissance, avec de superbes statues de chevaliers en tabans couchés dessus et blasonnés.

Nous ne donnons ce brouillon d'un billet que pour rappeler que les admirables lithographies qui ornent la traduction in-4°. du *Faust,* par M. Stapfer, étaient sorties des presses de l'imprimerie Motte.

(Sans date. 1829?)

M. Motte a bien voulu me promettre de finir le fameux compte cette année. Comme il avait été au-devant de mes désirs à cet égard, j'y avais compté. Sera-t-il assez bon pour me dire, le plus tôt possible, si rien n'y met obstacle? Ces chiennes d'affaires vont à reculons. C'est comme du temps de Dagobert, pour les arts. Je prie M. Motte de recevoir mes compliments.

E. DELACROIX.

A PIERRET.

Sans date. (Avant ou vers 1830?)

Si tu es curieux de voir une belle collection de dessins anciens et modernes, demain samedi et dimanche, depuis onze heures jusqu'à trois, chez feu Constantin, le marchand de tableaux, rue Saint-Lazare, n° 52, tu en trouveras plus que tu n'en pourras regarder. Des David, des Drouais, des Prudhon (et entre autres un grand et beau dessin étudié de sa *Psyché*), les deux *Psychés* de Fragonard, une trentaine de Michel-Ange et de Raphaël, enfin une immensité de toutes les écoles possibles. J'espère y aller dimanche, et je pense que je t'y trouverai parce que tu n'auras pas trop de toute ta journée pour les voir. J'y ai fait une tournée ce matin, et je serais désolé de n'y pas retourner après demain. La vente se fait lundi; ainsi le temps presse.

Voici la suite et la fin d'une lettre dont Pierret avait écrit la première partie au milieu d'une fête de la Saint-Nicolas, chez le docteur Desmaisons. On était encore sous le coup des événements de Juillet. « Delacroix, écrit Pierret, se laisse pousser des moustaches »; ces moustaches, qui furent réduites plus tard à une paire de petites brosses noires, apparaissent assez volumineuses sur le joli portrait de Delacroix que le romantique Jehan Gigoux a lithographié pour l'*Artiste,* en 1834.

A F. GUILLEMARDET.

Paris, ce 6 décembre 1830.

Je reprends en sous-œuvre la présente lettre pour te tenir au courant de la brillante santé qui me caractérise dans le moment actuel. Je n'en sors pas moins pour le moment du conseil de discipline, où, sur ma mauvaise mine on vient de me donner un répit de quatre mois pour la brave garde nationale, dont on ne me juge susceptible de servir avec que quand je serai un peu engraissé de ma personne. Tu ne t'étonneras pas de la présente manière de m'exprimer un tant soit peu inopportune et inattendue dans ma manière d'être d'habitude naturelle, attendu une lettre d'un gendarme de Fouilletourte, en Berry, que nous venons d'en faire lecture en société où nous nous trouvons, qui est très-drôle et très-insolite pour l'expression des pensées dudit gendarme qui écrit au docteur Desmaisons, qui vient de nous faire d'excellent saubayor, que nous en avons bu un verre à ta santé.

Pour finir, j'ai fini, ou peu s'en manque, mon tableau, et nous avons impatience de te voir faire cette fameuse Saint-Sylvestre, que c'est donc pour cette année de nous en régaler chez toi. En attendant, conserve-toi la bonne disposition de ton estomac en parfaite santé, qui te sera nécessaire pour digérer les susdits pâtés et autres confitures susnommées de la Saint-Sylvestre. Excuse la bassesse imprévue de langue française que je te témoigne dans cette lettre que ma plume te trace ici de ma main pour croire à sa prudence inaltérable.

Cette lettre, ou mieux ce mémoire en forme de lettre, parut en avril 1831, dans l'*Artiste* que venait de fonder Achille Ricourt et qui était, texte et gravures, le moniteur officiel de l'École romantique. Elle n'a jamais été réimprimée et fournit des vues sur la doctrine de Delacroix. Il s'agissait, dans l'espèce, de ce concours pour le *Boissy d'Anglas*, dans lequel Court fut lauréat.

AU DIRECTEUR DE L'*ARTISTE*.

LETTRE SUR LES CONCOURS.

Avril 1831.

Vous avez la bonté, monsieur, de me demander mon avis sur les concours en fait de tableaux et de statues. C'est une grande question aujourd'hui, car il ne s'agit de rien moins que de faire passer par cette filière tous les artistes qui prétendent à des travaux du gouvernement. C'est une idée qui n'est pas nouvelle, et qui paraît si simple qu'elle vient s'offrir d'elle-même au pouvoir quand il craint la responsabilité de ses choix, et aux artistes eux-mêmes, j'entends à ceux qui n'ont pas la part la plus large dans les distributions. Cette dernière classe, qui est le plus grand nombre, a donné par ses réclamations une très-grande popularité à la question des concours.

Si éloignée que soit la chance qu'offre ce moyen à beaucoup d'entre eux, ils l'ont adopté avec empressement. L'amour-propre persuade aisément à chacun de nous qu'il a des droits qu'on oublie et que cette grande lumière du concours public va rendre manifestes pour tout le monde; que si l'on n'est pas couronné, on peut encore se consoler en pensant que c'est nous que le public distingue, et qu'il condamne nos juges à son tour.

D'ailleurs, raisonnant d'après les lois de justice générale assez sages, vous inclinez à trouver cette invention très-libérale et très-féconde ; car, dites-vous, rien n'empêche le talent de se mettre sur les rangs : tout au contraire ; au milieu de ce grand nombre de prétendants, sa place sera toujours marquée.

Au premier aperçu, il m'a paru commode comme à vous d'avoir un moyen d'éprouver les talents comme on éprouve les métaux, de les tirer de la foule à l'instant, par le contraste qui se produit de soi-même entre le bon et le mauvais. Si ce moyen-là est trouvé en effet, monsieur, quel problème nous avons résolu ! La postérité ne pourra nous savoir assez de gré d'avoir tant fait pour ses plaisirs, en ne laissant arriver jusqu'à elle que des ouvrages dignes d'admiration ; et du même coup nous sauvons bien des remords à l'autorité.

Mais en y réfléchissant plus mûrement, vous serez conduit à découvrir que ce moyen, simple et applicable en théorie, offre à la pratique mille difficultés. Un essai tout récent a déjà montré des inconvénients auxquels on n'avait pas songé, et ils ont été de nature à effrayer sur les résultats probables de ce moyen employé généralement. On s'est aperçu qu'après la difficulté d'amener à concourir beaucoup de gens pour qui ce moyen est nouveau, il se présentait la difficulté plus grande de trouver des juges, des juges sans passions et sans préjugés, point susceptibles de préférer leurs amis à tous autres, et ne cherchant que la justice et le bien de l'art. Le bien de l'art, monsieur, c'est comme le bien de la patrie ; chacun le voit du côté où inclinent ses affections et ses espérances : la justice est pour chacun ; le parti flatte ses penchants et lui promet le triomphe de ses opinions. Surtout depuis la grande découverte du classique et du romantique, les éléments de désaccord semblent devenir plus inconciliables. Cette question, qui a brouillé des amis et divisé les familles, complique beaucoup celle des concours.

- On a été aussi très-embarrassé pous savoir si ce moyen avait pour objet d'employer le talent avant tout, ou seulement d'obtenir des ouvrages réunissant assez de qualités passables pour ne pas choquer dans la place qu'ils devront occuper. Grand embarras pour ces juges, que je suppose trouvés, et impartiaux comme de raison. Vous me demandez sans doute de poser plus nettement cette seconde difficulté. Vous pensez que choisir le talent, c'est préférer en même temps ce qui est le mieux et ce qui est le plus convenable ; que le talent triomphe des difficultés et qu'il s'y plie sans peine ; hélas ! non, monsieur, il ne se plie pas. Il aime les difficultés, mais ce sont celles qu'il se choisit. Il ressemble à un coursier de généreux sang, qui ne prête pas son dos au premier venu, et qui ne veut combattre que sous le maître qu'il aime. Non pas que le talent se laisse emporter suivant son caprice, sans choix et sans mesure ; non pas qu'il fuie le joug de la raison ; la convenance et la raison sont au résumé l'essence de tout ce qu'il produit quand il est vraiment inspiré ; mais cette inspiration lui est nécessaire, et il ne répond plus de ce qui lui échappe quand elle est absente.

Vous ne voyez pas peut-être ce qui empêche l'inspiration de naître d'un concours. Le sujet peut avoir de l'intérêt, être tel enfin qu'on se le fût imposé à soi-même.

Remarquez que ce n'est pas à la nécessité de rendre tel ou tel sujet que je m'en prends ; mais à la nécessité de passer par le crible impitoyable du concours, d'être aligné sous les yeux du public, comme un troupeau de gladiateurs qui se disputent d'impertinents sourires et qui prennent plaisir à s'immoler entre eux dans une arène. Sainte pudeur de l'artiste, quelle épreuve pour vous !

La verve, monsieur, n'est pas une effrontée qui s'accommode des mépris comme des applaudissements tumultueux d'un théâtre, qui se roule sous les yeux du public pour lui arracher ses faveurs hautaines. Plus elle est brûlante et sincère, plus elle a de modestie. Un rien l'effarouche et la comprime. L'artiste, enfermé dans un atelier, inspiré d'abord sur son ouvrage et plein de cette foi sincère qui seule produit les chefs-d'œuvre, vient-il par hasard à porter les yeux au dehors sur les tréteaux où il va figurer et sur ses juges qui l'attendent, aussitôt son élan s'arrête. Il jette un œil attristé sur son ouvrage. Trop de dédains attendent ce chaste enfant de son enthousiasme; il manque de courage pour le suivre dans la carrière qu'il voit s'ouvrir. Il devient alors son propre juge et son bourreau. Il change, il gâte, il s'épuise; il veut se civiliser et se polir pour ne pas déplaire.

Une idée ridicule s'offre à moi. Je me figure le grand Rubens étendu sur le lit de fer d'un concours. Je me le figure se rapetissant dans le cadre d'un programme qui l'étouffe, retranchant ses formes gigantesques, ses belles exagérations, tout le luxe de sa manière.

J'imagine encore Hoffmann, ce divin rêveur, à qui l'on dit : « Nous vous donnons un sujet tout à fait propre à exciter votre paresse; il est pathétique, il est national même. Allons, échauffez-vous; seulement, voici un fil que vous suivrez sans vous en écarter le moins du monde. Nous en avons mis un tout semblable dans les mains d'une cinquantaine d'aspirants comme vous, qui ne demandent qu'à bien faire. Si vous trouvez quelques fleurs sur la route, gardez-vous de les écarter pour les cueillir : les fantaisies ne sont point ce que nous demandons à votre génie, non plus que de nous répéter tous les échos que produit dans votre cerveau le spectacle de la nature. Voyez avec quel désavantage vous paraîtriez au bout de votre carrière, quand vous serez tous rangés pour

·rendre un compte fidèle de votre mission. Il ne faut pas
arriver à cette inspection comme un enfant perdu, qui revient
de la bataille avec un fourniment en désordre; qui a battu
l'ennemi, mais qui a perdu la gaîne de son sabre.

— Voilà une triste victoire que vous m'offrez, messieurs,
répondrait le rêveur. Un homme qui marche avec des béquilles
est celui qu'il vous faut; il est plus propre que moi avec mes
bonds capricieux, à gagner sans accident le but de votre promenade insipide; chaque pas est un combat contre ma
nature; et que dois-je trouver au bout? Ai-je fait un ouvrage
seulement? Car, qu'est-ce que cette esquisse sur laquelle on
doit me tirer de la foule, moi ou mon voisin? un pur jeu,
si on ne me choisit pas; une production qui n'en est pas une.
D'autres juges que mon bon sens naturel décideraient si c'est
un enfant qui soit né viable. Sur ces quarante idées ou fan-
tômes d'idées qui sont là attendant la lumière, un seul recevra le baptême, trente-neuf seront jetés aux épluchures et
balayés avec ignominie. »

Vous diriez peut-être à cet homme fâché qu'il a mauvaise
grâce à dégoûter les autres d'un moyen qui a bien quelque
mérite. C'est que voici justement où la force des choses nous
conduit, c'est à cette contradiction manifeste entre l'objet de
la chose et son résultat; je veux dire à dégoûter le talent et à
encourager la médiocrité.

Vous ne manquerez pas de concurrents probablement
dociles, prêts à accepter vos conditions. Que demandera le
plus grand nombre? seulement le plaisir de figurer sur votre
liste, et d'arrêter les regards quelques instants. Pour quelques-uns, c'est déjà une célébrité; quant aux artistes amoureux de leur art, quelque peu susceptibles, trop susceptibles
peut-être, vous en verrez diminuer le nombre dans cette foule
confuse qui se presse dans là liste. A peine y distinguerez-
vous quelques talents estimables étouffés par les chardons

qui croîtront à leurs côtés, et qui les opprimeront dans ce champ vague et ouvert à tous : non, un bon ouvrage ne vaut pas mieux pour être placé entre de médiocres ; la vue du mauvais produit une nausée insupportable, qui vous fait prendre en dégoût le beau, le délicat, le convenable ; il y a comme une émanation d'ennui qui ternit tout autour d'elle. Dans ce concours, la grâce naïve est froideur à côté des contorsions d'un talent ampoulé ; l'audace véritable est exagération à côté d'une plate et mesquine production. Eh quoi ! souvent le plus médiocre des peintres aura trouvé une invention quelque peu ingénieuse qui aura échappé à Raphaël, qui n'aura pour lui que son style. Lui saurez-vous gré, par exemple, d'avoir mieux que Raphaël rendu le littéral du sujet ? A qui donc la palme ? A la plate exactitude, ou à l'exécution supérieure ?

Combien n'est-il pas de ces qualités à l'aide desquelles un homme d'une faible portée pourra obtenir l'avantage sur des talents plus naturels et plus passionnés ; et même entre rivaux de même force, quel embarras pour décider ! l'un se distinguera par une belle ordonnance et par une convenance exacte ; l'autre aura saisi supérieurement certains détails plus expressifs, et aura caractérisé le sujet d'une manière plus énergique, bien que laissant à désirer une entente générale soutenue. Préférez-vous l'effet et la couleur, ou bien un dessin exquis, la beauté et la finesse des caractères ? Laquelle enfin de ces qualités, qu'on ne trouve jamais réunies, et dont une seule portée à ce degré éminent suffit pour tirer de la foule ?

Je n'ai fait que glisser, au commencement de cet article, sur la difficulté de trouver des juges éclairés et impartiaux : je n'ai parlé ni des brigues ni des complaisances, et je n'ai pas assez appuyé, comme vous l'avez vu sans doute, sur l'impossibilité d'obtenir des jugements équitables. Cette matière est affligeante autant que féconde ; je laisse à votre saga-

cité, monsieur le rédacteur, à votre connaissance des mœurs
et la faiblesse de notre nature, à creuser ce triste sujet, à
éclairer, si vous en avez le courage, les manœuvres de l'envie
et de cette avidité nécessiteuse qui se précipite dans les concours comme à une curée. La matière est d'autant plus
ingrate que c'est une voie sans issue; et l'administration ne
s'y est jetée qu'avec une sorte de désespoir et sans savoir où
elle allait. Que faire? me direz-vous; quel moyen proposer?
car vous ne voulez pas sans doute des caprices du pouvoir à
la place de cette loterie trompeuse? A cela je ne sais que
dire, sinon que les choses se passaient mieux avant qu'on ne
fît des arts une chose administrative. Quand Léon X eut
envie de faire peindre son palais, il n'alla pas demander à
son ministre de l'intérieur de lui trouver le plus digne : il
choisit tout simplement Raphaël, parce que son talent lui
plaisait; seulement, peut-être, parce que sa personne lui
plaisait. Soyez sûr qu'il ne se donna pas la triste occupation
de voir, dans les essais de trente ou quarante concurrents mis
à la gêne, tout ce que peut rendre en extravagance et en
ridicule une pauvre idée martelée en tous sens par des ima-
ginations en délire. Il y gagnait, sans doute, de ne pas prendre en aversion l'objet de sa fantaisie, avant même de le voir
naître, et ne pas tuer à l'avance le plaisir que peut donner
un ouvrage, en lui ôtant toute fraîcheur et toute nouveauté
par cette épreuve bizarre, ce qui nous arrive dans nos concours; car après que le destin ou le caprice a décidé de l'artiste qui doit l'emporter sur les autres, on serait tenté de lui
faire grâce de ce qui peut lui rester à dire encore sur un
thème épuisé et sans attraits.

J'ai donc la douleur d'avoir augmenté vos perplexités,
loin d'avoir établi un point d'où il soit possible de partir. J'ai
à peine effleuré les faces les plus importantes de la question;
je suis venu seulement me plaindre à vous et avec vous, avec

tous les amis des arts, qui s'alarment de les voir manquer d'une direction ferme. Vous nous offrez vos colonnes pour y déposer nos doléances; vous êtes à peu près le seul que la politique n'envahit pas. Tenez ferme, monsieur; résistez à ce torrent : parlez-nous de musique, de peinture, de poésie, vous verrez venir à vous tous ceux qui donnent la première place aux plaisirs de l'imagination.

EUGÈNE DELACROIX.

Cette lettre, non datée, nous a paru avoir été écrite en 1831.

A SOULIER,

A MAINTENON.

Le samedi matin.

Cher ami, j'ai passé presque toute la journée hier dimanche avec le bon général. Nous avons été à Sceaux avec le colonel, et nous nous sommes amusés en vrais Parisiens échappés, et comme nous nous trouvions garçons, la gaudriole a été son train...

Je persiste toujours dans le projet de t'aller voir, et d'aller pêcher et travailler avec toi. Paris est de moins en moins amusant, surtout sans argent.

Ce que j'ai entendu dire de divers côtés sur Visconti, c'est qu'il a beaucoup de talent, mais chacun, comme tu le dis, voit à sa manière. Je crains que tu n'aies quelques difficultés pour suivre ta fantaisie, ayant affaire à un homme en réputation. Si tu veux d'autres renseignements, écris-moi plus particulièrement dans quel sens.

Cher ami, l'âge amène du changement dans les caractères : dans les uns, c'est de la misanthropie et de la tristesse

qui teint pour eux tout en sombre ; chez les autres, c'est de
l'orgueil et de l'insensibilité. Je ne crois pas être un de ces
derniérs, car mon cœur s'élance souvent vers le temps des
doux épanchements et des larmes d'amitié. Dans des accès
de souffrance morale, on voudrait presque être mauvais pour
rompre sans réserve avec tout ce qui est doux et consolant.
On voudrait ne pas croire à la vertu ; mais elle existe, j'en
suis sûr, et les exemples pour être rares n'en sont pas moins
encourageants.

Adieu, ton ami,

EUG. DELACROIX.

A SOULIER.

28 mai 1831.

... Tu ne pouvais me donner de nouvelle qui me fît plus
de plaisir. Au moins un de nous trouve un abri contre la
mauvaise fortune. Cela m'a fait palpiter, moi qui fuis les émotions et qu'elles fuient. L'idée de ton bonheur prochain fait
une diversion à la monotonie de mon existence. Tu prends le
bon parti, celui de la paix, et il n'y a que celui-là au
monde. Il n'y a pas de pire situation que de ne savoir jamais
comment on dînera dans huit jours, et c'est la mienne. Donne-
moi un désert, et fais-moi l'amputation d'un vieux et irascible
reste d'amour-propre, je serai encore heureux dans le monde.
Mais la réputation, la réussite, ce succès qu'on n'atteint jamais, tout cela vaut-il qu'on se casse la tête toute la vie pour
l'atteindre ?

Il me tarde de te savoir conjoint. Est-il vrai que le sort
un jour ou l'autre s'adoucit et cesse de nous montrer son œil
en colère ? Les événements de cette vie nous devraient bien

cette compensation pour toutes les illusions qu'ils nous enlè-
vent petit à petit!

Mon pauvre Raymond, je suis dans une vilaine crise de
caractère. Je crois que tu as passé par là. Je n'ai pas encore
pris mon parti avec les plaies de cette vie et je suis déjà
inhabile à être heureux du peu de bien qui s'y trouve.

Se faire campagnard ou artisan, en un mot n'attendre
point son bonheur de ce qui est hors de nous, voilà le secret
du bonheur à nous permis.

Adieu, au plaisir de te voir. J'aurai un grand plaisir à te
féliciter moi-même.

A PIERRET.

Valmont, 30 septembre 1831.

Je suis à Valmont, séjour de paix et d'oubli du monde
entier. Le charme que j'y trouve, mon vieil ami, est dans ce
dépouillement complet d'émotions vives et saccadées qui
font de ma vie de Paris une épreuve continuelle et une danse
sur la corde sans balancier. Affaires d'argent et d'amour-
propre, obligations de politesse, amour même, tout cela ne
tient pas dans mon cœur et dans mon esprit la place qu'une
seule de ces choses-là absorbe dans mon être, quand je me
trouve au milieu de ce foyer d'agitations continuelles où tu
respires. Je ne me suis jamais rendu compte à un pareil degré de l'inutilité des folies pour faire mener heureusement la
vie... Ce qui nous occupe surtout à Paris, c'est la fureur de
faire figure. Je crois à présent que si je trouvais un homme
qui voulût me fournir le nécessaire comme à un chapon qu'on
engraisse, c'est-à-dire d'avoir tout mon travail et une autorité

assez grande sur ma liberté, je passerais un marché tout de suite.

J'ai trop de liberté pour en sentir le prix. Ici, j'en ai moins et davantage. Moins, en ce que je vis avec un despote complet qui me gouverne physiquement, qui me fait dîner à telle heure, qui me fait aller dans tel endroit pour mon plaisir, etc. Davantage, en ce que mon esprit dégagé du souci de s'occuper de mille soins insupportables à ma nature, divague à son gré, jouit de son propre calme, crée des palais et des enchantements sans que la voix de la nécessité triviale le rappelle à terre.

Je n'ai pas la rage du travail d'il y a deux ans. Mais je m'amuse. C'est l'essentiel. J'ai trouvé à Rouen de quoi faire un tableau qui m'inspire assez. Nous verrons cela cet hiver...

Il prie qu'on encaisse économiquement et qu'on envoie un tableau qu'il vient de terminer « à M. Bataille, chez M. Villard, aubergiste, place du Vieux Marché, à Rouen ». C'était sans doute un souvenir qu'il adressait à son hôte.

A M. HIPP. ROYER COLLARD.

CHEF DE LA DIVISION DES SCIENCES ET ARTS AU MINISTÈRE
DE L'INTÉRIEUR, RUE DE GRENELLE.

Mercredi matin.

Je ne suis pas rentré dans la journée, mon cher monsieur, de sorte que je ne sais à quelle heure votre lettre est arrivée, et si j'aurais pu y répondre hier : ce que je n'aurais pas manqué de faire, tant c'est avec plaisir. Je ne vous remercie plus

maintenant de tous les soins que vous avez pris de mon affaire;
je dois vous savoir gré d'une chose qui me fait cent fois plus
de plaisir: c'est de la possibilité que vous me donnez de pouvoir vous être bon à quelque chose. Vous me comprenez, je
crois, comme je vous comprends. La sainte horreur que vous
éprouvez, comme je l'éprouverais, pour l'ombre d'une con-
descendance qu'on aurait pour vous à raison de votre position, est si simple, que je ne conçois pas plus la gêne de celui
qui offre que de celui qui reçoit. Il y a de plus une extrême
fatuité dans un homme à croire témoigner une reconnaissance quelconque en offrant comme une rareté un produit de
sa petite industrie. Ceci n'est pas modestie ridicule: je veux
dire, vous le sentez bien, que je peux fort bien trouver pour
moi un prix infini à tel méchant croquis, mais que l'offrir
comme une chose de quelque valeur me le fait voir sous un
jour tout différent.

Je me chargerai donc avec bien de l'empressement de
toutes commissions de vous, et comme votre aimable lettre
vous force à me montrer à l'avenir un peu d'amitié, vous ne
compterez pas les chiffons de papier que je rapporterai comme
objets de commerce, mais comme simples souvenirs d'un pays
qui vous plaît, n'est-ce pas?

Je m'occupe de confectionner quelque chose qui puisse à
la rigueur passer pour un commencement d'esquisse. Cela
sera en règle avant mon départ. Je crois avoir compris qu'il
snffit que Bertin le voie d'ici à deux jours. D'ailleurs, je ne
toucherai qu'alors l'avance en question et rien de la sorte ne
clochera.

Recevez de nouveau mes remercîments et comptez sur
mon dévouement bien sincère.

EUG. DELACROIX.

Je m'arrangerai pour vous rencontrer de nouveau et causer un peu de ces maroquineries.

Cette lettre, à en juger par l'écriture et par le sens général, a dû être écrite à la veille du départ de Delacroix pour le Maroc.

Delacroix était très-lié avec la famille des Bertin, les directeurs du *Journal des Débats*.

———

Eugène Delacroix fit ce voyage au Maroc en compagnie du comte de Mornay, ambassadeur de la France près l'empereur Muley Abd Ehr Rhaman.

A PIERRET.

RUE SAINTE-ANNE, 18.

Toulon, 8 janvier 1832.

... Nous avons eu beaucoup de contrariétés dans ce maudit voyage. Un froid et une gelée de chien pour partir; il a neigé vers Lyon et jusque près d'Avignon comme je ne l'ai pas vu depuis longtemps à Paris, et pour arriver à Marseille et Toulon une bourrasque de vent et de pluie qui nous a percés. C'est ce qui nous a tant retardés. Heureusement j'espère que nous ne tarderons pas trop à partir. C'est probablement pour après-demain. Tu es venu, je crois, à Toulon. C'est un fort beau pays. Voilà le Midi enfin; je me retrouve. La belle vue et les belles montagnes!

Je ne suis pas entré sans tristesse à Marseille. Le temps et sa faux ont rudement travaillé autour de moi et sur des têtes chères depuis le jour où je l'avais quitté. J'ai été heureux d'y retrouver des souvenirs encore vivants de mon père.

A propos, j'ai vu Fontainebleau en passant. Le vandalisme y fait de fameux coups. Il est inimaginable que la déraison aille à ce point de saccager les admirables restes de

peinture qui s'y trouvent, pour faire place aux échafauds et à
la brosse de M. Alaux le Romain[1]. Je suis convaincu que je
ne trouverai rien de si barbare en Barbarie. Mais la volonté
du diable soit faite...

Adieu... Cette agitation me plaît. Mon camarade de route
est parfait.

Devant Tanger, 24 janvier 1832.

Enfin devant Tanger ! Après treize jours fort longs et
d'une traversée tantôt amusante, tantôt fatigante, et après
avoir éprouvé quelques jours de mal de mer, ce à quoi je ne
m'attendais pas, nous avons essuyé des calmes désespérants
et puis des bourrasques assez effrayantes à en juger par la
figure du commandant de la *Perle*. En revanche, des côtes
charmantes à voir, Minorque, Majorque, Malaga, les côtes
du royaume de Grenade, Gibraltar et Algésiras. Nous avons
relâché dans ce dernier endroit. J'espérais débarquer à Gibraltar, qui est à deux pas, et à Algésiras par la même occasion; mais l'inflexible quarantaine s'y est opposée. J'ai pourtant touché le sol andalou avec les gens qu'on avait envoyés à la
provision. J'ai vu les graves Espagnols en costume *à la Figaro*
nous entourer à portée de pistolet de peur de la contagion, et
nous jeter des navets, des salades, des poules, et prendre du
reste, sans le passer dans le vinaigre, l'argent que nous déposions
sur le sable de la rive. Ç'a été une des sensations de plaisir
les plus vives que celle de me trouver, sortant de France,
transporté, sans avoir touché terre ailleurs, dans ce pays pittoresque; de voir leurs maisons, ces manteaux que portent
les plus grands gueux et jusqu'aux enfants des mendiants, etc.
Tout Goya palpitait autour de moi. Ç'a été pour peu de
temps. Repartant de là hier matin, nous comptions être à
Tanger hier soir. Mais le vent, qui était d'abord insuffisant,
s'est élevé si fort sur le soir que nous avons été obligés de

---

1. M. Alaux le Romain opérait la restauration des fresques de Primatice.

franchir entièrement le détroit et d'entrer malgré nous dans l'Océan. Nous avons passé une très-mauvaise nuit; mais la chance ayant tourné vers le matin, nous avons pu revenir sur nos pas, et ce matin, à neuf heures, nous avons jeté l'ancre devant Tanger. J'ai joui avec bien du plaisir de l'aspect de cette ville africaine. Ç'a été bien autre chose quand, après les signaux d'usage, le consul est arrivé à bord dans un canot qui était monté par une vingtaine de marabouts noirs, jaunes, verts, qui se sont mis à grimper comme des chats.dans tout le bâtiment et ont osé se mêler à nous. Je ne pouvais détacher mes yeux de ces singuliers visiteurs. Tu juges, cher et bon, de mon plaisir de voir pour la première fois chez eux ces gens que je viens chercher de si loin : car c'est bien loin, cher ami, et j'ai plus d'une fois, dans les planches de ma prison flottante et durant des nuits assommantes de roulis et de mauvaise mer, songé à mon nid paisible et aux figures que j'aime depuis que j'aime. Si c'était à refaire, je referais le voyage, mais l'absence a bien des chagrins.

Nous devons faire demain notre entrée magnifique. Nous serons reçus par les consuls des autres puissances, par le pacha, etc.

Delacroix recommande, dans la fin de cette lettre, de prier Villot de copier la musique promise, de remettre les lettres pour lui à M. Feuillet (de Conches). Il parle aussi de Mme Dalton, son élève, etc.

Tanger, 25 janvier.

J'arrive maintenant à Tanger. Je viens de parcourir la ville. Je suis tout étourdi de tout ce que j'ai vu. Je ne veux pas laisser partir le courrier, qui va tout à l'heure à Gibraltar, sans te faire part de mon étonnement de toutes les choses que j'ai vues. Nous avons débarqué au milieu du peuple le plus étrange. Le pacha de la ville nous a reçus au milieu de ses soldats. Il faudrait avoir vingt bras et quarante-huit heures pour donner une idée de tout cela. Les Juives sont admirables. Je crains qu'il soit difficile d'en faire autre chose que de les peindre : ce sont des perles d'Éden. Notre réception a été des plus brillantes pour le lieu. On nous a régalés d'une musique militaire des plus bizarres. Je suis en ce moment comme un homme qui rêve et qui voit des choses qu'il craint de pouvoir lui échapper...

EUGÈNE.

Tanger, 8 février.

... Il y a eu une occasion dernièrement, j'ai été averti trop tard pour en profiter. Il faut faire comme on peut. Je suis vraiment dans un pays fort curieux. Ma santé y est bonne, je crains seulement un peu pour mes yeux. Quoique le soleil ne soit pas encore très-fort, l'éclat et la réverbération des maisons qui sont toutes peintes en blanc me fatiguent excessivement. Je m'insinue petit à petit dans les façons du pays, de manière à arriver à dessiner à mon aise bien de ces figures de Mores. Leurs préjugés sont très-grands contre le bel art de la peinture, mais quelques pièces d'argent par-ci par-là arrangent leurs scrupules. Je fais des promenades à cheval aux environs qui me font un plaisir infini, et j'ai des moments de paresse délicieuse dans un jardin aux portes de la ville, sous des profusions d'orangers en fleur et couverts de fruits. Au milieu de cette nature vigoureuse, j'éprouve des sensations pareilles à celles que j'avais dans l'enfance; peut-être que le souvenir confus du soleil du Midi, que j'ai vu dans ma première jeunesse, se réveille en moi. Tout ce que je pourrai faire ne sera que bien peu de chose en comparaison de ce qu'il y a à faire ici; quelquefois les bras me tombent et je suis certain de n'en rapporter qu'une ombre.

Je ne me souviens pas si j'ai pu, dans ma dernière lettre, vous parler de ma réception chez le pacha, trois jours après celle qu'il nous fit sur le port; je vous en fatiguerai de reste. Je ne crois pas non plus vous avoir écrit depuis une course que nous avons faite aux environs de la ville avec le consul anglais qui a la manie de monter les chevaux difficiles du pays, et ce n'est pas peu dire, car les plus doux sont tous des diables. Deux de ces chevaux ont pris dispute, et j'ai vu la bataille la plus acharnée qu'on puisse imaginer ; tout ce que Gros et Rubens ont inventé de furies n'est que peu de chose auprès. Après s'être mordus de toutes les manières en se grimpant l'un sur l'autre, et en marchant sur les pieds de derrière comme des hommes, après s'être, bien entendu, débarrassés de leurs cavaliers, ils ont été se jeter dans une petite rivière dans laquelle le combat a continué avec une fureur inouïe. Il a fallu des peines de diable pour les tirer de là.

L'empereur s'apprête à nous faire une réception des plus magnifiques. Il veut nous donner une haute idée de sa puissance. Nous commençons à craindre qu'il ne lui prenne fantaisie d'aller à Maroc nous recevoir : ce qui nous ferait près de quatre cents lieues à cheval pour aller et venir. Il est vrai que c'est un voyage des plus curieux et que très-peu de chrétiens peuvent se vanter d'avoir fait.

Il est probable qu'il nous recevra à Méquinez, une des capitales de l'empire. La meilleure manière de m'écrire est celle-ci : Affranchir jusqu'à la frontière et mettre cette adresse : A M. Thibaudeau, agent consulaire de France, à Gibraltar, pour remettre à Tanger, à M. Delacroix.

Tanger, 29 février.

... Je ne te demande pas de nouvelles, je n'en suis pas plus avide ici qu'à Paris où j'ai l'habitude de ne vivre qu'au gré des émotions que mon cœur me donne... J'en excepte pourtant un petit amour sentimental que je file ici avec une très-jolïe et décente petite Anglaise.

J'emploie avec plaisir une part de mon temps au travail, une autre considérable à me laisser vivre; mais jamais l'idée de réputation, de ce Salon que je devais manquer, comme on disait, ne se présente à moi; je suis même sûr que la quantité assez notable de renseignements que je rapporterai d'ici ne me servira que médiocrement. Loin du pays où je les trouve, ce sera comme des arbres arrachés de leur sol natal; mon esprit oubliera ces impressions, et je dédaignerai de rendre imparfaitement et froidement le sublime vivant et frappant qui court ici dans les rues et qui vous assassine de la réalité. Imagine, mon ami, ce que c'est que de voir couchés au soleil, se promenant dans les rues, raccommodant des savates, des personnages consulaires, des Catons, des Brutus, auxquels il ne manque même pas l'air dédaigneux que devaient avoir les maîtres du monde; ces gens-ci ne possèdent qu'une couverture dans laquelle ils marchent, dorment et sont enterrés, et ils ont l'air aussi satisfaits que Cicéron devait l'être de sa chaise curule. Je te le dis, vous ne pourrez jamais croire à ce que je rapporterai, parce que ce sera bien loin de la vérité et de la noblesse de ces natures. L'antique n'a rien de plus beau. Il passait hier un paysan qui était foutu comme tu vois ici[1]... plus loin voici la tournure qu'avait avant-hier un vil More auquel on donne vingt sous. Tout cela en blanc comme les sénateurs de Rome et les panathénées d'Athènes. Adieu, je ferme ma lettre. Ces musulmans sont très-temporiseurs. Nous ne partons pour Mekenez que lundi, après-demain... J'apprends que le choléra est à Londres. Diable!

---

1. Quelques croquis rapides commentent le texte.

Nous sommes depuis hier dans cette ville, terme de notre
voyage. Nous avons mis une dizaine de jours pour faire cinquante lieues. Cela ne paraît rien. Cela ne laisse pas que
d'avoir sa fatigue quand on va au pas au soleil sur de mauvaises selles. C'est furieusement de l'Afrique à présent. Notre
entrée ici a été d'une beauté extrême, et c'est un plaisir qu'on
peut fort bien souhaiter de n'éprouver qu'une fois dans sa vie.
Tout ce qui nous est arrivé ce jour-là n'était que le complément de ce à quoi nous avait préparés la route. A chaque instant on rencontrait de nouvelles tribus armées qui faisaient
une dépense de poudre effroyable pour fêter notre arrivée.
Chaque gouverneur de province nous remettait à celui qui
suivait, et notre escorte, déjà très-considérable, s'augmen-
tait de la garde de ces nouveaux venus. De temps en temps
nous entendions quelques balles oubliées qui sifflaient au
milieu de la réjouissance. Nous avons eu entre autres un passage de rivière, bien entendu sans ponts et sans bateaux, qui
peut être comparé au passage du Rhin pour la quantité de
coups de fusil qui nous accueillaient. Mais tout cela n'était
rien au prix de notre réception dans la capitale. On nous a
d'abord fait prendre le plus long pour nous faire tourner
alentour et nous faire juger de son importance. L'empereur
avait ordonné à tout le monde de s'amuser et d'aller nous
faire fête sous les peines les plus sévères, de sorte que la
foule et le désordre étaient extrêmes. Nous savions qu'à la
réception des Autrichiens qui sont venus il y a six mois,
il y avait eu douze hommes et quatorze chevaux tués par
divers accidents. Notre petite troupe avait donc beaucoup
de peine à se maintenir ensemble et à se retrouver au milieu des milliers de coups de fusil qu'on nous tirait dans la
figure. Nous avions la musique en tête et plus de vingt dra-

peaux portés par des hommes à cheval. La musique est également à cheval : elle consiste dans des espèces de musettes et des tambours pendus au cou du cavalier, sur lequel il frappe alternativement et de chaque côté avec un bâton et une petite baguette. Cela fait un vacarme extrêmement étourdissant qui se mêle aux décharges de la cavalerie et de l'infanterie et des plus enragés qui perçaient tout autour de nous pour nous tirer à la figure. Tout cela nous donnait une colère mêlée de comique que je me rappelle à présent avec moins d'humeur. Ce triomphe, qui ressemblait au supplice de quelques malheureux qu'on mènerait pendre, dura depuis le matin jusqu'à quatre heures de l'après-midi. *Nota benè* que nous avions à peine pris un léger à-compte sur le déjeuner à sept heures du matin sous notre tente. Au milieu de ma fureur, j'ai remarqué dans cette ville des édifices fort curieux toujours dans le style moresque, mais plus imposants qu'à Tanger.

20 mars.

Dans ce moment, nous sommes prisonniers dans une maison de la ville environ depuis cinq ou six jours, jusqu'au moment où nous aurons notre audience. Étant toujours en présence les uns des autres, nous sommes moins disposés à la gaieté et les heures paraissent fort longues, quoique la maison où nous logeons soit fort curieuse pour l'architecture moresque, qui est celle de tous les palais de Grenade dont vous avez vu les gravures. Mais j'éprouve que les sensations s'usent à la longue, et le pittoresque vous crève tellement les yeux à chaque pas, qu'on finit par y être insensible. On a apporté avant-hier un paquet de lettres. C'était un piéton expédié de Tanger, car on n'a aucun moyen de communiquer dans ce pays où il n'y a ni routes, ni ponts, ni bateaux sur les rivières...

Nous avons à rester ici environ une dizaine de jours

encore. Je vous écrirai de Tanger pour vous parler de l'époque probable de mon retour.

23 mars.

Nous avons eu hier l'audience de l'empereur[1]. Il nous a accordé une faveur qu'il n'accorde jamais à personne, celle de visiter ses appartements intérieurs, jardins, etc. Tout cela est on ne peut plus curieux. Il reçoit son monde à cheval lui seul, toute sa garde pied à terre. Il sort brusquement d'une porte et vient à vous avec un parasol derrière lui. Il est assez bel homme. Il ressemble beaucoup à notre roi : de plus la barbe et plus de jeunesse. Il a de quarante-cinq à cinquante ans. Il était suivi de sa voiture de parade : c'est une espèce de brouette traînée par une mule. Il s'agit maintenant de ne pas pourrir trop longtemps en Afrique. Je crains qu'on ne nous retienne beaucoup à Tanger...

Pierret, veux-tu, quand tu iras à mon atelier, faire descendre le ressort du chevalet qui porte la bataille de Nancy[2] pour qu'il se fatigue moins et que le tableau porte en bas ; c'est un peu tard, mais n'importe.

Méquinez, 2 avril.

Cher ami, je suis encore ici ; vous voyez que nous ne nous trompions pas beaucoup quand nous calculions que les trois mois au moins seraient employés au voyage. Heureusement les affaires sont terminées et nous partons après-demain pour retourner à Tanger, d'où, je pense, nous ne tarderons pas à nous embarquer. Il y a la perspective de la quarantaine qui n'est pas amusante ; mais quand on a une fois touché terre et surtout celle où l'on a laissé tous ses souvenirs, c'est une

---

1. *La Réception de l'empereur Abd-ehr-Rhaman,* que lui inspira cette audience et qui est une de ses belles toiles, est aujourd'hui au musée de Toulouse.

2. La *Bataille de Nancy,* aujourd'hui dans le musée de Nancy.

pénitence moins dure que celle à laquelle je suis soumis depuis dix-huit ou vingt jours que je suis ici comme un prisonnier. Je vous ai mandé dans ma première lettre que nous avions eu l'audience de l'empereur. A partir de ce moment, nous étions censés avoir la permission de nous promener par la ville; mais c'est une permission dont moi seul j'ai profité entre mes compagnons de voyage, attendu que l'habit et la figure de chrétien sont en antipathie à ces gens-ci, au point qu'il faut toujours être escorté de soldats, ce qui n'a pas empêché deux ou trois querelles qui pouvaient être fort désagréables à cause de notre position d'envoyés. Je suis escorté, toutes les fois que je sors, d'une bande énorme de curieux qui ne m'épargnent pas les injures de chien, d'infidèle, de *caracco*, etc., qui se poussent pour s'approcher et pour me faire une grimace de mépris sous le nez. Vous ne sauriez imaginer quelle démangeaison on se sent de se mettre en colère, et il faut toute l'envie que j'ai de voir pour m'exposer à ces gueuseries. J'ai passé la plupart du temps ici dans un ennui extrême, à cause qu'il m'était impossible de dessiner ostensiblement d'après nature, même une masure. Même de monter sur la terrasse vous expose à des pierres ou à des coups de fusil. La jalousie des Mores est extrême, et c'est sur les terrasses que les femmes vont ordinairement prendre le frais ou se voir entre elles.

On nous a envoyé l'autre jour des chevaux pour le roi (on vient de m'en envoyer un), une lionne, un tigre, des autruches, des antilopes, une gazelle, etc., ou une espèce de cerf, qui est une méchante bête qui a pris en grippe une de ces pauvres autruches et l'a embrochée de ses deux cornes, ce dont celle-ci a trépassé ce matin. Voilà les événements qui varient notre existence. Du reste, point de nouvelles...

Je ne vous parle pas de toutes les choses curieuses que je vois. Cela finit par sembler naturel à un Parisien logé dans

un palais moresque, garni de faïences et de mosaïques.
Voici un trait du pays : hier, le premier ministre, qui traite
avec Mornay, a envoyé demander une feuille de papier
pour nous donner la réponse de l'empereur. Avant-hier,
on lui avait envoyé une selle en velours et en or qui est ines-
timable.

Tanger, 5 juin.

... Je reviens de l'Espagne, où j'ai passé quelques semaines : j'ai vu Cadix, Séville, etc. Dans ce peu de temps,
j'ai vécu vingt fois plus qu'en quelques mois à Paris. Je suis
bien content d'avoir pu me faire une idée de ce pays. A notre
âge, quand on manque une belle occasion comme celle-ci
elle ne se retrouve plus. J'ai retrouvé en Espagne tout ce que
j'avais laissé chez les Mores. Rien n'y est changé que la re-
ligion; le fanatisme, du reste, y est le même. J'ai vu les belles
Espagnoles, qui ne sont pas au-dessous de leur réputation.
La mantille est ce qu'il y a au monde de plus gracieux. Des
moines de toute couleur, des costumes andalous, etc. Des
églises et toute une civilisation comme elle était il y a trois cents
ans... Je suis revenu ici depuis trois jours et j'y suis attendant
l'ordre de revenir. Nous passerons par Oran avant de toucher
la belle patrie. Quand l'idée de retour me vient en tête, je
l'écarte ; qui vais-je trouver mort ou infirme à jamais? Quelles
nouvelles révolutions nous préparez-vous avec vos chiffon-
niers et vos carlistes, et vos Robespierres de carrefours? *Tem-
pora!...* Est-ce à ce prix qu'on achète la civilisation et le bonheur d'avoir un chapeau rond au lieu d'un burnous?

Le climat de Tanger est délicieux; il n'y fait pas à beaucoup près aussi chaud qu'en Espagne, surtout dans l'intérieur
de l'Andalousie. Ma santé va toujours, mais la vôtre? Écris-
moi toujours ici, peut-être n'y serai-je plus dans deux jours.
Mais tout est incertain.

Toulon, 5 juillet 32.

Je suis ici depuis ce matin seulement. Nous sommes partis de Tanger il y a plus d'un mois; mais nous devions voir
Oran et ensuite Alger, d'où nous arrivons. Je ne suis pas fâché
d'avoir été à même de comparer ces lieux-là avec mon Maroc,
et, en bonne conscience, quoique le temps de mon voyage
ait de beaucoup dépassé ce que j'avais calculé, il. aura été
curieux de voir tant de choses diverses. Les vents contraires
nous ont fatigués. Nous commençons un vrai purgatoire :
c'est l'insipide quarantaine. La promenade pendant quelques
instants dans un clos pelé, où il n'y a pas un arbre qui m'aille
au genou et avec le soleil du pays, c'est une faible ressource.
Il y a la perspective agréable de trois cimetières propres à
enterrer les gens qui meurent autant d'ennui, je pense, que
de peste, et le meuble principal qui occupe agréablement
l'entrée est une table de pierre sur laquelle on fait l'autopsie
des trépassés. N'est-il pas dur d'être en France et d'y être
traité en prisonnier et en Africain...?

A M. LE COMTE CH. DE MORNAY.

Ce 4 janvier.

Mon bon ami, vous avez pris la peine de passer hier chez
moi, je suis bien fâché de ne pas m'y être trouvé. Je suis très-
invalide tous ces jours-ci et Cythère n'y a point part. Je ne
vous ai point mis de carte, mais je suis bien aise et j'ai besoin
de vous dire encore, que vous avez en moi un aussi véritable
ami qu'il en puisse être, je crois, et quelque chose me dit que
vous n'en doutez pas et que vous êtes pour moi le même.

Adieu, cher compagnon d'ennui et de détresse qui m'avez
tant aidé à les supporter.

Recevez les vœux d'un cœur dévoué.

La Liberté, revue des arts, journal-revue qui contenait des eaux-fortes et des lithographies, était l'organe d'un groupe de romantiques violents.

AU DIRECTEUR DE *L'ARTISTE*.

10 janvier 1833.

Monsieur,

Je lis dans le journal intitulé : *la Liberté, revue des arts* (numéro du 30 décembre 1832), un article signé E. DELACROIX, ayant pour titre : *Influence du commerce et du gouvernement dans les arts.* Plusieurs personnes me l'ayant attribué, j'ose solliciter de vous la faveur de faire connaître, par la voie de votre journal, que je ne suis pas l'auteur de cet article, et que je ne participe point à la rédaction du journal *la Liberté.*

Agréez, monsieur, l'assurance de ma haute considération.

E. DELACROIX,
Peintre.

M. Pierret avait mis à la main sur cette lettre : *1833.* On voit poindre ici les premières attaques de cette maladie de la gorge qui ne quitta plus Delacroix.

A M. PIERRET,
CHEZ M. RIESNER, A FRÉPILLON,
PAR SAINT-LEU-TAVERNY.

Samedi.

Cher ami, je m'acquitte de ma promesse. J'ai bien fait le voyage : je ne puis espérer encore un grand changement puisque je ne suis ici que depuis un jour et demi. Je reconnais maintenant que si j'avais observé plutôt le régime de silence que je suis ici plus facilement, je serais guéri depuis long-temps, car sous le rapport de la voix, je suis moins avancé que jamais. Mais comme cette nature est séduisante! Mon ami, il faut venir au mois de mars dans ce village pelé des environs de Paris, comme ils sont tous, pour renverser en esprit tous les systèmes sur le beau, l'idéal, le choix, etc. La plus pauvre allée avec ses baguettes toutes droites, sans feuilles, dans un horizon plat et terne, en dit autant à l'imagination que tous les sites les plus vantés. Ce petit cotylédon qui perce la terre, cette violette qui répand son premier parfum sont ravissants. J'aime autant cela que les pins d'Italie qui ont l'air de panaches et les fabriques dans les paysages qui sont comme des assiettes montées pour le dessert. Vive la chaumière! vive tout ce qui parle à l'âme!

Heureux qui possède un coin de terre ; mais si ce coin de terre a dix mille arpents, je n'en veux pas sans souvenirs qui m'y rattachent et m'y rappellent à chaque pas ceux que j'ai aimés. Je préférerais à une villa magnifique le plus petit enclos où se serait passée ma jeunesse. Mais il n'y faut plus penser.

Voilà mes rêveries ici. Peut-être y travaillerai-je un peu ; mais seulement pour me faire sentir plus de plaisir à aller me promener.

A M. SCHWITER.

A LONDRES.

3 juillet 1833.

Mon cher Schwiter,

... Quant à des pratiques bénévoles, vous en trouverez tout autour du globe. Du reste je dois vous avouer que je

vous en ai soufflé une. Maurice qui est ici a voulu absolument avoir un portrait : il voulait qu'il fût fait par vous, et
en votre lieu et place il m'a accepté. Vous voyez que souvent la fortune nous attend quand nous courons après elle.
Vous la trouverez peut-être à votre porte ou sur une borne.

... Faites, je vous prie, mille compliments aux Elmore, à
Rochard, aux Fielding. Savez-vous que sur votre lettre où
vous parliez des expositions de Lawrence et de Reynolds, j'ai
été sur le point de partir? Mais j'ai passé l'âge des étour-
deries.

E. DELACROIX.

M. Elmore était un marchand de chevaux. M. Rochard était un miniaturiste bon coloriste, de qui
M. Schwiter possède encore plusieurs œuvres.

Delacroix a dessiné, d'après le baron Schwiter,
son élève, un portrait en lithographie, lequel, malheureusement, comme tous ces trésors d'effet et
d'originalité, n'a été imprimé qu'à quelques épreuves,
devenues introuvables.

La lettre dont nous donnons ci-contre le fac-
simile est adressée au frère du peintre Gabriel Decamps.

Le Musée, Revue du Salon de 1834, par Alexandre
D... (Paris, Abel Ledoux), forme un volume grand in-8°
carré, orné d'eaux-fortes par Delacroix, Célestin
Nanteuil, Paul Huet, les frères Johannot, Barye, Decamps, Jadin, Ziégler, Cabat, Flers, Feuchères, etc

Monsieur
Monsieur Alexandre Decamps
rue du faubourg St Denis
N° 109.

Mon cher Monsieur,

Recevez mes remerciments du soin que vous voulez bien prendre au sujet de mon tableau, le prix est de 6,000. Veuillez le dire à la personne qui s'en est informée.

Je n'ai pas vu encore la gravure de Mr. Hauteuil. Je vous serai bien obligé, comme vous me l'offrez, de m'en mettre à part quelques epreuves, de même que de celle des chevaux s'il est possible avant l'opération du transport sur pierre; ce qui ôte un peu la finesse de la touche.

Mille assurances de reconnaissance et de devouement.

Eug Delacroix

Ce Dimanche

Le tirage que l'on rencontre ordinairement ne renferme que des reports sur pierre, d'ailleurs très-intéressants, exécutés par le procédé Delaunois. Les *Chevaux* sont une eau-forte de Delacroix d'après son tableau *Choc de cavaliers maures*.

M. ZIMMERMANN.

RUE SAINT-LAZARE, N° 40, PLACE D'ORLÉANS.

3 mai 1834.

Y aurait-il moyen, mon cher ami, d'obtenir par votre entremise deux billets pour aller à la messe en musique qui aura lieu pour Choron, aux Invalides, ou bien pourriez-vous me dire à qui il faudrait s'adresser pour cela ? Voilà bien longtemps que je ne vous ai vu pour venir vous importuner d'une requête. J'ai eu beaucoup de tristes sujets de vivre en solitaire depuis quelque temps, et je compte aussi sur votre indulgence et votre amitié.

Adieu, mille amitiés sincères, et ne vous occupez de ce que je vous demande que si cela ne vous dérange pas trop.

EUG. DELACROIX.
Quai Voltaire, 15.

Ce mardi matin.

Cet autographe du maître que possédait M. Sensier, a figuré dans la vente posthume du cabinet de cet amateur distingué (février 1878).

A SOULIER.

J'ai appris la fin prématurée de mon bon Charles, de mon bon neveu, le seul reste de ma triste famille et qui devait être mon dernier ami dans l'ordre de la nature, puisque son âge me permettait d'espérer qu'il me verrait mourir. Il revenait de Valparaiso chargé de missions importantes qui devaient contribuer à son avancement. Je l'attendais plein d'espoir. A la Vera-Cruz il a pris le germe de la fièvre jaune qui l'a emporté en quarantaine à New-York, le 22 mai dernier. Tu comprendras ce que j'ai souffert.

... Je ne sais si je t'ai déjà prévenu que Pierret est chargé par son ministère d'inspecter la chaîne des forçats qui va à Brest, que cela lui vaudra une gratification et de plus l'avantage de voir un pays qu'il ne connaît pas...

EUG. DELACROIX.

A M. ***.

Monsieur,

N'ayant pu presque sortir depuis plus d'un mois, à cause d'une indisposition assez grave qui m'est survenue, je n'ai pu comme je le désirais aller rappeler à votre souvenir que vous m'aviez fait espérer qu'il pouvait se trouver quelque occasion d'employer le jeune Riesner dans les travaux de Versailles. Je prends le parti d'en appeler encore à votre obligeance sur ce sujet. Un encouragement venu du gouvernement, si peu important qu'il soit, serait un motif d'émulation pour un jeune homme dont le talent n'a pu encore être suffisamment apprécié.

Recevez, avec mes excuses de mon importunité, l'assurance de ma haute considération et de mes sentiments de reconnaissance pour tout ce dont je suis déjà redevable à votre obligeance pour moi.

Votre dévoué serviteur,

EUG. DELACROIX.

A M. RICOURT.

CHEZ M. MESNIER, LIBRAIRE, PLACE DE LA BOURSE, N° 5.

(1836?)

Mon cher Ricourt, je suis désolé de vous apprendre que la planche que je fais ne pourra servir. J'ai eu le dessin si tard et il était si peu exact que voulant me presser et ne m'y retrouvant pas, je ne peux absolument pas m'en tirer. Ce que je regrette surtout, c'est le désagrément que cela vous cause. Si vous ne pouvez absolument remplacer le dessin, annoncez que vous en donnerez trois à la prochaine livraison. Croyez que je suis personnellement très-vexé de ne pouvoir le faire paraître en même temps que l'article où il en sera question. Mais il faut ce qu'il faut et je risque de me rendre complétement ridicule.

Votre désolé camarade,

EUG. DELACROIX.

Ce jeudi.

Achille Ricourt, mort en 1875, avait fondé *l'Artiste* en 1831, avec le concours de tout ce qu'il y avait d'esprits hardis dans les arts et les lettres. Eugène Delacroix lui donna plusieurs lithographies, ce qu'il appelait non sans justesse « des dessins ». S'agit-il ici d'une reproduction de l'*Hamlet*, tableau qui avait été refusé par le jury, et n'en est pas moins une des pages les plus parfaites de son œuvre?

L'original de cette lettre appartient à la Bibliothèque nationale.

A M. DE CAILLEUX.

SOUS-DIRECTEUR DES MUSÉES ROYAUX DU LOUVRE.

Le 25 mars 1836.

Monsieur,

Je vous serais bien reconnaissant s'il vous était possible de faire mettre momantanément mon tableau de *Saint Sébastien* dans un lieu où il pût être dessiné par M. Alophe qui vous remettra cette lettre. Si cette demande n'était pas trop indiscrète, dans le moment où vous devez avoir tout l'embarras du déplacement des tableaux, je vous aurai une grande obligation de cette permission.

J'ai l'honneur d'être, etc.

EUG. DELACROIX.

Il s'agit d'un *Saint Sébastien* qui fut acheté 3,000 fr. par l'État et donné à la ville de Nantua. Vendu 23,000 fr., en 1869, par la fabrique, ce tableau donna lieu à un procès qui se termina par une réintégration. Il a été non pas gravé, mais assez pauvrement lithographié par Menut Alophe.

A M. LE PRÉSIDENT DE LA CLASSE DES BEAUX-ARTS,

A L'INSTITUT.

Paris, le 4 février 1837.

Monsieur le Président,

Je vous prie de vouloir bien faire agréer, par la classe des Beaux-Arts, ma candidature à la place vacante dans son sein par la mort de M. Gérard. En mettant sous ses yeux les titres sur lesquels je pourrais fonder mes prétentions à l'honneur que je sollicite, je ne puis me dissimuler leur peu d'importance, surtout dans cette occasion où la perte d'un maître aussi éminent que M. Gérard laisse dans l'école française un vide qui ne sera pas comblé de longtemps.

Voici, toutefois, les noms de quelques-uns des ouvrages sur lesquels je prends la liberté d'appeler les souvenirs indulgents de l'Académie :

Le *Dante et Virgile*, le *Massacre de Scio*, le *Christ au Jardin des Oliviers*, *Marino Faliero*, le *28 Juillet 1830*, les *Femmes d'Alger*, *Saint Sébastien*, les peintures de la Chambre des députés, etc., etc.

J'ai l'honneur d'être, avec la plus haute considération,

Monsieur le Président,

Votre très-humble et très-obéissant serviteur,

EUG. DELACROIX.

L'Académie des Beaux-Arts élut M. Schetz. Le

22 mars 1838, Delacroix sollicita dans les mêmes termes le fauteuil de M. Thévenin et se vit préférer M. Langlois. Le 28 décembre 1838, mêmes sollicitations : M. Couder fut élu.

A TH. THORÉ.

(Vers 1837.)

Monsieur,

Je serai fort empressé à répondre à l'aimable ouverture que vous voulez bien me faire. Mon ami Préault m'avait déjà fait espérer le plaisir de vous connaître et je savais aussi déjà combien je suis redevable à cette sympathie que vous m'annoncez. N'ayant rien de fixe qui me retienne chez moi dans ce moment, voulez-vous bien me fixer le jour et l'heure où il vous conviendrait de vous y rencontrer ou m'assigner tout autre rendez-vous ?

J'en excepterais dimanche prochain, jour où je ne pourrais prendre d'engagement que pour la fin de la journée.

Recevez, monsieur, mille assurances de considération sincère et d'entier dévouement,

EUG. DELACROIX.

Ce jeudi.

Il ne faut point oublier que, sous la double forme Th. Thoré et W. Bürger, cet honnête et passionné critique fut jusqu'à sa mort le défenseur de l'œuvre de Delacroix.

A TH. THORÉ.

Samedi.

Cher monsieur,

J'ai bien regretté de ne pas me trouver chez moi. Je vous envoie ce que vous me demandez. Je pars à l'instant pour deux ou trois jours pour la campagne. Voudriez-vous choisir un jour que vous m'indiqueriez à partir de mercredi prochain pour aller ensemble voir mes travaux de la Chambre des députés? Comme ils tiennent de la place au moins par leur dimension parmi les ouvrages que j'ai faits jusqu'ici, vous serez peut-être bien aise d'en avoir une idée. Pour moi, je mets toute coquetterie à part pour vous avouer que j'en suis content; il est bien entendu que c'est dans la mesure de ce que la nature me permet de produire. Recevez, avec cette confession naïve, l'assurance que je vous renouvelle de mon bien vrai dévouement.

Eug. Delacroix.

Delacroix venait de terminer la décoration du Salon du roi.

A THORÉ,

RUE TAITBOUT, N° 9.

Ce 2 mars 1837.

Mon cher monsieur,

Je suis aussi confus que reconnaissant de l'article que vous avez fait sur moi dans *le Siècle*. Je crois que je suis un peu de l'avis de l'estimable Buloz. Ma vanité et ma prude modestie se livrent un combat, et au fond je cherche à être de votre avis.

Croyez cependant que ce que vous dites de plus vrai est ce qui concerne cette ardeur inquiète qui m'entraîne toujours vers cette région que je n'atteindrai jamais; au commencement d'un travail, l'imagination s'exalte et vous promet tout autre chose que ce qu'elle réalise. On ne peut donc quand on a fini que jeter (*sic*) un coup d'œil de regret sur cet informe composé de bien et de mauvais qu'on appelle la production d'un artiste. C'est donc peut-être une faiblesse plutôt qu'une vertu, que ce vague désir qui nous porte à passer outre quand on a traversé une province et à craindre en revenant sur ses pas de remettre le pied dans les mêmes traces.

Vous me parlez d'un autre article où vous parlez de mes peintures du palais Bourbon. Serez-vous assez bon pour m'indiquer où je pourrais le trouver?

Au plaisir de vous voir encore une fois, et de vous exprimer de vive voix le plaisir que vous m'avez fait.

EUG. DELACROIX.

L'article de Th. Thoré avait été présenté à la *Revue des Deux Mondes*, et refusé par M. Buloz comme trop louangeur.

A. M. G.

Mon cher ami,

Mme de F... n'ira probablement pas aux Français, parce qu'il a été impossible de joindre Dumas pour avoir un mot de sa main qui était nécessaire pour retirer les coupons. De sorte que je ne sais comment elle s'en tirera. Moi qui avais une place dans sa loge, j'ai donné ma stalle, de sorte que je vivrai ce soir sans Caligula,

Avec lequel je vous embrasse.

EUGÈNE.

Caligula a été représenté aux Français le 26 décembre 1837.

AU BARON CH. RIVET.

15 février 1838.

... J'aurais à vous remercier, non-seulement du succès que je dois tout entier à vous, j'en suis bien sûr, mais plus encore de votre bonne et constante amitié. Je sais bien ce qui effacerait mes torts pour un homme comme vous : ce serait tout bonnement de me mettre en diligence et d'arriver tout botté au coin de votre feu. Mais ce sont de ces bonheurs qu'il m'est permis de rêver, et, je ne sais par quel destin contraire, qu'il ne m'est jamais permis de goûter. Sans compter les mille raisons qui sont toujours là pour accrocher un homme de la triste race artiste, je suis sur la piste de deux ou trois intrigues, dont pas une, sans doute ne réussira, dans le but d'avoir à peindre quelques pieds de muraille qui ne me rapporteraient sans doute pas plus de profits que ce que j'ai déjà fait, mais qui satisferaient le besoin de faire grand qui devient excessif quand une fois on en a goûté. Vous ne m'auriez pas cru si perfectionné, n'est-ce pas, mon ami? C'est pourtant ce qui arrive, et Dieu en ordonnera comme il voudra.

En attendant, les mois se passent et je ne vous vois point, et je ne vois point Venise que nous aimons tant, ni Rome, ni tant d'autres bonnes choses. J'avais bien pour cette année le projet de vous surprendre en y allant dans cette Italie qui semble chaque année reculer devant moi par cette suite des entraves perpétuelles qui nous enchaînent, nous autres « gens indépendants »...

Que j'aurais désiré que mon triste tableau, s'il vous a plu le moins du monde, vous fût échu! J'en suis d'autant plus fâché pour Mme Rivet en particulier, que je crains bien qu'il ne se présente de sitôt sous ma main un sujet aussi conciliant, si je puis parler ainsi. Mes inclinations tragiques me dominent toujours et les Grâces me sourient rarement...

M. Ch. Rivet était, à cette époque, préfet du Rhône.

Le tableau auquel il est fait allusion paraît lui avoir été payé 1200 francs. C'était, croyons-nous, un épisode tiré des *Natchez*.

Le couronnement de la reine Victoria eut lieu en 1838. Cette lettre ne semble être que de peu postérieure à cette cérémonie. L'ami à qui Delacroix avait confié ses lettres était vraisemblablement Philarète Chasles.

A M. CH. DE MORNAY.

30 juillet.

Cher Charles, après vous être étonné de ne rien recevoir de moi jusqu'ici, vous vous demanderez sans doute comment j'ose vous écrire à présent. Apprenez cependant que toutes les mauvaises excuses qu'on peut faire et qui n'en sont pas, je vous les avais faites dans une lettre dont j'avais chargé un de mes amis qui était allé en Angleterre pour le couronnement et qui m'avait assuré, lui et d'autres, que vous y étiez. Mlle Mars m'a détrompé et veut bien vous envoyer celle-ci avec la sienne. Faites donc, bon ami, comme si vous aviez reçu l'autre, faites surtout comme si je vous avais persuadé que mes raisons sont excellentes et pardonnez mon indigne paresse. C'est une affreuse habitude qui pour comble de misère ne fait que s'augmenter tous les jours, et qui finira par me rendre impossible de mettre la main à une plume. Ni frère, ni ami, rien au monde ne me tire de ce bourbier, et je n'en travaille pas davantage, je vous assure. Je me dis que cela se passera. A peine ai-je commencé que je suis enchanté de ma vaillance et que je m'étonne de m'être refusé si longtemps le plaisir de causer avec un ami : vous surtout si isolé et qui devez ressentir si fort le besoin de recevoir quelque chose de cette patrie qui n'est ni dans les rodomontades des journaux, ni dans les sottises de Paris, mais dans les souvenirs d'amour ou d'amitié qu'un lien nous laisse. Nous vous tiendrons encore cet hiver, nous fait-on espérer, dans ce centre qui vous regrette et auquel vous devez aspirer plus qu'un autre, quand on pense au pays que vous habitez. Venez donc vite! Deux minutes de conversation en disent plus que cent volumes de lettres, où on ne dit jamais ce qu'on veut dire, et où tout vous vient quand la poste est partie. Croyez cependant que je ne dis pas du mal des lettres pour m'excuser d'en écrire si peu. Je me rappelle encore avec émotion combien elles m'étaient précieuses quand j'étais loin d'ici. Vous vous rappelez sans doute que nous avons manqué d'assommer Desgranges pour l'avoir vu accablé de marques de souvenirs pendant que nous languissions privés de nouvelles[1]. Ces souvenirs maintenant sont pour moi pleins de douceurs. Je dois à ce voyage-là votre amitié. Je vous ai apprécié là plus que je n'aurais fait en dix ans de ma vie de tous les jours. Conservez-moi donc cette précieuse affection-là en dépit de ma négligence à la cultiver.

Je ne vous dirai pas que la vie que je mène me donne trop de distraction. C'est toujours à peu près la même. De nouvelles donc, il ne faut pas m'en demander. Je sais tou-

---

1. Pendant le voyage au Maroc.

jours ce qui se passe un mois après tout le monde, et vous
pourriez m'apprendre, si vous le vouliez, de Stockholm, ce
qui se passait il y a un mois à Paris. De la peinture, un peu
de femelle, voilà pour la vie habituelle, et la plus grande
partie du temps je dors ou je peste contre le destin.

Adieu, bon et cher Charles, pardonnez-moi mes erreurs;
prouvez-le-moi en me répondant. Répondez à l'homme
d'Afrique si vous trouvez que l'homme d'à présent en est
indigne. C'est pourtant toujours le même pour vous, mon cher
ami, et il le sera toujours.

˙A vous.

Á M. ***.

23 août 1838.

Monsieur, après tant de temps et d'efforts ridicules pour
faire la ressemblance d'un homme que je puis presque dire
que je n'ai point vu, je vous envoie néanmoins ce triste produit, non pas, je vous le répète, comme le portrait de Yousouf,
mais comme la seule preuve que je puisse vous donner maintenant du désir bien vif que j'avais de faire quelque chose
qui vous fût agréable. Vous le donnerez donc pour le portrait
d'un Arabe quelconque, en attendant que je trouve l'occasion
de vous faire quelque chose qui soit moins éloigné de ce que
je puis faire et d'un genre qui se rapproche davantage de ce
que je puis tenter.

Recevez donc encore une fois mes excuses, monsieur, et
veuillez croire à la haute et respectueuse considération

De votre dévoué serviteur

Eug. Delacroix.

L'encadreur saura tracer l'ovale avec la bordure. Je ne l'ai pas tenté de peur de le faire de travers.

Je n'ai pas verni la peinture, il vaut mieux la laisser sécher quelque temps.

A M. PIERRET.

Valmont, 5 septembre 1838.

Cher bon, nous sommes ici après maintes traverses et maintes excursions. La nouvelle m'arriva par le journal que le ministre m'a chargé, par décision officielle, de la bibliothèque de la Chambre. Sois assez bon pour t'informer et m'informer le plus tôt possible si ce n'est pas une mystification. Elle me serait sensible.

Autre commission que je réclame de ta bonté : ce serait, en te promenant, d'aller au coin de la rue Grange-Batelière et du boulevard, chez Pleyel, facteur de pianos, le prier de faire enlever de chez moi, Delacroix, rue des Marais-Saint-Germain, 17, le piano que M. Chopin y a fait porter il y a deux mois environ. Tu lui dirais que je l'ai oublié en partant pour la campagne, et, soit à mon retour, soit avec toi, il en réglera le prix de location.

... J'ai vu passablement de pays, la mer, beaucoup, que je sais par cœur à présent : Dieppe, Tréport, Fécamp, etc. Des ennuis d'auberge et de grande route en quantité et des plaisirs rares, voilà ma vie depuis que je t'ai quitté. La peinture aussi me paraît plus facile depuis que je ne peux pas en faire. Adieu... Un petit mot de ta plume à ton vieux peintre. Rien ne me vieillit comme de revoir ces lieux que

10

j'ai vus tout enfant et qui n'ont pas bougé. Que de choses depuis!...

EUG. D.

_____

A M. PIERRET.

La Haye, 21 septembre 1838.

Il y a bien longtemps, bon ami cher, que je devrais t'avoir donné de mes nouvelles. Croirais-tu que depuis tout ce temps j'ai à peine trouvé une lacune pour te parler de mes impressions? Cela te prouvera au moins que je ne me suis pas ennuyé. Mais ce que tu croiras sans peine, c'est que je t'ai bien désiré devant les belles peintures que j'ai vues.

Je n'ai pas éprouvé l'effet que j'en redoutais. Je craignais d'être tout à fait abattu. Au contraire, et pour ne parler que de Rubens, qui est le Dieu de tout ce monde-là, j'ai vu ici ce que je n'avais pu comparer ailleurs, c'est combien il a été inégal comme tout le monde. Auparavant, je ne lui croyais qu'une manière; il est facile de voir dans les ouvrages de ce pays-ci qu'il a fait tous les essais et connu toutes les incertitudes : il est tantôt l'imitateur de Michel-Ange, qui, du reste, lui revient souvent; tantôt de Véronèse et du Titien, et presque toujours dans ces phases diverses il est emprunté et gêné. Quand il veut s'appliquer, il est froid et sec ; quand il s'affranchit de ses modèles, il est le grand Rubens.

Je te détaillerai cela. J'ai bien vu Anvers. Je n'ai pas vu Gand. Peut-être irai-je pour y voir un ou deux magnifiques ouvrages de lui.

Je reviens d'Amsterdam et j'espère dans quatre ou cinq jours au plus être à Paris. Il y a aussi de très-belles choses à Amsterdam. Tu en as une idée par les esquisses de Poterlet.

Je suis ici depuis hier soir. Je t'écris le matin avant d'avoir rien vu. Mais je ne resterai pas plus d'un jour. Je crois véritablement avoir rêvé. Tant de plaisirs divers et d'émotions de tout genre à la fois, c'est un véritable rêve qu'on ne fait qu'une fois dans la vie. — Je t'envoie une lettre que je te prie bien d'envoyer *de suite* à Soulier, avec prière de la renvoyer *de suite* à son adresse...

E. D.

A M. DE SALVANDI,

AU MINISTÈRE DE L'INTÉRIEUR, 3ᵉ DIVISION, Iᵉʳ BUREAU[1].

Paris, ce 18 octobre 1838.

Monsieur le ministre, j'éprouve le besoin, dès mon arrivée à Paris, de vous exprimer ma reconnaissance pour la distinction flatteuse dont vous avez bien voulu m'honorer en me choisissant pour exécuter les peintures qui doivent décorer la bibliothèque du Palais de la Chambre des députés. Voudrez-vous bien recevoir en même temps l'assurance de tout l'empressement que je mettrai à me rendre digne de cette marque de votre bienveillance par le soin et l'assiduité que je m'efforcerai d'apporter à la conduite et à l'achèvement de travaux aussi importants?

J'ai l'honneur d'être, avec un profond respect, monsieur le ministre, votre très-humble et très-obéissant serviteur.

EUG. DELACROIX.

---

1. Cette lettre, dont l'original appartient à M. B. Fillon, a été publiée dans l'*Art*.

A ALFRED DE MUSSET[1].

Mon cher Musset,

Avez-vous encore la possibilité de me faire recommander
à Paër pour l'élection prochaine à l'Institut? Si cela ne vous
engage pas trop ni ne vous dérange, je vous demanderai le
même service que l'année dernière ; mais surtout ne vous
gênez pas si vos rapports ne sont plus les mêmes.

Au plaisir de vous voir et mille amitiés bien sincères.

EUG. DELACROIX.

Ce 27.

Paer étant mort en 1839, le 3 mai, et Delacroix
parlant de « l'année dernière », cette lettre indique
une des sollicitations pour le fauteuil académique
que nous avons indiquées ci-avant, page 137.

A M. J. JANIN,

BUREAUX DE L'*Artiste*, RUE DE SEINE-SAINT-GERMAIN.

Mon cher Janin,

Je suis retenu chez moi depuis près de quinze jours par une
indisposition, sans cela j'aurais été vous remercier de ce que

---

1. Nous empruntons ce billet à la première édition des *Contemporains*, d'Eugène de Mirecourt, où on le rencontre imprimé en *facsimile*.

vous voulez bien dire d'obligeant à mon sujet dans l'*Artiste*.
Quoique je n'aie pas encore obtenu d'être rangé au nombre
des bons sujets de la peinture, dociles aux avis de *l'Écluze*
et autres, je n'en suis pas moins très-flatté d'occuper de moi.
Tenir de la place, voilà, il faut en convenir, l'ambition de
tous nous autres, et en tenir autant dans vos lignes, mon
cher Janin, est chose plus flatteuse encore.

Recevez encore mes remercîments et amitiés bien sincères.

EUG. DELACROIX.

Ce 10 mars.

Je vous écris à l'*Artiste*, n'ayant pu obtenir votre adresse
des gens qui sont venus me voir.

Jules Janin écrivait sur les Salons dans l'*Artiste*
qui, des mains de Ricourt, était passé dans celles de
Delaunay. Étienne Delescluze, élève de David, fut
toute sa vie un implacable adversaire de Delacroix,
comme aussi de Paul Huet, de Decamps. En 1855
encore, il appelait les tableaux de Delacroix « des
tartouillades ».

A ALEXANDRE DUMAS.

RUE DE RIVOLI, N° 22.

(Vers 1840), ce vendredi.

Cher ami, excusez ma faiblesse et ma sottise ; mais, après
avoir retourné et fatigué un papier pendant deux heures, j'ai
acquis la certitude qu'il m'était impossible de faire la vignette
en question ; mettez-moi à l'épreuve, cher ami, pour un des

produits de mon industrie ; mais, pour les pattes de mouches, je suis pétrifié et j'ai la main enchaînée quand je veux y toucher. Je vous renvoie donc votre manuscrit intact, très-enchanté du moins d'avoir fait mes ridicules essais sur d'autre papier. Je vous écris néanmoins avec une de vos plumes. Je n'ai pas voulu me refuser ce plaisir, qui est rare pour moi.

Encore une fois, pardonnez-moi et ne m'en croyez pas moins bien votre ami pour les objets de grande dimension. Adieu, adieu.

A Mlle IDA FERRIER,

RUE DE RIVOLI, N° 22.

1840.

Madame, est-il indiscret à moi de vous demander, avant votre départ, ce beau second bras, moulé en plâtre, que vous avez bien voulu me promettre, et auquel j'attache tant de prix? Je vous serai bien reconnaissant, je vous assure.

Mille amitiés à Dumas et à vous mille hommages et mille empressements.

Ce mardi.

Théophile Gautier, dans un livre fort typique qui parut en 1839, *les Belles Femmes de Paris,* a consacré deux pages enthousiastes à l'exquisité des mains de Mlle Ida Ferrier, laquelle un peu plus tard, devient régulièrement Mme Alexandre Dumas. « ... Vous avez peut-être cru jusqu'ici que les lis étaient blancs, que la neige était blanche, que l'albâtre était blanc ; je vous plains. Il n'y a de blanc dans le monde que les mains de Mlle Ida... Il y a toujours dans une

Monsieur A. Dumas
Rue de Rivoli
No. 22

Monsieur ami, vous êtes
bien bon et je regrette bien
de ne pas avoir été là. j'étais
effectivement à la campagne
quand votre mot est arrivé et
je me serais pendu en le recevant
puisqu'il était trop tard. Je tiens
donc garde de manquer l'occasion que vous me donnez
... ce que j'ai ... . Mille
remerciements encore et amitiés
d'un vrai   E. Delacroix

ce 9 avril   Je profiterai de

L'occasion pour mettre la
main sur mes deux bras.

grande foule quelques artistes qui sous des touffes
de rubans ou de dentelles vont chercher les mains,
comme les fleurs les plus rares et les plus choisies
du Jardin d'Amour... La blancheur éblouissante
de Mlle Ida est tempérée par une molle transparence
de veines bleues; les attaches du poignet ont une
souplesse et une fermeté telles que nous ne saurions
les comparer qu'aux anneaux d'une couleuvre; le
dos de la main est lisse, ciselé comme un camée
grec et fouillé de belles fossettes pleines d'ombres;
l'intérieur, relevé de petits monticules (terme de
chiromancie) et traversé de lignes calmes, est une
charmante carte de géographie du Monde de Beauté;
les doigts, aisément pénétrés de lumière, blondissent
au soleil comme des perles; ils pourraient, au reste, se
passer de bagues, car ils ont tous un ongle fait de la
plus belle nacre, un vrai bijou, pour lequel je donne-
rais le diamant de Cléopâtre, si je l'avais... »

On sait combien Delacroix a donné d'originalité
aux mains dans ses tableaux et dans ses portraits.
On peut même dire que sur ce point il est incomparable.

―――――――

A ALEXANDRE DUMAS.

Mon cher ami, vous êtes bien bon, et je regrette bien de
ne pas avoir été là; j'étais effectivement à la campagne quand
votre mot est arrivé, et je me serais pendu en le recevant,

puisqu'il était trop tard. Je n'aurai donc garde de manquer
l'occasion que vous me donnez de retrouver ce que j'ai perdu.

Mille remercîments à vous et amitiés bien vraies.

EUG. DELACROIX.

Ce 9 avril.

Je profiterai de l'occasion pour mettre la main sur *mes
deux bras.*

E. DELACROIX.

A M. CONSTANT DUTILLEUX,

PEINTRE, A ARRAS[1]

Ce 11 septembre 1840.

Monsieur, je n'ai pas répondu plus tôt à la lettre que
vous avez bien voulu m'écrire au sujet du jeune Leclerq,
parce que je voulais voir sa copie plus avancée. Elle est
maintenant presque terminée et très-satisfaisante. Ce jeune
homme annonce beaucoup de dispositions, et je pense qu'il
mérite sous tous les rapports les encouragements dont il est

---

1. Constant Dutilleux, né à Douai en 1817, paysagiste éminent et
trop peu connu, mort à Arras en 1865. Les nombreuses lettres que l'on
va lire prouvent l'estime que Delacroix faisait de son caractère. Il le
désigne, dans son testament, parmi les exécuteurs de ses volontés d'artiste. Dutilleux obtint de la gouvernante de Delacroix, Jenny Lesguillou,
communication de ces carnets sur lesquels le maître inscrivait presque
tous les soirs ses notes sur l'art et sur les contemporains. Ils sont depuis
rentrés dans la famille de M. Piron, le légataire universel de Delacroix.
Théophile Silvestre en avait révélé l'existence. Ils fourniraient de précieux
matériaux pour une biographie complète du maître.

l'objet. Je l'ai suivi également dans ses études d'après nature, et je conçois beaucoup d'espérances de ce qu'il a fait déjà[1].

Votre lettre est si aimable pour moi que je ne sais comment vous en remercier. Je m'applaudis bien de m'être trouvé ainsi en relations avec vous, et je désirerais bien qu'un voyage dans le Nord me mît à même d'aller de nouveau vous serrer la main. J'espère aussi que vous ne passeriez pas à Paris sans me donner encore un souvenir qui me rendra bien heureux, je vous assure.

A M. PIERRET.

Valmont, 19 septembre 1840.

... J'ai vu et revu de beaux tableaux à Rouen, où j'ai passé, malgré cela, une journée fort ennuyeuse dans l'attente de voitures pour m'amener ici. Nous sommes décidément des barbares. En Angleterre, il y aurait vingt voitures pour une.

Tu sais que les antiquités me lassent vite, malgré mon respect pour elles. J'ai parcouru des musées et des collections. Dans ces musées d'histoire naturelle, au milieu des serpents empaillés et des mâchoires les plus distinguées de la création, j'ai vu dans une armoire les résultats de la science phréno-logique que tu estimes sans doute à sa juste valeur. On y voyait la tête de trois ou quatre idiots à côté de Napoléon, Lacenaire, Horace Vernet; deux assassins voleurs, trois vo-leurs non assassins, un assassin par vertu et vingt autres exemples corroboratifs de toutes les belles découvertes qui n'ont

1. Voir plus loin, page 178.

pas corrigé le moindre gredin et n'ont prouvé que le développement excessif de la bosse de la niaiserie chez les savants.

En vérité, l'homme n'a-t-il reçu le don de réfléchir et de comparer que pour s'appliquer à la poursuite des sottises les plus grossières ? Ne s'est-il assemblé en société que pour donner les exemples d'une férocité qui ferait reculer les sauvages sous prétexte d'amour pour la justice ? Des charognes analysées avec la patience que mettent les corbeaux à dépecer les cadavres ! Je retrouve partout, en les détestant davantage, *les savants* étalant à plaisir sur ces lambeaux les contradictions de leurs connaissances bornées.

Quel est donc notre ridicule à nous deux ? car nous en devons avoir notre part. Sommes-nous aussi bêtes et aussi féroces que ces monstres-là ?

Ces réflexions me viennent à propos de l'affaire Lafarge que tu ne lis peut-être pas, et tu as raison...

A M. PIERRET.

Décembre 1840.

... Viens dimanche soir, tu me feras lecture de Diderot, et nous passerons le détroit de l'année ensemble. Pardonne-moi, cher ami, mes contradictions ; je suis sous l'empire d'un sentiment nerveux qui me rend comme une personne hystérique. Ma solitude et mon esprit toujours en l'air, et peut-être, je crois, une crise particulière de mon tempérament me font vouloir et ne pas vouloir, et me faire des monstres des choses les plus simples. — Hélas ! il nous manquera un interlocuteur. Il est plus muet que moi encore ! Pauvre Félix...

L'ami Félix Guillemardet était mort dans le courant de cette année 1840.

A. M. SOULIER.

Paris, 25 juillet (entre septembre 1839 et août 1842).

Cher ami, Pierret, qui te remettra cette lettre, te dira combien je regrette de ne pouvoir me joindre à lui. Je suis engagé dans une entreprise diabolique qu'il faut mener à fin. Il n'y a pas plus de huit à dix jours que j'ai remis en train cette besogne ; si je l'interromps maintenant, la perte ne serait pas seulement dans le temps que je ne serais pas sur les lieux, mais dans tout ce qu'il me faudrait encore pour me remettre en train. Ce ne sera donc pas sans détester cette nécessité, qui me cloue dans cette fournaise, où je suis plus attristé et plus incommodé de la chaleur que je n'ai jamais été partout où il fait chaud.

Vous allez passer tous réunis quelques bons et rapides jours dont vous conserverez un long souvenir. Qu'ils sont rares ces moments-là, et cependant semble-t-il qu'il soit si difficile de les retrouver ? Hélas ! oui, à la façon dont la vie est faite, la vie dont les efforts paraissent une dérision continuelle et tendent toujours à nous éloigner du vrai bonheur, qui est dans cette modestie de désirs et de jouissances à laquelle tu touches...

Adieu, mon bon ami.

EUGÈNE.

————

A M. THORÉ,

RUE NOTRE-DAME-DE-LORETTE, 29.

Ce 27 octobre.

Mon cher monsieur,

Y aurait-il moyen de faire insérer au *Constitutionnel* et dans quelques autres journaux que c'est par erreur qu'on a

annoncé que mes travaux étaient terminés au Luxembourg.
Il en résulte des quiproquos désagréables. J'apprends qu'on
va faire déjà des articles sur une chose qui est encore en
suspens. Il en résulte que, quand l'ouvrage sera réellement
fini, ce sera déjà de l'histoire ancienne. Le travail ne pourra
être visible qu'après la session. C'est alors que, l'ensemble
étant à son point d'effet, il vaudra la peine d'être montré.

Si ma demande est indiscrète, considérez-la comme non
avenue : mais recevez comme toujours mes dévouements bien
sincères.

EUG. DELACROIX.

A M. THORÉ.

Nous avons dans les mains la note sur les peintures,
à laquelle il est fait allusion, mais quel que en soit l'intérêt, nous ne pouvons la donner parmi les *Lettres*.
Nous la réservons pour un autre travail sur les *Travaux*
du maître.

Mercredi 5.

Mon cher ami, je ne vous ai pas encore envoyé la note
concernant mes peintures pour diverses raisons que vous
apprécierez. J'ai imaginé de faire une notice très-détaillée
que je désirerais voir imprimer dans un ou plusieurs journaux
et qui serait une explication catégorique de mes intentions,
ne voulant pas, à l'exemple de beaucoup de mes confrères,
m'enrichir de celles qui me seraient prêtées gratuitement et
que je n'aurais pas eues, mais réclamant le bénéfice de celles
qui sont bien véritablement sorties de mon cerveau. Vous
prendriez dans cette notice détaillée ce qu'il vous faudrait

pour votre travail. J'ai été continuellement obligé de me déranger pour montrer à quelques amis cette nouvelle besogne, que je ne pourrai vous donner que demain ou après-demain, du factum en question. Dites-moi si le *Constitutionnel* voudrait en charger ses colonnes en mettant, par exemple, en note : « Cette explication communiquée par l'auteur de peintures, etc., etc., etc… »

Je vous donnerai en même temps le pastel pour votre Société. J'ai essayé de faire l'*Attila,* qui m'a ennuyé et que j'ai senti que je ne réussirais pas. J'ai fait au lieu de cela un des sujets des pendentifs : *Lycurgue consultant la Pythie.*

Recevez mes amitiés bien dévouées.

Eug. Delacroix.

Mon cher ami, je vous envoie la notice sur mes peintures. Je joins quelques billets pour la Chambre ; pour quelques amis quand vous en rencontrerez.

Écrivez à votre homme pour le pastel [1] de venir le prendre pour le fixer, afin d'avoir le temps de le coller dans l'album. Le matin plutôt.

Mille amitiés et dévouements.

Eug. Delacroix.

Ce dimanche.

Dites à Merruau de m'envoyer un numéro du *Constitutionnel* quand ce sera imprimé.

Je voudrais bien revoir l'épreuve auparavant.

---

1. Note de T. Thoré. J'avais obtenu de lui un pastel pour un album de la *Société des gens de lettres.*

A M. THORÉ.

Mon cher ami, il m'est bien difficile de me trouver samedi
à la Chambre des pairs. Puisque vous ne pouvez vendredi,
pourriez-vous arranger cela pour *jeudi,* à l'heure que vous
voudrez? Vous m'obligeriez beaucoup, car je voudrais bien
m'y trouver en même temps que vous; nous prendrions jour
aussi pour aller à mon autre travail.

Reecvez mes amitiés bien sincères.

EUG. DELACROIX.

Ce mardi matin.

A M. THORÉ.

Mon cher ami, je n'ai su qu'avant-hier que votre article
avait paru et je ne l'ai lu qu'hier : je n'ai pas besoin de vous
dire que j'en suis très-heureux et que vous y êtes bien aimable
pour moi. Recevez-en mes remerciements bien sincères. Votre
distinction des qualités qui conviennent à la peinture et à la
poésie est très-juste et ne peut jamais être fourrée assez avant
dans l'intelligence du public. On nous juge toujours avec des
idées de littérateurs, et ce sont celles qu'on a la sottise de nous
demander. Je voudrais bien qu'il soit aussi vrai que vous le
dites que je n'ai que *des idées de peintre :* je n'en demande
pas davantage.

Recevez mes amitiés dévouées.

EUG. DELACROIX.

Mon cher Monsieur,

J'ai été absent de Paris dernièrement, n'ai pas eu connaissance tout de suite... ce que vous avez dit de si obligeant sur mes tableaux. Recevez en mes tardifs mais bien sincères remerciements. Y a-t-il donc véritablement dans les arts des langages si difficiles à comprendre, que le plus grand nombre n'arrive jamais à y voir clair, faute d'une certaine façon... pouvoir décidément... absolument être ou ne pas être ; car je n'aperçois depuis vingt ans à peu près que cela, l'alternative dans laquelle je suis ballotté. Je ne me croyais pas si indéchiffrable. Je dois en savoir doubl... qu'à ceux que mes énigmes ne rebutent pas. Vous signalez fort... que particulièrement sur la question du dessin, où l'on veut en peinture que le dessin des Antiques... cette erreur sur laquelle on vous a... et l'école de David est encore toute puissante.

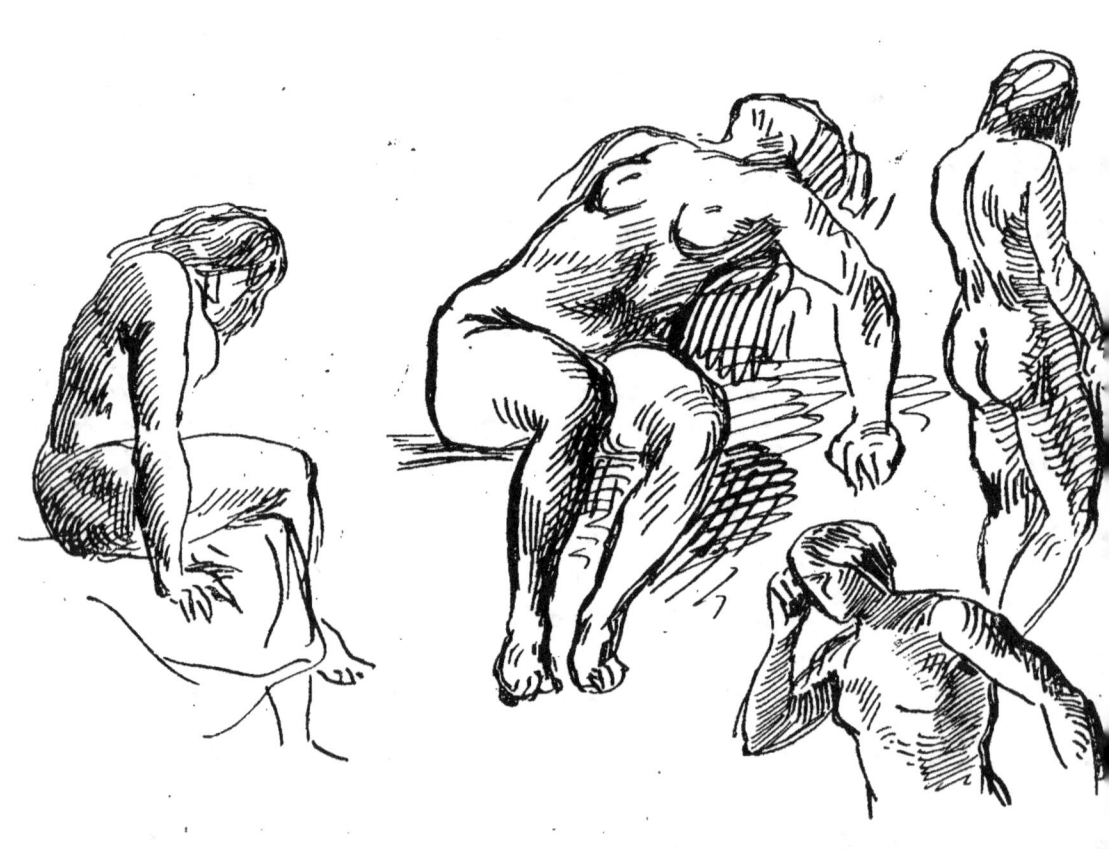

Nous ne savons à quels travaux fait allusion cette lettre, qui n'est pas datée. Nous en donnons un brouillon en *fac-simile*. Delacroix fit toujours grand cas de la critique de Thoré.

A M. THORÉ,

A L'ADMINISTRATION DE L'ALLIANCE DES ARTS,
RUE MONTMARTRE, 178.

Mon cher monsieur, j'ai été absent de Paris dernièrement et n'ai pas eu connaissance tout de suite du dernier article que vous avez publié à mon sujet. Recevez-en mes tardifs, mais bien sincères remerciements. Y a-t-il donc véritablement dans les arts des langages si difficiles à comprendre que le plus grand nombre n'arrive jamais à y voir clair? Faut-il absolument être d'une certaine façon sous peine de n'être pas du tout? Je m'apperçois *(sic)* depuis plus de vingt ans que c'est là l'alternative au milieu de laquelle je suis ballotté. Je ne me croyais pas si indéchiffrable et dois savoir double gré à ceux que mes énigmes ne rebutent pas. Après tant de tentatives, je me borne à souhaiter uniquement que la froideur du plus grand nombre n'arrive pas à gagner aussi le petit nombre de gens de goût dont vous parlez et qui finissent souvent par établir les réputations.

Adieu, cher monsieur, recevez de nouveau toute l'expression de ma reconnaissance et de mon sincère dévouement.

EUG. DELACROIX.

Ce 14 avril.

A M. THORÉ,

RUE NOTRE-DAME-DE-LORETTE, 29.

Mon cher ami, rappelez-vous donc que, quand vous avez vu le tableau en question[1], je n'en étais pas le maître; que depuis j'ai fait auprès de l'obstiné propriétaire tous les efforts possibles pour qu'il me rendît ma parole, et que c'est avec beaucoup de chagrin que je vous ai dit qu'il n'en voulait pas démordre. J'aurais mille fois préféré, au contraire, le voir entre vos mains. Vous avez fait sur Ingres un article parfait. Vous avez touché la vraie corde, et personne, jusqu'à présent, n'avait signalé ce vice radical, cette absence de cœur, d'âme, de raison, enfin de tout ce qui touche *mortalia corda*, ce défaut capital qui ne mène qu'à satisfaire une vaine curiosité et à produire des ouvrages chinois, ce qu'il fait, moins la naïveté, laquelle est encore plus absente que tout le reste.

Recevez mes amitiés dévouées et aussi l'expression de mon regret bien sincère au sujet du tableau.

EUG. DELACROIX.

Ce lundi 16.

A PIERRET.

7 juin 1842.

Cher ami, je suis ici depuis quelques jours et ai fait le voyage très-heureusement, sauf les inconvénients qui accompagnent tous les voyages, et surtout une chaleur de chien et

---

1. Note de T. Thoré. « C'est la *Rébecca enlevée par les ordres du templier Boisguilbert*, exposée sous le n° 129, en 1864, et qui appartient à M. Bourruet. »

une poussière *idem*. A peine installé, j'éprouve que mes projets de ne rien faire ne peuvent pas tenir et que je m'ennuie-
rais horriblement si je n'entreprenais quelque chose. Je vais
m'amuser avec le fils de la maison [1] à entreprendre un petit
tableau pour l'église du lieu. De plus, je me sens en train de
faire le bois de Charton [2]. Tu vois d'ici que j'ai recours à toi
pour l'exécution de tout ceci; je te l'expliquerai tout de suite.
La fin de ma lettre sera consacrée à la partie romantique du
voyage.

D'abord il s'agirait de mettre dans une boîte quelconque
les *deux bois* qui restent à la maison; plus les trois dessins
qui restent à finir; plus une feuille de *papier végétal* ou deux
que tu plieras en quatre, et qui sont nécessaires pour calquer...
(*Suivent des recommandations, et la prière de faire prendre
par Jenny, chez Haro, les couleurs dont voici la liste : 8 blanc
de plomb, 6 jaune de Naples, 4 ocre jaune, 2 rouge Venise,
1 rouge Van-Dyck, 2 terre verte, 6 laque garance, 2 terre
Cassel, 4 noir de pêche, 1 noir d'ivoire, 2 bleu de Prusse,
6 laque Robert n° 8.*)

...J'espère que voilà jusqu'ici une lettre qui ressemble à
celle d'un procureur, et point du tout à celle d'un ami.
Je m'arrête donc et je reprends le fil du commencement.

Le lieu est très-agréable, et les hôtes on ne peut plus
aimables pour me plaire. Quand on n'est pas réuni pour
dîner, déjeuner, jouer au billard ou se promener, on est dans
sa chambre, à lire, ou à se goberger sur son canapé. Par
instants, il vous arrive par la fenêtre ouverte sur le jardin des
bouffées de la musique de Chopin qui travaille de son côté;
cela se mêle au chant des rossignols et à l'odeur des rosiers.
Tu vois que jusqu'ici je ne suis pas très à plaindre, et cependant il faut que le travail vienne donner le grain de sel à tout

---

1. M. Maurice Sand.
2. M. Édouard Charton, fondateur-directeur du *Musée pittoresque*.

cela. Cette vie est trop facile, il faut que je l'achète par un peu de cassement de tête; et comme le chasseur qui mange avec plus d'appétit quand il s'est écorché aux buissons, il faut s'évertuer un peu après les idées pour sentir le charme de ne rien faire. Je pense même que sans l'injonction de la médecine je n'aurais pas laissé passer tout le beau soleil loin de l'*Élysée d'Homère* qui me tend les bras au Luxembourg. Le travail qui m'attend s'augmente encore en perspective. Je fais des vœux bien ardents pour reprendre toutes les forces qui me sont nécessaires.

Parle-moi de toi et des tiens. Je te plains de ne pas voyager de temps en temps; c'est aussi nécessaire à la santé de l'âme qu'à celle du corps : on sort de son ornière habituelle, et cela allonge la vie en la variant...

A Nohant, près la Châtre, par Châteauroux (Indre).

A M. FR. VILLOT[1].

14 juin 1842.

Mon cher ami, ma paresse est très-grande pour écrire, comme vous savez, et je ne sais pourquoi elle a redoublé depuis que je suis ici; non pas que mes journées soient tellement remplies que je n'en puisse trouver le moment, mais une sorte de langueur qui vous prend avec ces chaleurs abominables, fait de moi le plus mou et le moins écriveur des hommes. Quoique je sois dans la situation la plus douce sous tous les rapports, et d'esprit et de corps, car je me porte beaucoup mieux, je n'ai pu m'empêcher de penser au travail.

1. Cette lettre a été publiée dans l'*Art*. Lettre écrite, comme l'était la précédente, de la propriété de Mme Sand, à Nohant.

Chose bizarre : ce travail est fatigant, et cependant l'espèce d'activité qu'il donne à l'esprit est nécessaire au corps lui-même. J'ai eu beau prendre la passion du billard, dont je reçois des leçons tous les jours, j'ai beau avoir de bonnes conversations sur tous les sujets qui me plaisent, de la musique que je prends au vol et par bouffées, j'ai éprouvé le besoin de faire quelque chose. J'ai entrepris une *Sainte-Anne* pour la paroisse, et je l'ai déjà mise en train. J'espère que l'achèvement de cette petite peinture ne me retiendra pas au delà du temps que je me suis fixé pour rester ici. Chose bizarre : j'ai fui Paris pour ne pas travailler, et je me remets à travailler ici. Il y a pourtant cette différence, qu'ici c'est à bâtons rompus, et que j'ai de l'ombre pour me reposer et me promener, comme on n'en trouve pas à Paris. Écrivez-moi longuement ce que vous faites et comment vous êtes. Je vois avec plaisir ce séjour à la campagne pour votre santé, et avec un certain chagrin pour moi. Je vous verrai moins souvent ; nous aurons moins de diners en tête-à-tête et de promenades romantiques sous les marronniers des Tuileries. Pierret m'écrit que la chaleur est affreuse à Paris ; fuyez donc et allez chercher le frais. Je plains vraiment ce pauvre ami qui est enchaîné à sa cruelle besogne, obligé de passer les jours de l'été dans de puantes paperasses et occupé des plus rebutantes affaires ; et à quoi cela le mène-t-il ? Si vous le voyez avant que je lui réponde, remerciez-le bien de l'envoi qu'il m'a fait des couleurs et autres objets que je lui avais demandés pour ma *Sainte-Anne.*

Vous savez combien je suis peu colleur ; vous ne sauriez croire ce qu'il m'a fallu de peine et d'ennui pour m'organiser une toile à peindre. Il a fallu la clouer et déclouer cinq ou six fois, et enfin je suis obligé de peindre dessus sans l'imprimer. L'ébauche servira d'impression ; et néanmoins je suis bien aise de l'avoir entreprise.

Conservez-vous, mon cher ami ; conservons surtout l'a-
mitié. Dieu, que c'est un dépôt fragile ! Que peu de chose
peut tenir dans ce miroir où deux têtes se réfléchissent ensemble ; qu'il faut peu de chose pour troubler ou rendre terne
l'une des deux images ! Jusqu'ici je vous vois pur et net.
Faites durer cela, et puissiez-vous mé voir de même.

DELACROIX.

Au château de Nohant, près La Châtre, Indre.

A M. PIERRET.

Nohant, 22 juin 1842.

Tu as été bien bon, cher ami, de t'occuper avec autant
d'activité des petits envois que je t'avais demandés. J'ai reçu
le tout en très-bon état...

L'encre et la plume me deviennent décidément de plus en
plus antipathiques. Je n'ai pas d'événement plus que toi à
enregistrer. Je mène une vie de couvent et des plus semblables
à elle-même. Aucun événement n'en varie le cours. Nous
attendions Balzac qui n'est pas venu, et je n'en suis pas fâché.
C'est un bavard qui eût rompu cet accord de nonchalance
dans lequel je me berce avec grand plaisir ; un peu de peinture à travers cela, le billard et la promenade, voilà plus qu'il
n'en faut pour remplir les journées. Il n'y a pas même la
distraction des voisins et amis des environs ; dans ce pays
chacun reste chez soi et s'occupe de ses bœufs et de ses terres.
On y deviendrait fossile en très-peu de temps.

J'ai des tête-à-tête à perte de vue avec Chopin, que j'aime
beaucoup, et qui est un homme d'une distinction rare ; c'est
le plus vrai artiste que j'aie rencontré. Il est de ceux en petit

nombre qu'on peut admirer et estimer. Mme Sand souffre
fréquemment de violents maux de tête et d'yeux qu'elle prend
sur elle de surmonter le plus possible et avec beaucoup de
force, pour ne pas nous fatiguer de ce qu'elle souffre.

Le plus grand événement de mon séjour a été un bal de
paysans sur la pelouse du château avec le cornemuseux en
réputation de l'endroit. Les gens de ce pays offrent un type
remarquable de douceur et de bonhomie; la laideur y est rare,
sans que la beauté y saute aux yeux fréquemment, mais il n'y
a pas cette espèce de fièvre qui se dénote dans les paysans des
environs de Paris. Les femmes ont toutes l'air de ces figures
douces qu'on ne voit que dans les tableaux des vieux maîtres.
Ce sont toutes des sainte Anne.

Je te rapporterai des croquis du tableau que je fais; je ne
sais comment il se terminera. J'ai eu toute sorte de gêne pour
monter la toile et en tirer parti. Tu connais mon naturel peu
colleur; heureusement que le fils de la maison l'est plus que
que moi et m'a aidé quelque peu. Je t'embrasserai dans les
premiers jours de juillet; trop de dures lois m'y contraignent,
et peut-être aussi le plaisir de me retrouver avec une famille de héros qui me demandent des bras, des jambes, des
têtes, etc. Adieu; à bientôt. La vie est bonne partout avec un
esprit résigné, et la mort peut ne pas être mauvaise par le
même procédé.

EUG. DELACROIX.

Les lithographies dont va parler Delacroix forment
la suite qui a pour titre *Treize sujets tirés d'Hamlet*. Commencée en 1834, elle ne fut terminée qu'en 1843, et
tirée à très-petit nombre chez l'imprimeur Villain.
Fort heureusement les pierres furent conservées; elles

ont encore donné un bon dernïer tirage chez M. Ber-
tauts. Elles ont été acquises, à la vente posthume de
l'atelier de Delacroix, par M. Paul Meurice, qui les a fait
encadrer ensuite comme autant de dessins originaux.

A SOULIER.

2 février 1843.

Je ne t'ai pas répondu, cher ami, parce que j'espérais à
chaque instant pouvoir t'avertir que j'allais partir. J'avais
terminé des lithographies que je n'aurais jamais pu reprendre
une fois interrompues. Mais voici que je suis souffreteux et
couvant un rhume. Pour moi c'est une grande affaire par la
peur que j'ai de retomber dans mes inconvénients de l'année
dernière. Je remets donc forcément le plaisir de t'aller embrasser
et je perdrai encore cette fois ces grandes eaux. Comme c'est
le grand air et toi que je désire surtout, c'est partie remise.

Cher ami, que la vie est sotte ! Le cercle des amis se
resserre et le peu qui reste est dispersé. Je te vois deux ou
trois fois l'an et encore c'est en courant. Hélas ! sans la
confiance et le besoin de sentir près de soi une âme aimante,
la vie est bien triste à notre âge. Rien ne pourrait remplacer
ce bonheur et pourtant c'est alors qu'il est le plus rare.
Conserve-toi donc, crois à ma vraie amitié, qui s'augmente
encore du souvenir de notre bon temps.

Adieu, cher ami.

EUG. DELACROIX.

Sans date.

Comment tu es à Paris, méchant scélérat, tu ne m'aimes
plus, tu me boudes depuis un an... Si tu as un moment dans
la journée, viens à mon atelier. J'y serai depuis deux heures

jusqu'à six. Pierret te dira que je me suis engagé avec Champmartin aujourd'hui, et à le conduire chez Auguste. Il arrive de terre sainte...

Curmer, l'intelligent éditeur, cherchait à obtenir la collaboration littéraire et artistique de Delacroix pour sa revue *les Beaux-Arts*.

A M. CURMER,

49, RUE RICHELIEU. PARIS.

Monsieur,

Je vous écris de chez M. Boissard, au sujet de l'article sur l'hôtel Lambert. Il a déjà fait un travail que vous avez entre les mains. Je n'ai donc pu en prendre connaissance. Mais, d'après ce qu'il m'en a dit, voici, je crois, comment on pourrait tirer parti de ses idées et des miennes. Son article, sans modifications, paraîtrait en même temps qu'une lettre que j'adresserais au journal sur le même objet. Il se chargerait, bien entendu, de la partie historique et descriptive, nécessaire, je crois, pour faire sentir l'importance de la conservation, et mes réflexions seraient à l'appui.

Vous lui aviez aussi parlé d'une vue à faire de l'hôtel Lambert, pour être gravée sur bois : outre qu'il ne se chargerait pas avec plaisir de ce travail d'architecture, qui sort de son genre, il n'y aurait sans doute pas le temps suffisant pour graver le bois; mais il pourrait faire une eau-forte d'un des sujets de peinture et pourrait être en mesure de paraître en même temps que l'article. Il y a un frontispice de Lesueur que je pourrais faire volontiers en lithographie et que je crois intéressant; mais, pour ne pas encombrer le numéro du même objet, peut-être un peu sérieux, on pourrait renvoyer ce dernier à un peu plus tard.

M. Boissard ira demain matin, mercredi, à 8 heures, causer avec vous, si vous le permettez, et vous demander vos intentions sur tout cela. Il aurait la bonté de me les transmettre immédiatement après pour agir en conséquence.

Agréez, en attendant, monsieur, l'assurance de ma haute considération et de mes sentiments bien dévoués.

EUG. DELACROIX.

Ce mardi 16 mai 1843.

A M. PIERRET.

SAINT-LEU-TAVERNY.

2 avril 1843.

Je t'envoie quelques mots, cher ami, du sein de ma profonde retraite qui n'a rien de pénible, je t'assure, au milieu de cette nature qui ressuscite et qui me ressuscite avec elle. Les arbres verdoient ; cette pluie qui est survenue les pousse et avance toute cette renaissance. Quoique le soleil nous visite rarement et que les ondées soient fréquentes, je me plais beaucoup ici comme de coutume. Seulement, je n'ai pu encore me mettre à faire quoi que ce soit et je suis un peu mécontent de moi. C'est un sentiment qui me gâte toujours un peu tout le reste. Il me semble qu'il faut avoir fait sa tâche pour jouir en conscience des biens que la nature nous présente. Je me demande comment il est possible qu'un homme désœuvré ait de véritables plaisirs. Il faut les acheter tous par un peu de gêne ou même de souffrance. Je lis, mais ce n'est pas un travail. Malgré l'attrait que j'y trouve je ne suis pas pleinement satisfait quand j'ai passé mon temps de la sorte. Il n'y a que le cigare, quand il est bon, qui me fasse un peu oublier le tort que j'ai de me laisser aller à la paresse ; car c'est tout uniquement paresse. Je ne puis commencer. J'ai la certitude que la première demi-heure passée, je trouverais au travail le plus grand plaisir, et je ne puis malgré cela surmonter ce moment de dégoût. Le cigare est décidément un instrument de relâchement et de corruption. Tant que je le tiens, et je le fais durer le plus longtemps que je peux, je tourne et retourne dans les allées, sans avoir même besoin de penser pour m'occuper. Il me suffit d'ouvrir les yeux, le nez et les oreilles. Quand il est fini, l'illusion cesse et je me fais des reproches. L'âge vient. Chaque heure devrait porter ses fruits. Je me le dis sur tous les tons et surtout je serais admirablement placé pour le dire aux autres.

La petite fille de Riésener est grosse comme un rat. Tu connais combien je m'apitoie ordinairement sur la créature humaine, alors qu'elle entre dans cette carrière de douleur dont nous avons déjà fourni notre bonne part. J'ai senti pour elle encore plus de commisération, vu sa petitesse et le peu de ré-sistance qu'elle a l'air de devoir offrir aux coups du sort. Ce qui n'empêchera pas qu'on ne recommence à en faire jusqu'à la fin des siècles...

A PIERRET.

Ce billet adressé à son ami Pierret, accompagnait un exemplaire des *Treize sujets tirés d'Hamlet*, destiné à M. E. Soulier. Malgré le prix infime de cette publi-cation in-folio (15 francs sur papier ordinaire, et sur chine, 20 francs), Gihaut, qui l'avait en dépôt, n'en vendit pas cinq exemplaires !

AU MÊME.

17 juin 1843.

Cher ami, j'aurai mes épreuves d'*Hamlet* lundi dans la journée. Écris-moi si tu n'es pas trop occupé dans ce moment-ci par la maladie de ta sœur, pour donner suite à tes démarches auprès de Gihaut. Je désire pousser cela tout de suite avant de partir pour Vichy, ce qui sera vers vendredi ou samedi de la semaine prochaine. J'en ai déjà parlé à quelques journalistes, entre autres Batissier.

EUG. DELACROIX.

Je vais demain dimanche probablement voir Villot à la campagne.

———

... Je crois qu'on m'a peu tenu parole pour les annonces qu'on m'a promises jusqu'ici. Je n'en ai pas moins bien compté à Villain 500 beaux francs. Advienne que pourra.

———

A M. HAUSSARD,

BOULEVARD DU TEMPLE, 26, PRÈS LA RUE D'ANGOULÊME.

6 août 1843.

Mon cher monsieur, pouvez-vous m'avoir quelque part une mention en manière d'annonce pour la publication que je fais en ce moment et que je vous envoie? Je serais bien charmé que malgré la fatigue des planches qui ont attendu longtemps sans être tirées, vous y retrouviez quelques intentions éloignées de l'original. En tout cas, vous les verrez avec des yeux plus artistes que la grande majorité du public qui préfère avant tout la netteté d'exécution.

Recevez en même temps mille souvenirs reconnaissants et amitiés bien sincères.

En même temps que ses *Treize sujets tirés d'Hamlet*, Delacroix avait fait tirer quelques épreuves de scènes extrêmement pittoresques et mouvementées qu'il avait extraites du *Goetz de Berlichingen*.

A M. VILLAIN.

Mercredi 6 décembre.

Monsieur, me pardonnez-vous de vous importuner encore pour les épreuves de *Berlichingen*. Je viens d'en recevoir une de chaque, mais j'aurais bien désiré en avoir cinq ou six. Une fois la planche tirée, les feuilles sont entièrement perdues. J'aurais donc désiré pouvoir en conserver et en donner quelques-unes comme échantillons.

Celles que j'ai reçues sont même en assez mauvais état et le papier en est chiffonné ou déchiré. Recevez de nouveau, avec les assurances de mon dévouement bien sincère, les excuses de l'embarras que je vous donne.

———————

La personne à qui est adressé ce billet était M. Eudore Soulier qui appartenait à l'administration des Musées et mourut, il y a quelques années, conservateur du Musée de Versailles.

A M. EUDORE SOULIER.

Monsieur Soulié serait bien aimable de m'envoyer par un mot ce qu'il sçait *(sic)* sur une réclamation qu'il m'a dit qu'on avait faite déjà anciennement sur l'abandon de l'*Andromède* de Puget dans les jardins. Planche en a parlé il y a une douzaine d'années, et je serais bien curieux d'avoir à dire qu'un autre amateur des belles choses a déjà, il y a longtemps, demandé le redressement de ce méfait. Je lui serais bien reconnaissant de cette bonté, surtout si cela peut venir bientôt.

EUG. DELACROIX,

Rue des Marais-Saint-Germain, 17.

L'éditeur Curmer a inséré dans les *Beaux-Arts* (t. III, vol. 1). un long et éloquent article de Delacroix, *sur le groupe d'Andromède de Puget.* « Nous reviendrons à l'objet principal de cette note, — ajoutait-il après un historique du *Milon* et de l'*Andromède*, — à l'*Andromède* qui subit un martyre dont souffrent tous les amis des arts, puisqu'elle doit périr et disparaître finalement. Qu'attend-on pour l'enlever de cette place cruelle et la soustraire à ce combat si tristement inégal qu'elle soutient depuis plus d'un siècle et demi contre la pluie et le soleil, l'aride sécheresse et les mille inconvénients de l'air et du temps? On ne distingue déjà plus sur la base le nom de son auteur. Ce nom a disparu avec un éclat de marbre enlevé par un accident et maladroitement replâtré. Le grand sculpteur, harcelé de son vivant par les envieuses passions des artistes, ses rivaux; méconnu et délaissé par les grands et les ministres, sera-t-il encore longtemps poursuivi dans ses ouvrages dont le nombre est si borné à Paris?...» Et il rappelle que Piganiol de Force demandait déjà en 1755, que les deux groupes de Puget fussent placés dans le château à l'abri des injures du temps.

Cette réclamation motivée, — elle avait échappé à M. Piron dans son travail de réimpression, — est suivie de ce post-scriptum :

A M. LE DIRECTEUR DES *BEAUX-ARTS*.

Je profiterai de votre complaisance à accueillir ces réclamations au sujet de l'*Andromède*, pour vous prier de donner place à la réclamation que je prends la liberté de vous adresser ici pour un fait qui me concerne. Je trouve dans un des articles sur le Salon, que vous avez dernièrement publiés, mon opinion citée à propos des expositions annuelles, et cette opinion est extraite de la *Liberté, journal des Arts*, qui date de 1830 ou 1832.

Un homonyme y publia quelques articles dont un seul vint à ma connaissance assez à temps pour que je pusse faire insérer dans le plus de journaux qu'il me fut possible, que je n'étais l'auteur de ces articles et que je n'avais jamais écrit une ligne dans ce journal. Quelle que soit mon opinion sur la question, — et j'avoue que je suis pour les expositions annuelles que je trouve bonnes et même nécessaires —, j'ignore par quelles bonnes raisons et de quel style l'homonyme les avait défendues. Vous trouverez convenable, j'espère, que chacun réponde de ses bonnes intentions et aussi de ses fautes de français.

Je vous serai fort reconnaissant, monsieur, de cette petite rectification.

Eug. Delacroix.

Ce second billet est également adressé à M. L. Curmer, directeur de la revue *les Beaux-Arts*.

Monsieur,

Je ne m'attendais pas à voir sitôt confirmées mes tristes prévisions au sujet de l'*Andromède* : j'apprends qu'un des derniers orages a rompu, précisément au-dessus du groupe, une grosse branche d'arbre qui a brisé dans sa chute l'une des mains de l'*Andromède* et une portion du bouclier du *Persée*. Je vous transmets sans commentaires cette nouvelle affligeante. Il va sans dire qu'on a aussitôt que possible restauré et fait disparaître les traces du dégât ; mais cette restauration n'est elle-même qu'un outrage de plus. Les amis des arts doivent-ils désespérer encore de voir arracher à une destruction totale un des ouvrages les plus capitaux du plus grand sculpteur français ?

Agréez, monsieur, etc.

EUG. DELACROIX.

———————

A PIERRET.

Nohant, 19 août (Entre 1843 et 1852).

Cher ami, j'ai eu un voyage très-fatigant, à cause de la chaleur qui était excessive, il y a huit jours. De plus, j'avais mal ajusté mon affaire pour les voitures et j'ai fait en chemin de fer moins de chemin que je n'en pouvais faire, car j'aurais dû aller jusqu'à Blois, où j'aurais trouvé des voitures à revendre pour me conduire ici ; tandis que, trompé par les intrigants qui tiennent les diligences à Paris, j'ai retenu ma place à partir d'Orléans, et j'ai traversé toute la Sologne dans des voitures détestables et à moitié cuit. J'ai été plusieurs jours à me reposer, et à peine établi, il me faudra songer à déguerpir.

C'est l'histoire de toutes les situations de la vie. C'est l'instable qui est le fixe. C'est sur l'incertain qu'il faut baser. Il en résulte qu'à cause de la brièveté des moments où nous pouvons jouir du repos ou d'un certain état de plaisir, nous sommes dans l'appréhension continuelle de l'état prochain

qui nous menace et du fardeau qu'il faudra reprendre. Voilà
la grande supériorité des animaux sur nous, et qui égalise
un peu la balance en leur faveur. Dans la répartition des
biens et des maux attachés à leur condition et à la nôtre, la
nature leur a accordé le don de jouir plus pleinement de
l'instant favorable, et leur cache mieux en même temps les
côtés menaçants de la vie mortelle. Cela explique parfaitement
le côté philosophique de l'ivrognerie, sans parler du plaisir
que vous cause en passant dans la gargamelle le liquide
bienfaisant qui doit un peu plus tard endormir les soucis et
ôter les épines dont se rembourre l'oreiller de la vertu comme
celui du remords.

Je tourne au mélodrame sans m'en apercevoir, et je crois
que cela tient à ce que les nuages s'amassent sur l'horizon et
nous ramènent encore de la pluie. Nous en avons eu hier à
notre grand contentement, quoique cela gâte un peu les routes
et empêche les excursions au dehors. Mais du moins nous
sommes préservés de cette affreuse et insupportable chaleur
contre laquelle on n'a de refuge ni à la campagne, ni à la
ville. Je crois enfin que le charme est rompu, à moins que nous
ne soyons destinés à périr de combustion.

Donne-moi des nouvelles de tout ce qui t'intéresse et
t'environne. En un mot, tu occupes le centre des arts et de
la civilisation, le lieu du monde où le progrès a planté le
piquet et d'où ses bienfaits s'étendent sur tout l'univers connu,
moins les trois quarts de l'Afrique abandonnés au sable, à la
canicule, à la traite des nègres, aux mondes de toute espèce, etc. ; l'Asie tout entière probablement ; les deux tiers de
l'Europe, malgré le voisinage du centre lumineux, et une
bonne partie du continent où fleurissent les Iowais, Odjebe-
wais, Patagons, habitants de la Terre-de-Feu et Américains
de la sublime république du Nord, que je regarde comme les
plus barbares de tous ; en raison, dis-je, de ta situation privi-

légiée dans le lieu le plus civilisé de la terre habitable, tu ne peux manquer d'avoir mille sujets d'allonger ta lettre pour réjouir un voyageur qui languit loin du quartier Saint-Georges.

Adieu, cher ami, je fais trêve à mes mauvaises plaisanteries sur notre état social en t'embrassant tout simplement et primitivement...

EUG. DELACROIX,

Chez Mme G. Sand, à La Châtre (Indre).

A M. DE LESPINASSE.

Ce 12 août 1844.

Monsieur, le jeune *Andrieu*, qui m'a remis cette lettre que vous avez bien voulu m'adresser, mérite tout à fait l'intérêt que vous voulez bien lui porter. Il est un des élèves les plus assidus de mon atelier, et je le crois tout à fait propre à exécuter convenablement une copie pour le Ministère. Ce serait à la fois un objet d'étude et un encouragement; je serais charmé que ce témoignage pût contribuer à lui obtenir cette faveur, et je m'empresse de vous le transmettre.

Agréez, monsieur,

EUG. DELACROIX.

Eugène Delacroix avait ouvert un atelier rue Neuve-Guillemin, donnant dans la cour d'un marbrier. On nous cite parmi les élèves qui s'y rendaient : Joly Grangedor, Desbordes Valmore (du ministère de l'instruction publique), Saint-Marcel, Maurice Sand, Andrieu, Eugène Lambert, Lassalle, Gautheron, E. Leygue, et des amateurs.

Plus tard le siége de l'atelier fut transféré rue Neuve-Bréda.

A M. THORÉ,

A L'AGENCE DE L'ALLIANCE DES ARTS, RUE MONTMARTRE, 178.

Mon cher monsieur,

Votre lettre me trouve bien reconnaissant de votre si obligeant souvenir. Voilà l'histoire de cette chapelle ou plutôt de ce tableau. Quand je l'eus terminé, j'avais résolu de le faire voir dans sa primeur à quelques personnes, en tête desquelles vous ne doutez pas que vous fussiez. Je fis une petite absence, et, l'échaffaud *(sic)* ainsi que la clôture ayant été détruits par suite d'un malentendu, le tableau se trouva tombé tout d'un coup dans la publicité. Quant à moi, je fus si peu satisfait de son effet, à cause de l'obscurité de la chapelle, que je résolus de l'abandonner à son sort tel quel. Puis donc que vous désirez le voir, poussez la complaisance jusqu'à n'y aller que quand le temps sera un peu clair et le matin. C'est la seule chance de l'appercevoir :

Église de Saint-Denis du Saint-Sacrement, rue Saint-Louis, au coin de la rue Saint-Claude, au Marais.

Recevez encore une fois mille remercîments de votre bonne lettre, mon cher monsieur, et l'assurance de mon dévouement bien sincère..

EUG. DELACROIX,

Rue Notre-Dame-de-Lorette, 54.

Ce 17 novembre (1844).

Eugène Delacroix, alors cruellement souffrant de sa maladie du larynx, avait fait ébaucher la *Pieta*, par son élève Lassalle, qui fut loin de s'en tirer à sa satisfaction.

A M. C. DUTILLEUX.

12 décembre 1844.

Monsieur, votre lettre m'est arrivée pendant que j'étais dans tous les embarras d'un déménagement ; j'y suis encore, dans cé sens que toutes mes peintures sont encore entassées, de manière à ce qu'il me soit impossible d'ici à bien longtemps de les retrouver.

L'appartement que j'occupe étant nouvellement fait, je me suis vu forcé d'en louer un second pour habiter, à cause que les plâtres étaient frais. Il n'y a qu'un petit coin de l'atelier que je puisse occuper, et dans le reste j'ai entassé peintures, esquisses, etc., jusqu'à ce que je puisse les accrocher.

Il faut donc que vous ayez la bonté d'attendre ce moment pour que je puisse vous envoyer quelque chose de ma façon, car je n'ai pas oublié que c'est une chose promise et j'acquitterai la promesse avec le plus grand plaisir.

Je ne puis vous donner aucune nouvelle de M. Leclerq ; je l'ai revu une fois ou deux depuis qu'il a quitté l'atelier ; mais ces visites mêmes datent déjà de fort loin. L'assiduité est des plus rares parmi les jeunes gens : ils travaillent en l'air, font de tout et ne se fixent à rien. Je crains bien que M. Leclerq ne soit dans le même cas.

Agréez, monsieur, l'assurance de ma haute considération et aussi celle que je vous renouvelle du plaisir que j'aurai à vous envoyer un souvenir peint, qui ne saura être mieux placé...

(Rue Notre-Dame-de-Lorette, 54.)

Le jeune Leclercq, dont le nom a déjà été pro-noncé dans la première lettre adressée à M. Constant

Dutilleux, était d'Arras. Il mourut vers ce même temps : il se brisa la colonne vertébrale en piquant une tête dans la Seine.

———

A M. EUDORE SOULIER.

AU MUSÉE ROYAL [1].

Ce 20 (1845).

Cher monsieur, je vous envoie une cargaison de tableaux. J'ose solliciter que vous me fassiez mettre autant que possible à l'abri de la pluie. Mes tableaux sont vernis au blanc d'œuf et la moindre goutte d'eau ferait des taches affreuses. Je suis honteux de vous demander vos soins au milieu de l'embarras où vous êtes. Excusez-moi et recevez avec mes remercîments mille assurances de mon dévouement bien affectueux.

EUG. DELACROIX.

———

Delacroix nous donne dans ce billet la liste de ses envois au Salon de 1845. Le *Muley-Abd-er-Rahm ann, sultan du Maroc,* est au musée de Toulouse ; les *Dernières paroles de l'empereur Marc-Aurèle* sont au musée de Lyon ; l'*Éducation de la Vierge* (qui a été gravée à l'eau-forte, par M. Édmond Hédouin, pour l'*Artiste*) ne figure pas au livret.

———

A M. THORÉ.

J'ai envoyé, mon cher monsieur, cinq tableaux. Deux seulement sont importants : l'un est l'*Empereur du Maroc au*

———

1. Ce billet a été publié dans l'*Art*.

milieu de sa garde et de ses officiers à Méquinez; l'autre
est *Marc-Aurèle mourant, recommandant Commode, son fils,
à ses amis, philosophes comme lui;* une *Sibylle,* la *Madeleine*
(tête) et l'*Éducation de la Vierge.* Scheffer m'a dit ne rien
envoyer; Delaroche, je crois, non plus; Ingres et Decamps,
je n'en sais rien. Mettons-nous en prière à présent pour que
MM. du jury laissent passer mon bagage. Je crois qu'il
serait bon de n'y pas faire d'allusion d'avance, de peur que
par mauvaise humeur ils ne réalisent cette crainte.

Agréez, cher monsieur, mille amitiés et dévouements.

EUG. DELACROIX.

A M. SOULIER.

Dimanche 25 (1845).

... Je vais passer quelques jours avec mon frère à Vichy;
non pas prendre les eaux (moi, s'entend), mais lui tenir compagnie. Je trouve cela plus tôt fait que d'aller à Bordeaux. J'ai
une grande appréhension de trouver là tout le contraire du
repos dont j'ai besoin depuis que j'ai pris la résolution d'y
aller. Je connais je ne sais combien d'êtres plus ou moins
ennuyeux que j'y dois rencontrer et qui changeront ce lieu-
là pour moi en une rue de Paris dans laquelle on serait plus
entassés qu'à Paris même. Enfin, Dieu est grand!

Les orages continuels me tuent, et toi aussi, je crois; je
nous plains donc beaucoup. Si l'été continue de la sorte, il
n'y aura ni santé ni peinture, et j'entends dire aussi ni bled,
ni avoine, ni rien.

Je rencontrai dernièrement, dans une maison où je vais
beaucoup, M. de Marcieu, ton ancien collègue à Naples, si
je ne me trompe. J'ai d'abord été quelque temps à le reconnaître, puis il a levé le siège au moment où j'allais lui parler
de toi. Il a l'air d'un homme fort doux et d'un commerce

agréable; j'espère le revoir et le remettre sur ses souvenirs à ton occasion. Que ce monde est bizarre! Voilà un être que j'ai vu une seule fois, rue de Grenelle, il y a vingt ans. Qu'a-t-il fait depuis? qu'avons-nous fait nous-mêmes? Pourquoi sommes-nous encore là? pourquoi d'autres n'y sont-ils plus? Inexplicable vie, abîme de tristesse et d'ennui quand on regarde par-dessus le bord. Il faut se tenir coi dans sa cale comme des passagers dans la cabine, et ne pas sonder, même du regard, les profondeurs qui nous environnent...

Il fait un orage du diable. Je fais des paquets pour partir, choses atroces pour moi à un point égal. Il ne manque plus que la diligence pour compléter mon martyre.

A M. L. RIESENER.

Eaux-Bonnes, 25 juillet 1845.

Cher ami, je suis ici depuis trois jours, mais je ne sais que depuis hier si j'y resterai, parce que je n'ai vu qu'hier le médecin. Comme il était possible qu'il me congédiât vu le peu de temps que j'ai à rester, je n'aurais pu t'y donner mon adresse. Jusqu'ici je n'ai fait que me promener sur les routes, excepté quatre à cinq jours que j'ai passés avec mon frère, qui a loué une petite campagne sur le bord de la mer, près de Bordeaux. Je ne suis pas tout à fait acclimaté. J'ai fait le voyage le plus fatigant, surtout pour venir de Bordeaux, et je ne suis pas du tout remis de cette fatigue. La nature est ici très-belle; on est jusqu'au cou dans les montagnes et les effets en sont magnifiques. Ce qui m'a plus étonné encore que leur beauté, c'est l'indifférence avec laquelle tout le monde les regarde, y compris les artistes, y compris Roqueplan et Huet, que j'ai trouvés tous deux ici : le premier va très-bien, le second n'a

pas encore pu se faire aux eaux et les a suspendues. Il y a un
tel engouement pour ces eaux à présent, qu'il est de la plus
grande difficulté de se loger ; j'ai été deux jours dans une
chambre qui était un vrai galetas. Je ne suis établi que depuis
hier soir dans un gîte respectable. On ne voit qu'élégants,
beaux dès le matin dans des cravates resplendissantes. Je n'ai
jamais compris la fureur de venir s'amuser dans des endroits
où on rencontre à chaque pas les plus tristes tableaux de
malades, de gens qui toussent et se traînent pour chercher la
santé. Ils font ici des bals, des soirées comme à Paris, et font
tout ce tapage à l'oreille de ces moribonds qui sont porte à
porte avec eux.

J'espère être à Paris au plus tard le 15 août. Le médecin
m'a dit qu'en quinze jours il pourrait sans doute me tirer
d'affaire, mon cas n'étant pas grave ; il m'a ausculté, examiné
de toutes manières.

A M. PIERRET,

Eaux-Bonnes, Basses-Pyrénées, chez M. Miraud.
26 juillet (1845).

Cher ami, je suis ici depuis quelques jours, mais je
n'étais pas sûr d'y rester. Je craignais que le médecin ne
trouvât que j'avais trop peu de temps à donner à la saison ;
dans ce cas, je serais reparti tout de suite. Je ne suis pas venu
directement, comme tu sais. J'ai été à Bordeaux voir mon
frère, que j'espérais emmener avec moi pour passer ensemble
tout le temps possible : le docteur se fait fort de me tirer
d'affaire avec les quinze jours environ que je pourrai lui
donner. Dieu le veuille !

Je me suis vu d'abord ici dans un véritable guêpier. On
trouve aux eaux une foule de gens qu'on ne voit jamais à

Paris; et moi qui fuis les conversations, surtout les conversations oiseuses, je me voyais d'avance assassiné. Il faut donc
une certaine adresse pour éluder les rencontres, et c'est fort
difficile dans un endroit qui est fait comme un entonnoir et
où on est par conséquent les uns sur les autres. La beauté
des sites me console un peu de l'ennui des figures. C'est de la
montagne pour tout de bon, et quoique je n'aie pas vu les
parties les plus remarquables, je m'en tiens satisfait. Le
costume des indigènes est aussi très-joli : celui des femmes
est plein de caractère et très-inspirateur. On n'entend de tous
côtés que chutes d'eau qui vous font croire qu'il pleut à
chaque instant...

J'ai eu toutes les difficultés du monde à me loger; on vous
offre à votre arrivée des trous à ne pas mettre des animaux.
Il y a force élégants qui donnent des bals et des raouts. Tu
juges comme la musique qu'ils font jusqu'à minuit et plus
chatouille agréablement les oreilles de ces malheureux
malades pour tout de bon qui viennent ici pensant trouver la
paix et le repos. C'est le plus drôle des contrastes, si cependant
les figures allongées qu'on rencontre à chaque pas et la toux
qui est un accompagnement à la plupart des conversations
ne ramenaient à des idées noires.

J'ai trouvé ici Huet et Roqueplan. Le premier n'a pas
encore éprouvé d'effet des eaux; quelques accidents qu'il a
éprouvés l'ont empêché d'en profiter jusqu'à présent. Quant
à Roqueplan, il est fort bien. On l'a apporté ici mourant, et
il a l'air de tout le monde. Je te plains bien de ne pas voyager : malgré les inconvénients et les fatigues, c'est une grande
diversion aux ennuis de ce bas-monde. On a vécu davantage
au demeurant en moins de temps. C'est un profit tout clair
puisqu'on ne se fait pas la barbe plus souvent pour cela et
qu'on n'en monte pas la garde davantage...

E. D.

A M. THORÉ,

RUE MONTMARTRE, 178.

Mon cher monsieur, je viens de voir une gravure de M. Waquez qui me fait revenir sur l'hésitation que je vous avais montrée à le charger d'une chose importante. Je crois, toute réflexion faite, qu'il serait encore le plus capable de faire d'après moi quelque chose de senti et de soigné. Comme c'est un homme que j'aime beaucoup sous beaucoup de rapports, je vous demande en grâce, dans le cas où vous vous décideriez aussi à lui confier quelque chose, à ne pas lui faire part du petit doute que j'ai eu à son sujet. Dans tous les cas, je serais plus assuré avec lui qu'avec qui que ce soit d'une grande conscience et d'une grande docilité.

Recevez, comme toujours, tous mes dévouements bien sincères.

E UG. D ELACROIX.

Ce 25 septembre 1845.

A M. MOUILLERON.

Mon cher monsieur, je vous serais bien obligé si vous pouviez me renvoyer d'ici à peu de jours les deux aquarelles et le petit *Grec* en pied peint à l'huile que je vous prêtai l'année dernière. J'aurais besoin de revoir ces différents objets et vous les reprêterai de nouveau quand vous voudrez.

J'ai été bien contrarié de vous avoir dérangé inutilement pour le dessin des *Sauvages*. Il paraît que l'entrepreneur s'est arrangé avec un artiste qui a bien mal rendu cette planche dont vous auriez fait quelque chose de charmant.

Vous m'aviez fait espérer quelques épreuves de la lithographie que vous avez faite du *Tasse en prison*. J'y tiens d'autant plus que c'est une des plus réussies que vous ayez faites.

Recevez mes compliments et amitiés.

EUG. DELACROIX.

Ce 1er octobre.

Il s'agissait d'une affiche devant représenter les sauvages Iowais qu'avait amenés et qu'exhibait le capitaine Catlin. M. Delacroix témoignait d'une vive estime pour le talent si distingué et si précis du litho-graphe Mouilleron. « Je voudrais, nous disait-il un jour, être assez riche pour pouvoir l'enfermer chez moi et lui faire reproduire toute mon œuvre. » Et il nous montrait à l'appui une épreuve de la *Mort de Valentin*, où tout l'effet, le charme de la peinture sont traduits dans la légèreté des demi-teintes, la variété des reflets et des valeurs de tons.

A M. PIERRET.

Bordeaux, 3 janvier 1846.

... Je suis arrivé trop tard pour trouver mon pauvre ami vivant.

... Au milieu de tant de cruelles émotions, j'ai trouvé ici quelques personnes aimant mon frère, qui se sont chargées de presque tout ce qui était à faire pour les funérailles. Elles se sont faites hier. J'ai été bien touché de l'empressement des militaires. Il y avait une émotion pleine de respect et de convenance dans ces jeunes officiers, à la vue de ces nobles restes, de cette vie modeste et de cette noble vie. Toi qui as enseveli ton fils, tu comprends ce qui se passe dans le cœur de celui qui embrasse un tél frère glacé par la mort. Je tire un voile sur cette chère image qui vivra toujours pour moi. Quel bonheur encore que je sois arrivé à temps pour que tout fût ce qu'il devait être pour que cette mémoire fût entourée de respect et d'honneur !...

Voici l'inscription que Delacroix fit graver dans le cimetière de Bordeaux, sur la dalle des tombeaux de son père et de son frère :

« *Ici repose le corps de Charles-Henry* DELACROIX, *baron de l'empire, maréchal de camp, commandant de la Légion d'honneur, chevalier de Saint-Louis et de la Couronne de fer, né à Paris le 9 janvier 1779, mort à Bordeaux le 30 décembre 1845.*

« *Volontaire dans la marine à 14 ans, lieutenant sur le champ de bataille de Novi, capitaine de chasseurs à cheval de la garde consulaire à Marengo, colonel sur le champ de bataille d'Eylau ; les champs de l'Italie, de l'Allemagne, de l'Illyrie, du Tyrol, de la Pologne, de la Russie furent tour à tour les théâtres de sa brillante valeur.*

« *Blessé et prisonnier après la campagne de 1812, il méritait l'admiration de l'ennemi pour son caractère noble et chevaleresque.*

« *Dans la retraite profonde où il acheva sa vie, sans considérer ni son âge ni ses blessures, il se dévouait, aux yeux d'une commune entière paralysée par le danger, pour arracher deux jeunes gens à une mort certaine.*

« *Il fut l'ami et le compagne d'*EUGÈNE, *le moderne Bayard.*

« *Eugène Delacroix, resté seul de sa famille, a consacré*

*ce simple monument de sa douleur aux mânes chéris de son
père et de son frère. »*

A M. ROCHE,

ARCHITECTE, A BORDEAUX, ALLÉE D'ALBRET.

Paris, 15 février 1846.

Monsieur..., la cause de ce retard vient de ce que je
voulais vous annoncer l'envoi du buste : voici ce qui l'a
retardé. J'ai eu l'idée, en m'en séparant, de conserver en
bronze au moins le masque, et je me suis adressé à un habile
homme de ma connaissance pour que la besogne fût bien
faite... Je ne vous envoie pas le socle en marbre dont je vous
avais parlé ; il est effectivement plus petit que la base du
buste et était destiné à le faire porter sur une colonne en stuc
plus étroite. Pendant que nous en sommes sur ce sujet, je
vous demanderai dans l'inscription relative à mon frère de
mettre *mort à Bordeaux,* au lieu de *décédé.* Toute réflexion
faite, je trouve à ce dernier mot, en dépit de l'usage, quelque
chose de vulgaire ou, si vous voulez, de légal, qui ne va pas
à la tristesse des tombeaux...

N. B. J'ai mis dans l'épitaphe *commandant* de la Légion
d'honneur et non pas *commandeur,* qui est l'appellation
moderne.

— Voudriez-vous faire mettre en très-petits caractères
l'alinéa qui me concerne ?

— Ne point mettre le *Requiescat in pace* sacramentel : il
suffit de la croix de fer sur la grille ou, s'il le faut, au bas de
l'inscription.

— Vous trouverez peut-être l'inscription un peu longue.
Cependant il était difficile d'en moins mettre.

A M. ROCHÉ,

... Je crains d'être bien en retard et de vous avoir fait
attendre en ce qui concerne l'épitaphe de mon frère et ses
armes. Je vous en ai fait un calque que je vous envoie.

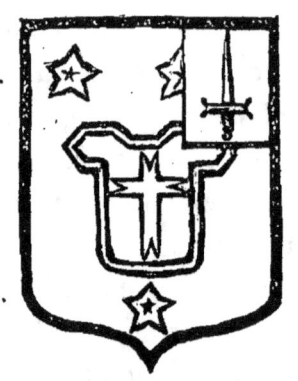

Pour l'exécution, j'en reviens à notre première idée, qui consiste
à sculpter l'écusson comme il est sur le tombeau de l'Espagnol
que vous m'avez montré à la Chartreuse, et non pas simplement
tracé avec des lignes en noir. Je crois, en définitive, que cela
fera beaucoup mieux, surtout n'ajoutant pas d'autres accessoires.
Il m'a semblé que, si nous ajoutions le chapeau et les plumes
de baron et les décorations au bas, nous serions obligés de
faire l'écusson tellement petit qu'il perdrait tout intérêt. Je
pense que, les qualités étant détaillées dans l'inscription, cela
suffira bien, — je laisse cela, au reste, à la décision de votre
goût, — ou il ne fallait rien mettre du tout.

— Quant aux caractères, les creuser profondément. Faire en sorte que le corps de la lettre se détache bien. En un mot, peu de déliés et les pleins bien accusés. L'inscription en sera plus durable et plus facile à lire.

Mille pardons de tous ces détails.

———

A M. C. DUTILLEUX,

PEINTRE, A ARRAS.

Ce 27 mai 1846.

Monsieur, je reçois votre lettre et je commence par vous remercier bien sincèrement du sentiment qui vous a·porté dans cette circonstance à penser à moi. Quant à l'objet lui-même, j'ai d'abord été un peu effrayé, malgré tout le plaisir que j'aurais à faire dans votre ville un travail aussi important, et cela à cause de la forme de l'objet à peindre. Je viens précisément d'achever une coupole au Luxembourg, et c'est une besogne des plus fatigantes du monde. Cependant j'ai repris courage, et, grâce surtout à la commodité du chemin de fer, qui me permettra de ne pas renoncer à mes autres engagements, je pourrai m'en tirer, j'espère. La plus grande difficulté, sans parler de celle d'obtenir le travail, me·paraît être dans l'allocation des fonds de la part du ministère. Je sais qu'ils sont très-pauvres; il faudrait donc de la part de l'évêque et des *députés surtout* une certaine insistance, et peut-être qu'une intervention de la Ville elle-même serait plus déterminante.

Seriez-vous assez bon pour me dire s'il faudrait commencer dès à présent les démarches? Veuillez aussi me donner une idée de la forme et de la place. Est-ce une coupole complette *(sic)* ou seulement une partie de coupole? et surtout est-elle

bien éclairée? Le défaut de lumière est une des plus grandes
causes de difficulté.

Je m'applaudirais bien de cette occasion d'être plus à même
de vous voir souvent, et j'ai l'indiscrétion de penser aussi que
dans le cours d'un aussi long travail je pourrais, comme par
le passé, compter sur cette obligeance si amicale et si aimable
dont vous venez de me donner une nouvelle marque.

A M. ROCHE.

Paris, 6 mars 1847.

... J'ai été repris au commencement de l'automne
d'accidents très-fâcheux à la gorge, auxquels j'étais sujet et
dont je me croyais en partie délivré. De plus, je me suis vu
forcé de terminer enfin les peintures de la Chambre des pairs.
Ce travail, qui au point où il en était, aurait été peu de chose
en toute autre situation, me devint tellement pénible — car
c'était une voûte — que j'étais obligé de laisser après chaque
séance des intervalles de repos absolu. Il m'aurait été impossible
même de rien achever pour le Salon. Heureusement que les
objets que je pouvais y exposer étaient terminés depuis
longtemps et déjà la propriété d'amis ou d'amateurs.

J'eusse désiré aussi, dans cette circonstance, vous envoyer
quelque chose de plus important. Je n'ai pu m'y remettre
qu'après mon travail du Luxembourg. Je ne sais si le sujet
vous plaira. Comme au dernier Salon j'avais exposé un lion
qui avait généralement fait plaisir, j'ai pensé à vous envoyer
une espèce de pendant à ce tableau. Je travaille maintenant
à mon petit *Christ au jardin des Oliviers*, que je fais au pastel
et que je prierai Mme Roché d'accepter en souvenir de ses bontés pour moi, cas auquel je la prierai de lui donner une petite

place dans son oratoire. Mais, mon tableau étant tout à fait sec maintenant, je n'ai pas voulu en retarder l'envoi, et je vous prie de vouloir bien l'agréer en attendant...

Le pastel destiné à Mme Roché, en reconnaissance des soins que son mari avait pris à l'exécution des tombeaux de famille, ne fut mis à la diligence que le 17 février 1850. « Il s'est passé tant de choses, disait Delacroix dans sa lettre d'envoi, et nous avons eu, comme tout le monde, tant d'occasions de trouble et de chagrin, que ce n'est qu'en tremblant qu'on s'informe les uns les autres après de pareils événements... »

———

A M. M***.

Monsieur,

Je trouve en arrivant à Paris la lettre que vous m'avez fait l'honneur de m'adresser, et je m'empresse de vous répondre que, depuis deux ans, j'ai entièrement renoncé à prendre des élèves, à cause des dérangements que j'en éprouvais dans mes travaux. Je regrette vivement, monsieur, de ne pouvoir vous donner une réponse plus conforme à ce que vous désirez.

J'ai l'honneur d'être, monsieur, votre très-obéissant serviteur.

EUG. DELACROIX.

Ce 1er juillet 1847.

———

A SOULIER.

Ce mardi matin 13. Sans millésime.

... Tu as raison, il faut prendre au vol le bonheur passager que comporte encore la vie à notre âge. Je me regarde comme ce mouton enfermé dans une bergerie qu'on laisse brouter çà et là quelque maigre provende jusqu'à ce qu'une grande main vienne l'emporter et le faire disparaître. Je jouis donc de ces petits revenants-bons, en attendant le moment de tout quitter. Quelquefois je me demande s'il est réellement possible de jouir de ce dont on entrevoit la fin prochaine. Enfin, c'est la vie, et il faut, comme tu le dis, nous trouver plus heureux que Cottran et la pauvre Ronzé. Ce qui a dû la consoler ou la préparer, c'est que sa beauté était partie avant elle. Dans ce sens-là la nature ne nous prend pas en traître. Elle nous donne des signes certains que nous ne sommes plus bons à rien, avant ce grand coup de massue que nous ne sentons probablement pas...

A M. E. LEPOITEVIN.

Ce mercredi.

Mon cher Lepoitevin, je vous prie de vouloir bien être mon interprète auprès de nos confrères de la Commission pour les prier de m'excuser si je ne puis me rendre à la séance de demain. Je suis trop indisposé pour me permettre une sortie, surtout le soir : je l'étais déjà la dernière fois, et il aurait été plus prudent à moi de garder la chambre.

J'ai réfléchi à un des objets les plus intéressants qui se rattachent à notre projet d'exposition : j'aurais à cœur de soumettre mes idées à ces messieurs au sujet de la formation du jury. J'ai, au reste, déjà parlé de ces idées à quelques-uns d'entre eux, qui m'ont paru les accueillir. Dans le cas où je ne serais pas présent quand il sera question de cet article important, je prends la liberté d'en dire ici quelques mots que vous communiqueriez à la Commission et qui mettraient peut-être sur la voie de quelque chose de meilleur encore.

Une idée de l'ancien projet, quoique inexécutable à la pratique, présentait un grand avantage : c'était de rendre en quelque sorte tout le monde juge de tout le monde. On sera frappé en même temps du désagrément de la perte de temps et de la difficulté dans les fonctions de jurés, surtout quand ils fonctionnent en petit nombre.

Je crois qu'il n'y aurait aucun inconvénient à faire nommer par les exposants *cinquante jurés*, tout autant, mais qui, n'agissant que par fractionnement de cinq ou sept personnes au plus (trois, à mon avis, ne feraient que mieux la besogne), ne verraient revenir leur tour qu'à des intervalles assez éloignés pour leur ôter toute lassitude. Il serait facile de régulariser le retour des fonctions de chacun.

On peut objecter que cinquante artistes choisis parmi tous les exposants ne soient point aptes à classer des tableaux. Il n'est pas nécessaire d'avoir le plus grand talent pour avoir une connaissance suffisante du degré d'un mérite qui ne consisterait que dans la possibilité d'être admis à l'exposition. On aurait aussi, par ce moyen, l'avantage de donner ce privilége à un plus grand nombre d'artistes. J'ajouterai même qu'il couperait court aux critiques qu'on ne manque pas de se permettre sur des juges qu'on a nommés soi-même et qui ont la bonté d'employer un temps précieux pour ne satisfaire personne.

Agréez, mon cher confrère et bon camarade, l'assurance de mes sentiments dévoués.

A M. THORÉ,

RUE NOTRE-DAME-DE-LORETTE, 29.

Mon cher ami, avant de m'engager définitivement avec la personne qui veut bien se charger de l'exposition, j'ai

réfléchi de nouveau, et je viens vous prier d'être mon interprète auprès de ces Messieurs pour les prier de me rendre ma
parole et de vouloir bien m'accepter, au lieu de membre
fondateur de la Société, comme simple membre honoraire.
J'ose dire qu'en cette qualité, je serai l'un des plus assidus
et avec grand plaisir. Je recule en présence d'un engagement
qui me lierait pour un aussi grand nombre d'années. Il me
mettrait par-dessus tout dans une situation désagréable vis-
à-vis de plusieurs amis qui, par suite du nombre restreint, n'en
feront pas partie. J'ai conçu dès le commencement et n'ai
cessé d'envisager cette Société comme un remède aux abus du
jury; par conséquent, j'ai toujours pensé qu'il était indispensable d'y comprendre le plus grand nombre possible d'hommes
de talent *ou reconnus pour tels par une portion du public.*

Je pense que votre ami ne voudra pas se prévaloir d'une
adhésion donnée contre mon sentiment intime. J'espère aussi
que ces Messieurs ne verront dans mon refus que des impossibilités qui datent des premiers moments où je me suis occupé
de ce projet avec plusieurs d'entre eux...

EUG. DELACROIX.

Ce 13 février 1848.

A SOULIER.

8 mai 1848.

Cher ami, je ne t'ai pas écrit et je ne t'ai cependant pas
oublié. Ta lettre, quand elle m'est arrivée, m'a mis un peu
de baume dans le sang. Nous venions d'assister à une terrible
chape-chute, et j'ai été certes pendant près d'un mois comme
si j'avais reçu sur la tête une maison. J'ai pris mon parti.
J'ai enterré l'homme d'autrefois avec ses espérances et ses
rêves d'avenir, et à présent je passe et repasse avec un certain

calme apparent sur le tombeau où j'ai renfermé tout cela comme s'il s'agissait d'un autre. Je crois que tout le monde; suivant la trempe dont il est doué, a subi la même métamorphose, un peu plus tôt, un peu plus tard. On s'accoutume à être réuni, on assiste à un spectacle fort curieux, mais un peu cher. Nous allons tous grouiller comme des gueux que nous serons autour de l'autel de la Patrie. Mais les principes avant tout. On parle d'une fête dans laquelle on verra le bœuf Apis, des chars de triomphe remplis et suivis de quatre à cinq cents vierges. Il fallait encore une révolution pour opérer toutes ces merveilles.....

Es-tu tranquille pour ta position? voilà ce que je voudrais savoir. J'espère que tu as moins d'émotions désagréables dans la campagne que nous dans notre Babylone. A part quelques tiraillements, tu dois avoir des moments de distraction dans ce spectacle des champs et des arbres qui ne change jamais. Pour nous, il nous est impossible de perdre un seul instant de vue le présent et l'avenir. Les journaux que l'on crie toute la journée dans les rues, les conversations effarées de chacun et les fonctions continuelles nous mettent sans cesse en face de la position.

Que nous sommes vieux et que cela va nous rendre vieux! J'ai vu des enthousiastes, et ceux-là étaient jeunes. Rien ne démontre mieux que les révolutions la nécessité où sont absolument les vieillards de céder la place à de nouveaux aspirants à la vie. Moi, je suis froid comme un marbre, et peut-être finirai-je par devenir aussi insensible.

... J'avais fini dans ces derniers temps par me perdre presque les yeux à force de lire les journaux: c'était une soif que je ne pouvais éteindre. J'ai pris décidément la résolution de n'en plus lire un seul. Les événements se passeront de mon appréciation puisqu'ils se passent de ma coopération et qu'on ne m'a pas consulté pour ce qui s'est fait. Adieu, cher ami, enveloppons-nous dans notre manteau si nous en avons un. Gardons encore une vieille bouteille pour l'amitié; tout cela mènera à quelque chose. En attendant, je vous souhaite à tous les deux le calme et la patience.....

E. DELACROIX.

A M. CH. DE MORNAY.

Champrosay, Seine-et-Oise, ce 8 août.

Cher Charles, j'ai mis du retard à vous écrire pour vous demander si vous étiez à la campagne, et si vous voulez de moi à présent. Je l'aurais fait plus tôt sans une maudite tâche que j'ai acceptée, et dont j'ai voulu me débarrasser tout d'un coup; ceci n'est rien moins que de la littérature. Enfin j'en suis quitte. Pour la pauvre peinture, toutes les fois que j'ai voulu toucher un pinceau depuis quelques mois, j'ai été forcé de me dire que le temps n'était pas encore arrivé. Je me demande toujours à quoi cela va me servir dans un temps de barricades et de faux patriotisme. Ce ne sont pas des muses faites pour inspirer. Le fait est que je n'ai pu rien faire qui vaille, et que je vis sans rien faire, sauf mon maudit article. A présent que j'en suis hors, je m'étonne d'avoir pu en venir à bout.

Voulez-vous, cher ami, mettre d'avance aux pieds de Mme de Mornay l'hommage de mon respect, et me croire en même temps votre bien sincère et bien dévoué?

A Mme LA BARONNE DE FORGET.

Champrosay, vendredi, août 1848.

Bonjour, chère amie; me voilà ici depuis quelques jours, essayant de me remettre à quelque chose. Il y a si longtemps

que je n'ai touché à ma pauvre peinture que je ne sais par
quel bout la prendre. Je ne suis pas non plus très-bien portant.
Les matinées surtout sont d'une lourdeur et d'une maussaderie
extrêmes, et la vie n'en passe pas moins! voilà ce qui me
désespère.....

... Donnez-moi de vos nouvelles. On ne parle pas de
nouvelles agitations, quoiqu'on les ait craintes depuis quelques jours. Ce procès va peut-être renouveler quelques
grabuges[1]. Arriverons-nous à un peu de calme?.., etc.

A Mme DE FORGET.

Champrosay, mardi, 4 octobre 1848.

Chère amie, que vous est-il arrivé? Je n'ai point de nouvelles de vous depuis bien longtemps, et je ne puis en deviner
la cause. J'ignore ce qui se passe à Paris, ne le recherchant
pas, évitant même de le savoir. L'entreprise que j'ai en train est
si lourde, vu la rapidité de la saison, que je ne veux pas être
troublé par l'idée du désordre public; en outre, j'ai des modèles qui se fanent du jour au lendemain et qui ne me laissent
pas respirer.....

J'ai appris, malgré mon ignorance de toutes choses, que
le prince Napoléon avait été installé à la Chambre, et que
sa présence n'avait été l'occasion d'aucun désordre; j'en ai été
très-content, surtout pour l'intérêt que vous lui portez. Je
pense que sa présence à Paris vous aura donné quelques
distractions. Quant à lui, il ne trouve pas Paris dans un état
à faire envie d'y demeurer, et il y arrive juste au plus
mauvais moment.

1. Le procès de Bourges.

A Mme DE FORGET.

Jeudi, huit heures du matin, 1849.

Chère amie, j'ai reçu hier votre bonne lettre, et j'y réponds aussitôt que possible. Je suis revenu lundi comme je me l'étais proposé ; j'ai dîné avec M. P... qui m'a donné de fort bonnes idées sur nos projets. C'est un homme de bon conseil : il me dit que toute place honorable qu'il me serait possible d'avoir, il faut la prendre. Il sait que j'aurais aux Gobelins moins d'affaires avec les personnes, et par conséquent plus d'indépendance. Je crois qu'il est lié jusqu'à un certain point avec M. Lanjuinais ; c'est ce que je saurai à mon retour. Tout ce que vous me dites là-dessus me confirme dans l'idée de laisser là les Musées, au moins pour le moment, et de jeter ce que nous aurons d'influence sur l'autre côté. J'ignore entièrement ce qu'est ce M. Badin, et son influence ; les Cavé m'en instruiront sans doute.

A Mme DE FORGET.

Champrosay, lundi 1849.

Chère amie, je m'empresse de vous écrire pour vous prier de demander à Vieillard qu'il suspende les démarches qu'il serait disposé à faire. Je me suis tâté et retâté, et ne trouve pas en moi définitivement l'étoffe d'un directeur. Je ne dors pas depuis que cette sotte idée m'était venue, et quand je vous en ai parlé l'autre soir, je l'avais presque abandonnée. J'en suis donc revenu à mes premiers sentiments. Je vous prie de laisser tomber cela dans l'eau tout à fait.

Je suis horriblement enrhumé. Les marguerites passent, et j'enrage de voir la rapidité de l'existence de toutes ces humbles fleurs si charmantes.

Votre gros-Jean comme devant,

E. DELACROIX.

A M. C. DUTILLEUX.

6 février 1849.

Cher monsieur, il faut que vous excusiez le retard que je mets à vous répondre, et attribuez-le aux mille occupations ou plutôt à la négligence habituelle aux artistes qui leur fait toujours remettre au lendemain les affaires, même les plus importantes. J'ai été voir, presque aussitôt après avoir reçu votre lettre, les deux tableaux de fleurs; j'en ai exactement la même opinion que vous m'exprimez. Ils sont pleins de talent : la touche surtout en est surprenante; ils ne me semblent pécher que par le défaut qui est commun à presque toutes ces sortes d'ouvrages faits par des hommes spéciaux : l'étude des détails, poussée à un très-haut point, nuit un peu à l'ensemble. Je crois aussi que l'effet du temps est d'augmenter cette imperfection. Comme l'artiste, en exécutant, a moins procédé par de grandes divisions locales de lignes et de couleurs que par une attention extrême à exprimer les différentes parties, les objets qui dans le tableau servent en quelque sorte de fond à chacun de ces détails, mis en relief avec une trop grande complaisance, disparaissent à la longue, et il ne reste que cet éparpillement qui nuit un peu à l'effet. Tout cela n'ôte pas réellement de valeur à ces tableaux dont l'exécution est trop supérieure pour être confondue avec tout ce qui se fait en ce genre.

Vous avez la bonté de me parler des tableaux de fleurs que

je suis en train d'achever[1]. J'ai, sans parti pris, procédé d'une façon toute contraire à celle des deux ouvrages en question, et j'ai subordonné les détails à l'ensemble autant que je l'ai pu. J'ai voulu aussi sortir un peu de l'espèce de poncif qui semble condamner tous les peintres de fleurs à faire le même vase avec les mêmes colonnes ou les mêmes draperies fantastiques qui leur servent de fond ou de repoussoir. J'ai essayé de faire des morceaux de nature comme ils se présentent dans des jardins, seulement en réunissant dans le même cadre et d'une manière un peu probable la plus grande variété possible de fleurs. Je suis à présent dans l'inquiétude de savoir si j'aurai le temps de finir, car je n'ai pu encore m'y remettre, et il y a beaucoup à faire. S'ils sont finis à temps et comme je le désire, je les mettrai probablement au Salon. Il y en a cinq, ni plus ni moins.

J'ai fait effectivement à différentes époques quelques essais d'eaux-fortes; tout cela est dispersé. Cependant j'en réunirai le plus que je pourrai, et je vous les ferai parvenir par M. Souty, aussitôt que je les aurai retrouvées, toutes ou en partie, mais je vous préviens d'avance qu'elles n'ont guère d'importance.

Adieu, cher monsieur, je vous suis bien reconnaissant de votre bon et aimable souvenir. Votre flatteuse approbation m'encourage beaucoup; j'en dis autant de l'amitié que vous me conservez. J'éprouve, en prenant des années, que les affections sincères et désintéressées sont bien rares. Les artistes, en particulier, savent difficilement à quoi s'en tenir sur les opinions qu'on leur exprime ou sur les sentiments des personnes qui les entourent...

E. DELACROIX.

1. Quatre magnifiques compositions qui figurèrent à la vente posthume de son atelier. Il y travaillait déjà dans l'automne précédent. (V. p. 197.)

A M. L. RIESENER.

Champrosay, 9 juin 1849.

Cher ami, je reçois à l'instant ta lettre et t'en remercie beaucoup. J'avais entrevu mes tableaux le jour où je suis retourné au Salon pour le placement, et ils m'avaient fait une mauvaise impression ; tu serais bien aimable, en mon absence, car je suis très-souffrant et il me coûte beaucoup de faire la course, tu serais bien aimable, dis-je, de faire comme pour toi, et de me rendre le service de faire retirer les deux qui sont les plus faibles, à moins que tu n'entrevoies la possibilité de les faire placer plus à leur avantage. Cependant je n'insiste pas du tout là-dessus. Je crois même que, tout bien considéré, il vaut mieux les retirer tout à fait. Je n'avais pas du tout l'intention de les retoucher, et ils sont tels qu'ils resteront. Ce qu'il y a de curieux, c'est que dans mon atelier ils étaient aussi brillants que les autres...

E. D.

POUR M. ARSÈNE HOUSSAYE.

Champrosay, 29 juin 1849.

Monsieur,

Je ne reçois qu'à l'instant et par un malentendu des personnes qui devaient m'envoyer mes lettres celle où vous me demandez une lithographie de mes *Femmes d'Alger*. Je suis malheureusement dans l'impuissance de le faire ; aussitôt après la fin de mes travaux, j'ai été pris d'une indisposition qui m'a forcé d'aller vivre à la campagne, où je suis encore, et ce genre de travail me serait plus difficile encore, étant éloigné de Paris, et n'ayant pas le moindre croquis. D'ailleurs le médecin m'a interdit pendant quelques jours encore de travailler.

Vous vous rappellerez sans doute, monsieur, que tout en vous exprimant le désir que j'avais de vous être agréable autant que possible, ma promesse était toute conditionnelle : je vous fis part dès lors des difficultés que je prévoyais à l'exécution de l'objet même que vous voulez bien me demander. J'espère que je serai assez heureux pour retrouver l'occasion de faire pour l'*Artiste* quelque dessin qui remplace celui-ci et je le chercherai avec empressement. Ayez la bonté d'exprimer à M. Houssaye tout mon regret avec mille compliments dévoués.

Agréez en particulier, monsieur, etc.

EUG. DELACROIX.

A Champrosay, Seine-et-Oise.

Cette lettre fut écrite à propos d'un article élogieux sur les *Femmes d'Alger,* du Salon de 1849, publié par M. Peisse dans le *Constitutionnel* du 8 juillet[1].

A M. LÉON PEISSE.

Ce 15 juillet 1849.

... Je n'ose dire que tout ce que vous écrivez là est d'une grande justesse parce que j'en recueille le bénéfice. Ce que vous dites de la couleur et des coloristes ne s'est jamais dit beaucoup. La critique est comme bien des choses, elle se

1. Elle a été publiée par Th. Silvestre, dans la *Galerie Bruyas*.

traîne sur ce qui a été dit et ne sort pas de l'ornière. Ce *fameux Beau,* que les uns voient dans la ligne serpentine, les autres dans la ligne droite, ils se sont tous obstinés à ne le voir que dans les lignes. Je suis à ma fenêtre, et je vois le plus beau paysage ; l'idée d'une ligne ne me vient pas à l'esprit : l'alouette chante, la rivière réfléchit mille diamants, le feuillage murmure ; où sont les lignes qui produisent ces charmantes sensations ?

Ils ne veulent voir proportion, harmonie qu'entre deux lignes : le reste pour eux est chaos, et le compas seulement juge.

Pardonnez-moi ma verve critique contre nos critiques. Notez que je me mets humblement à l'abri des grands noms que vous citez, tout en leur faisant la part encore plus belle que celle qu'on leur fait ordinairement. Oui, Rubens dessine. Oui, Corrége dessine. Aucun de ces hommes-là n'est brouillé avec l'idéal. Sans idéal, il n'y a ni peintre, ni dessin, ni couleur. Et ce qu'il y a de pis que d'en manquer, c'est d'avoir cet idéal d'emprunt que ces gens-là vont apprendre à l'école, et qui ferait prendre en haine les modèles.

Comme il y a plusieurs volumes à faire là-dessus, je m'arrête pour en revenir au plaisir que vous m'avez fait...

EUG. DELACROIX.

A M. LAGUICHE.

ARTISTE PEINTRE, COUR DES PETITES-ÉCURIES, 5.

Mardi, 14 août 1849.

Monsieur,

Je regrette beaucoup de ne pas m'être trouvé chez moi quand vous avez pris la peine d'y passer. M. de Luynes a effectivement présenté votre affaire à la Commission. Quoiqu'elle ait pris une décision par laquelle elle ne se regarde pas comme fondée à appuyer auprès du ministre les réclamations comme la vôtre, cette dernière pour cette fois a été prise en considération et appuyée près de M. Ch. Blanc. Mais il ne peut malheureusement que répéter que vous serez pensionné à la première vacance. On a récemment été obligé de donner une pension à la veuve d'Antonin Moine qui s'est suicidé; de plus, la pension que touche M. Isabey est prise sur le fond des Beaux-Arts. Vous voyez, monsieur, que bien contre mon gré, mes efforts et ceux de M. de Luynes ne pourront avoir qu'un effet reculé. Je ne vois donc de mon côté rien à faire dans ce moment et vous prie de croire à mon sincère regret.

Agréez, etc.

EUG. DELACROIX.

La chapelle des Saints-Anges commandée pour 6.587 fr., le 10 août 1849, ne fut mise en train qu'en 1853.

A M. CHARLES BLANC.

Mon cher ami, j'ai reçu l'avis de la commande de Saint-Sulpice, et viens vous faire mes remercîments bien sincères de votre si aimable intervention. J'aurais été vous dire tout cela avec bien du plaisir, si je ne me trouvais retenu par une fièvre qui, j'espère, ne sera pas grand'chose, mais qui m'a forcé à quitter hier le jury au milieu de la séance.

J'espère bientôt vous voir et vous renouveller *(sic)* de cœur mes remercîments.

P. S. J'ai reçu hier matin une nouvelle visite du pauvre vieux Laguiche. Mon cher ami, vous seriez bien bon de faire

quelque chose pour lui : la vieillesse et la pauvreté ! quelle
triste éloquence dans ces deux fléaux de l'humanité ! Ce
pauvre homme est vraiment bien digne de pitié !

E. D.

A M. DUTILLEUX.

Paris, 25 août 1849.

Mon cher monsieur, je n'ai pas répondu tout de suite à
votre lettre, me trouvant presque tous les jours allant de
Paris à la campagne. J'ai bien du regret de ne pouvoir être
utile à la personne dont vous me parliez. Certes, d'après
tout ce que vous me dites, elle a des titres plus que suffisants
pour obtenir des encouragements; mais j'ai eu à constater,
dernièrement encore, que mes recommandations étaient de
peu de poids. Je fais partie d'une commission des Beaux-
Arts, à laquelle on ne soumet que des objets d'un intérêt
général, comme règlements à faire, etc., etc., mais cette
position me met souvent dans la nécessité d'être en opposition avec l'administration, ce qui ne la dispose pas à
s'intéresser à mes demandes.

Vous ne me dites pas si M. Wagrez a exposé au Salon.

J'espère, mon cher monsieur, que vous voudrez bien
croire à mes regrets dans cette circonstance. Vous avez la
bonté de me parler de mon projet de voyage en Belgique :
j'en ai eu l'idée cet été ; mais beaucoup de choses sont venues à
la traverse, et cependant c'est un des plus agréables projets que
je puisse former. Pourrai-je l'accomplir l'année prochaine?
Dans tous les cas, je n'oublie pas que vous voulez bien être
mon cicerone à Arras, et vous serez sans doute, dans tout le
voyage, la personne que j'aurai le plus de plaisir à rencontrer.

Vous me parlez du siccatif d'Harlem ; je ne suis pas partisan de cette drogue, mais je vous indiquerai le siccatif de Courtray, qui est à votre porte et dont se servent tous les peintres belges. Il sèche à froid, et il suffit de quelques gouttes dans de l'huile de lin. Je crois que c'est la préparation la moins dangereuse, en ce qu'elle sèche véritablement. Je ne doute pas que vous puissiez vous en procurer facilement, en écrivant soit à Bruxelles, soit à Courtray.

Adieu, cher monsieur, conservez-vous bien par ces temps d'épidémie. Nous ne sommes pas tout à fait quittes, et la maladie pour être rare, n'en est que plus foudroyante [1].

A L. RIESENER.

29 août 1849.

Cher ami, je réponds à ton mot, tu peux m'obliger en parlant à Vieillard à l'occasion de Vernet. Le hasard a fait venir à ma connaissance, que Vernet m'a dans une antipathie qui le dispose à préférer tout le monde à moi : c'est à Rivet qu'il l'a dit l'autre jour, sans savoir qu'il était mon ami. Il faudrait donc que Vieillard obtînt du Président, de demander à Vernet de me porter, comme une chose qui lui serait agréable, tout uniment. Je vais, de mon côté, agir auprès de personnes qui pourraient quelque chose dans ce sens ; plus il y en aura, mieux ce sera. Je ne néglige rien : puisque je me suis mis en campagne, j'irais en Chine, s'il était possible, pour me faire appuyer. J'use des armes permises dans ma position. Je ne crois pas Schnetz aussi sûr que Vieillard pourrait le penser — dis-le-lui.

Contre mon attente, cela ne va pas trop mal ; allons donc

---

1. Le choléra régnait violemment en France.

de l'avant et profitons de tout. J'ai trouvé Couder très-bon garçon. Sitôt que je serai un peu libre, je t'arriverai.

Je t'embrasse donc.

EUG. DELACROIX.

A M***.

Ce lundi 28 octobre 1849.

Cher ami, je suis arrivé depuis mercredi. Vous voyez que la flânerie a été un peu longue, mais le beau temps a été si séduisant que j'ai profité de la circonstance. J'ai voulu tous ces jours-ci aller vous dire bonjour, et en attendant je vous envoie un billet pour aller demain au service de mon pauvre et cher Chopin. J'ai pensé qu'il vous serait agréable d'entendre le *requiem* très-bien exécuté, et il eût été très-difficile d'avoir des billets.

Je vous embrasse donc en attendant le plaisir de vous voir.

EUG. DELACROIX.

Chopin avait inspiré à Delacroix autant de tendresse que d'admiration. Frantz Liszt, dans un livre d'une forme singulière, consacrée à F. Chopin, décrit la chambre de l'illustre musicien : Henri Heine, Meyerbeer, Adolphe Nourrit, Hiller, le vieux Niemceviez, Mme Sand sont réunis autour du piano : «... Eugène Delacroix restait silencieux et absorbé devant les apparitions qui remplissaient l'air, et dont nous croyions entendre les frôlements. Se demandait-il quelle palette, quels pinceaux, quelle toile il aurait à prendre pour leur donner la vie de son art ? Se demandait-il si c'est une

toile filée par Arachné, un pinceau fait des cils d'une
fée et une palette couverte des vapeurs de l'arc-en-
ciel qu'il lui faudrait découvrir ?... »

A M. LE PRÉSIDENT DE L'ACADÉMIE
DES BEAUX-ARTS.

Paris, le 7 décembre 1849.

Monsieur le Président,

Je viens vous prier de vouloir bien mettre sous les yeux
de MM. les membres de l'Académie des Beaux-Arts, les
titres, malheureusement bien incomplets, sur lesquels j'ose
fonder ma candidature à la place vacante dans l'Académie,
par le décès de M. Garnier. J'appelle votre souvenir et le leur
sur un certain nombre de tableaux d'histoire et entre autres le
Dante et Virgile, le *Massacre de Scio*, le *Christ au Jardin des
Oliviers*, la *Justice de Trajan*, l'*Entrée des Croisés à Constantinople*, *Médée*, etc. J'ai été en outre appelé à décorer la
Coupole de la Bibliothèque du Luxembourg, la *Voûte et les
deux extrémités de la Bibliothèque du Palais de l'Assemblée
législative*, et plus anciennement la *Salle du Trône*, dans le
même édifice. Je prends la liberté de joindre à cette liste celle
de plusieurs tableaux d'un genre secondaire, tels que l'*Évêque de Liège*, *Marino Faliero*, les *Femmes d'Alger dans
leur intérieur*, un *Naufrage*, une *Noce Juive*, etc.

C'est pour la quatrième fois que j'ai l'honneur de me
présenter aux suffrages de l'Académie; cette insistance et le
désir très-naturel de faire partie d'un corps illustre suffiront-
ils pour faire excuser l'infériorité de quelques-unes des productions que j'ai mentionnées? J'éprouve une juste défiance
en approchant d'une réunion qui représente les traditions et
les principes éternels qui ont été ceux du grand goût chez

tous les artistes célèbres ; j'ose espérer pourtant que mon extrême insuffisance en présence des grands modèles ne passera
pas aux yeux de l'Académie pour l'indice d'une tiède admiration ou d'un médiocre respect pour les objets du respect et
de l'admiration de tous les siècles ; le culte passionné que je
leur ai voué est un titre que j'invoquerai avec plus de
confiance que tous les autres, pour être admis à l'honneur de
participer à de nobles travaux.

J'ai l'honneur d'être avec la plus haute considération, monsieur le Président, votre très-humble et très-obéissant serviteur.

EUG. DELACROIX,
Peintre.

A DAVID D'ANGERS[1].

Vendredi, 28 décembre.

Mon cher ami,

J'ai été malade toute cette semaine, et n'ai pu comme je
l'aurais voulu, aller vous remercier : pardonnez-moi donc
et croyez à toute ma gratitude. Je renonce à me présenter
cette fois-ci après mûres réflexions : toutefois, j'instruis
l'Académie par une lettre, de mon désir de le faire dans une
autre circonstance. Je crois qu'en voyant l'état de la question
vous approuverez le parti que j'ai pris.

Je vous envoie, avec mes remerciements, l'expression de
tout mon dévouement.

EUG. DELACROIX.

La section de peinture à l'Institut présentait : L. Co-
gniet, H. Flandrin, Alaux, E. Delacroix, Larivière,
Signol, Rouget. L'Académie ajouta : Vinchon, Hesse,
Gosse. M. Léon Cogniet fut élu, le 22 décembre 1849.

1. Ce billet nous est communiqué par la famille de l'illustre sculpteur.

Il s'agit ici de M. Pierre Andrieu, dont nous avons déjà vu le nom plus haut. M. Pierre Andrieu devint peu à peu bien plus que le « clerc » ainsi que le disait familièrement le Maître : il fut l'élève intelligent, dévoué, infatigable, qui livra à celui qu'il avait choisi toutes les forces dont l'avait doté la nature. Delacroix dans son testament récompensa de son mieux cette collaboration de toutes les heures qui nous reporte aux sûrs enseignements des grandes écoles.

A M. LE CURÉ DE VILLENEUVE-LES-BOULOIS.

(HAUTE-GARONNE.)

Champrosay, ce 7 mai 1850.

Monsieur le Curé, je suis bien confus d'avoir été si long-temps sans vous répondre : le principal motif a été que je comptais à chaque instant pouvoir vous annoncer une nouvelle qui, j'espérais, vous serait agréable, savoir, la possibilité d'employer votre neveu, mon clerc, à des travaux dont on m'avait fait la promesse. Je pense qu'il a dû déjà vous donner avis de la commande définitive que j'ai obtenue et de l'assurance que je me suis plu à lui donner que je le ferai travailler avec moi. Outre l'avantage qu'il y pourra trouver, vous verrez avec plaisir que c'est en même temps une garantie de ses projets, car ce que j'ai à faire est un ouvrage très-difficile et que je n'eusse pas confié à un homme inexpérimenté. Je me suis assuré de nouveau de tout ce qu'il a acquis depuis quelque temps en examinant au Louvre les copies dont il était chargé. Je me plais à croire qu'elles rempliront com-plétement leur objet, car il est difficile de copier avec plus d'exactitude et en même temps avec plus d'agrément. Il y avait dans le tableau de Rubens une difficulté de plus, la toile de la copie était d'une dimension beaucoup plus considérable que celle de l'original ; il fallait donc beaucoup de goût pour conserver tout l'esprit du Maître dans une reproduction de ce genre. J'ai appris qu'il était inquiet sur le succès de l'ouvrage qu'il avait entrepris ; je serais fort étonné qu'à l'inspection de son œuvre, tout connaisseur en peinture ne fût pas de mon avis : je me flatte donc qu'il sera apprécié comme il le mérite.

Permettez-moi, monsieur le Curé, de vous renouveler en même temps mes compliments sur son bon naturel ; c'est un jeune homme digne de toute votre estime et de toute votre affection.

_____

A SOULIER.

Paris, 23 mars 1850.

Cher ami,

... La vie ne va que par soubresauts et presque toujours ce sont des chagrins. Le temps où nous vivons nous fournit une moisson plus ample que la vie n'en comporte d'ordinaire. Tristesse pour le présent, inquiétude pour l'avenir ; il n'y a donc que le passé, et se réfugier dans le souvenir est une grande consolation. Où sont notre jeunesse et notre insouciance? Je ne passe jamais sur la place Vendôme sans lever les yeux sur la petite fenêtre qui est toujours la même; mais que de choses ou plutôt que d'hommes ont changé, sans compter tout ce qui a disparu. Il y a un mois ou deux on m'a fait voir le tableau d'animaux[1] que j'ai fait à Besses, il y a quelque vingt ans ! Le pauvre marquis est mort à son tour et le tableau

1. Probablement un _Jeune Tigre jouant avec sa mère._ Il en avait fait une lithographie délicieuse pour _l'Artiste._

était à vendre. Tout finit par le brocanteur, c'est l'enterreur universel. Le travail est mon plus sûr refuge non-seulement contre l'ennui, mais contre le chagrin, et je sais que de ton côté tu apprécies cette vraie consolation. Soigne-toi bien, car encore faut-il soigner le coffre d'abord...

E. DELACROIX.

A PIERRET.

Ce jeudi matin.

Cher ami, j'ai oublié de te demander hier de me procurer; s'il t'est encore possible, une entrée au Musée d'histoire naturelle les jours non publics, afin d'y faire quelques croquis dont j'ai besoin. Autrefois tu en avais facilement. Tu me la mettrais à la poste...

E. D.

A SOULIER.

Ems, août 1850.

... J'ai traversé quelques moments d'ennuis, mais ils ont été réellement très-courts. Songe à tout ce que contient ce mot : point d'affaires ! point de visites à recevoir ni à rendre ! point d'ennuyeux ! Mes mauvais moments ont été dans les promenades à l'usage des promeneurs, parce que j'y rencontrais ces faces fardées, habillées, bourgeoises ou aristocratiques, tous mannequins. Là, l'ennui me saisissait; mais à peine étais-je dans les champs, au milieu des paysans, des bœufs, de quelque chose de naturel enfin, je rentrais dans la possession de moi-même, je jouissais de la vie. Voilà l'estime que je fais de ce qu'on appelle le monde. Voilà une conformité de plus que tu me trouveras avec ton cher Rousseau. Il ne me manque plus que l'habit d'Arménien, et tu sais que je soupire après sa possession...

A M. DUTILLEUX.

Paris, 5 octobre 1850.

Cher monsieur, je n'aurais pas d'excuse de n'avoir pas répondu à votre excellente lettre déjà si ancienne, si je n'avais été tout cet été dans des allées et venues continuelles. Je n'étais pas à Paris quand votre lettre y est arrivée, et depuis mon retour j'ai été si occupé d'un travail qu'on me demande à cor et à cri, que j'ai remis de jour en jour et, je vous assure, avec le plus grand regret, car il est impossible d'être plus touché que je ne le suis de tout ce que vous me dites. L'intérêt que vous voulez bien prendre à tout ce qui me touche est une chose si rare à rencontrer, l'amitié, en un mot, car c'est là un signe certain, et votre lettre — que je relis en ce moment — me cause une véritable émotion de bonheur. Les liens de cette espèce se relâchent cruellement à mesure qu'on avance dans la vie ; et les gens dont le public s'occupe à tort ou à raison, sont plus exposés que les autres à voir se glacer autour d'eux les sentiments bienveillants que l'on trouve pendant la jeunesse dans les camarades et amis. Vous jugez donc facilement du plaisir que cause dans cette situation tout sentiment vrai.

Vous êtes trop bon d'attacher de l'importance à la petite figure dont vous me parlez. Elle a été faite il y a un peu plus d'un an, et même refaite, car elle ne me plaisait guère quand je l'ai commencée, et quand enfin je l'ai laissée, elle ne me plaisait pas davantage. Je n'y ai, du reste, attaché aucune intention particulière. Je fais souvent de ces petits tableaux lorsque je n'ai rien de plus important sur le métier. Je n'y suis même guère encouragé, car il me semble que les amateurs qui sont avares de leur estime, concluent de ce qu'on me trouve propre aux grands travaux, que je dois être inférieur dans les petits tableaux. Pour moi, je fais les uns et les autres avec le même plaisir et crois très-bien qu'on peut mettre dans un petit cadre autant d'intérêt que dans un monument entier.

Je n'ai pu encore commencer Saint-Sulpice quoique mes compositions soient arrêtées. Le travail qu'on me demande et dont je vous ai parlé est un plafond qui doit figurer dans la restauration de la galerie d'Apollon, au Louvre. C'est un ouvrage très-important qui sera placé dans le plus bel endroit du monde, à côté de belles compositions de Lebrun. Vous voyez que le pas est glissant et qu'il faut se tenir ferme. Je commence à avancer dans ce travail. Il a suspendu naturellement l'autre, d'autant plus que l'hiver m'aurait chassé de Saint-Sulpice. Ce dernier travail me plaît beaucoup : ce sont deux grands sujets qui se font face, avec un plafond et des ornements que je dois exécuter dans la chapelle. L'un des sujets est *Héliodore chassé du Temple,* l'autre, la *Lutte de Jacob avec l'Ange,* et enfin le plafond, *l'archange Saint-Michel terrassant le démon.* Vous me voyez dans ces différents sujets côtoyant des maîtres bien imposants. Mais les sujets religieux, outre tous les genres d'attrait qu'ils présentent, ont celui de laisser toute carrière à l'imagination, de manière à ce que chacun y trouve à exprimer son sentiment particulier.

Si, comme je le désire, j'allais en Belgique d'ici à un an ou dix-huit mois, j'irais certainement vous serrer la main et vous remercier. Je vous verrai peut-être à Paris d'ici là. Le Salon peut-être vous attirera.

Adieu, cher monsieur.

E. D.

A SOULIER.

(Sans date précise).

Comment n'ai-je pas répondu plus tôt à ta si aimable
lettre, cher ami ! Pour cent raisons il fallait le faire tout de
suite. Elle m'a fait le plus grand plaisir parce que j'y vois
ton amitié, et la plus grande peine parce que tu sens plus
vivement peut-être dans ce moment cette portion du joug qui
nous pèse à tous bien fort depuis la faute d'Adam notre père.
Le vide de la vie, l'inutilité de nos souhaits et de nos regrets
ne t'est pas, hélas ! plus pesant qu'à moi. Tu parles de solitude,
il n'en est guère de plus grande que la mienne. Je n'ai plus
même pour m'étourdir les distractions vulgaires du monde.
Comme je suis habituellement souffrant, j'y ai entièrement
renoncé, et je passe bien souvent ma soirée au coin de mon
feu. Les illusions s'en vont une à une ; une seule me reste,
ou plutôt ce n'est pas une illusion, c'est un plaisir réel ; c'est
le seul où l'amertume du regret ne se mêle pas. C'est le
travail. Mais enfin c'est ma seule passion ; puisse-t-elle
survivre longtemps à toutes les autres. Malgré l'inconstance
de ma santé, je travaille et peut-être à cause d'elle : car comme
elle m'est un prétexte suffisant pour me dispenser des sottes
obligations du monde, je donne à la peinture tout le temps
que je dépensais si follement et si inutilement. Tu ne pouvais
pas, cher ami, écrire tout ce que ta tristesse t'a dicté à un
homme plus fait pour la comprendre. Le travail lui-même
n'est qu'un étourdissement passager, qu'une distraction, et
toute distraction, comme dit Pascal en d'autres termes, n'est
qu'un moyen inventé par l'homme pour se cacher l'abîme
de ses maux sous l'horreur de sa profonde misère. C'est dans
les moments où l'âme se trouve en face de ce cruel néant que
tous les secours sont impuissants pour lui porter la consolation : le réveil, la nuit par exemple. Dans l'insomnie, dans

la maladie, dans certains moments de solitude, quand le but de tout cela s'offre nettement dans sa nudité, il faut à l'homme doué d'imagination un certain courage pour ne pas aller au-devant du fantôme et *embrasser le squelette.* Quelle différence dans nos idées exercent quelques années seulement ! Je trouve que tous les livres ne sont que lieux communs. Ce qu'ils disent sur l'amour, sur l'amitié, roule sur une demi-douzaine d'idées banales qu'on a eues il y a mille ans. Il n'y en a pas un qui ait jamais peint, à mon avis, le désenchantement ou plutôt le désespoir de l'âge mur et de la vieillesse. Je parie que tu n'as jamais vu dans les livres ce que tu sens là-dessus comme tu le sens. Toujours de la rhétorique et des phrases.

Je ne t'envoie guère de consolations, c'est que je suis bougrement triste moi-même. J'en reviens toujours à la conclusion de Candide : *Tout cela est bel et bon, mais il faut cultiver notre jardin,* et à cet autre axiome de ce livre, vrai entre tous les livres : *l'homme passe sa vie dans les convulsions de l'inquiétude et dans la léthargie de l'ennui.* Voilà les deux termes de la question.

Si pourtant à travers tout cet ennui et toute cette agitation nous pouvions nous voir quelquefois. Mais une fois en passant, est-ce se voir ? Ou sont les dîners chez la mère Tautin à travers les neiges, en compagnie des voleurs et des commis aux barrières ! Et ces courses de deux heures pour aller et pour venir, où souvent nous n'échangions pas quatre mots, mais où chacun de nous sentait un ami à sa portée. Les moments où je me réfugie dans ces délicieux souvenirs-là donnent le prix à tous les souvenirs d'amour et de folie. Que reste-t-il de l'amour ? cendre et poussière, moins que cela. Mais des émotions pures de l'amitié dans la jeunesse, un monde de sensations délicieuses. Voilà où je me réfugie bien souvent. Je te verrai pour sûr, je m'arrangerai pour passer quelques jours avec toi et nous nous retrouverons. Envoie-moi de tes nouvelles en attendant et use de mon moyen : travaille, dessine, bêche. Tiens-moi au courant de la possibilité où tu serais de venir à Paris pour trinquer ensemble et récapituler nos malédictions contre l'existence. Je t'embrasse de cœur et t'aime toujours.

Eug. Delacroix.

A SOULIER.

Ce 21 mai 185...

Cher ami, tu me combles de joie. J'ai voulu vingt fois mettre la main à la plume pour te demander de tes nouvelles et me rappeler en causant avec toi tous les souvenirs dont mon cœur est plein. Je serais très-heureux de te posséder. Tu me dis que tu restes jusqu'à jeudi, je te demande de venir dîner avec moi mercredi, à six heures, pour avoir le temps de convoquer jusque-là un ou deux bons garçons tels que Schwiter et Riesner, pour nous rappeler d'anciens et heureux jours ; mais d'ici là pour nous voir tous deux un moment de plus, aie le courage de passer chez moi pour que je t'embrasse. Je suis malheureusement forcé d'être beaucoup hors de chez moi ; je te propose donc de venir au hasard de ne pas me trouver ; mais dans tous les cas nous serions assurés de passer ensemble ce mercredi toute la journée...

Je t'embrasse tendrement.

E. Delacroix.

... Tu t'habitues insensiblement à une écriture illisible. Il m'a fallu trois quarts d'heure pour déchiffrer ta lettre. Peut-être me feras-tu le même reproche.

A Mme ROCHÉ.

15 janvier 1851.

... Je n'ose presque invoquer l'état de souffrance dans lequel j'ai été depuis que je ne vous ai vue et qui commence à céder depuis quelque temps seulement. Je sors aussi d'une corvée qui a été pour moi très-rude et qui m'a tenu près d'un mois pendant lequel je n'ai pu m'occuper d'autre chose ; je veux parler des séances du jury de peinture dont je faisais partie, et dont je ne pouvais guère refuser de faire partie ayant été appelé par le suffrage des artistes. J'en ai été tout à fait malade et je ne me porte bien que depuis quelques jours que j'en suis quitte...

A M. PAUL FOUCHER.

Ce 15 janvier 1851.

Monsieur, je m'empresse, suivant votre désir, de vous dire les prix des tableaux que vous voulez bien me désigner. Ces prix sont au-dessous de ceux que je demanderais à un amateur, je verrais avec plaisir qu'ils puissent convenir à votre ami.

Pour le *Samaritain*. . 300 fr.
Pour le *Giaour* . . . 400 fr.
Pour le *Lever* . . . 800 fr.

Je profite de cette occasion pour vous remercier de votre souvenir et vous prier d'agréer l'expression de ma haute considération et de mon dévouement.

Eug. Delacroix.

Ces trois tableaux, d'une des meilleures années du Maître, furent acquis par M. Auguste Vacquerie, chez qui ils sont encore tous aujourd'hui. Avons-nous besoin d'ajouter qu'ils ont bien plus que décuplé de prix ? Le temps les a merveilleusement émaillés.

A ce Salon de 1850-51, Delacroix avait encore la *Résurrection de Lazare*, et une *Lady Macbeth*.

A M. SCHWHITER.

Jeudi, 27 février 1851.

... J'ai donné ma démission de membre du jury : je n'ai eu là que des désagréments. Je ne puis vous recommander à des confrères restants, puisque j'ai eu justement à me plaindre d'eux à votre sujet, et quand ils seraient disposés à vous rendre justice, on ne fait aucune attention à leurs décisions. Je n'ai mis qu'une fois le pied au Salon depuis l'arrangement auquel nous avons été censés présider, et j'ai tout trouvé au rebours de ce que nous avions décidé. Je ne sais donc quel conseil vous donner. Il est dur d'être obligé de retirer les objets dont vous me parlez ; mais peut-être est-ce préférable à leurs abominables places.

A M. C. DUTILLEUX.

La « *Femme nue* », c'est « le *Lever* », peinture aussi blonde que puissante, joyau rare dans cet œuvre où la nudité pure apparaît rarement, qui, comme nous venons de le dire, appartient à M. Auguste Vacquerie.

Paris, 10 avril 1851.

Cher monsieur, la *Femme nue* n'est plus à moi, et j'en ai
bien du regret, puisque suivant toute apparence sa destination
eût été d'être souvent sous vos yeux. C'est un des plus grands
plaisirs que l'artiste puisse se promettre que celui de savoir
ses ouvrages entre les mains de ceux qui les aiment.

Je vous écris cela à travers la besogne que me donne mon
plafond : elle est plus forte encore que je n'avais imaginé
d'abord. La nécessité de le faire par parties, tient l'esprit
continuellement en échec sur ce qu'on ne voit pas, et malgré
les soins que j'ai pris d'arrêter mes idées dans l'esquisse, la
nécessité de grandir amène des différences forcées qui demandent des combinaisons incessantes. Mais le plaisir de travailler
à un objet comme celui-là, compense la peine et la fatigue,
et comme je me porte assez bien, j'espère que cela ne traî-
nera pas trop. J'ai couvert la plus grande partie, et la partie
supérieure est faite, sauf peut-être les retouches légères qui
me seront suggérées par la vue de l'ensemble.

J'ai eu bien du plaisir à vous revoir et il en est de même
toutes les fois que nous nous rencontrons. Pourquoi faut-il
que nous vivions séparés ! A mesure qu'on avance dans la
vie, les attachements sincères sont rares et les artistes surtout
sont plus isolés que les autres hommes. Il y a un masque
sur presque toutes les figures et les sentiments s'en ressentent
naturellement. Avec vous je me sens à l'aise, et c'est avec
bien du plaisir que je le dis.

Adieu, cher monsieur, recevez l'expression de mon regret
et faites-la agréer à la personne qui voulait avoir le tableau.
Dans tous les cas, recevez aussi mes remercîments et l'assurance de mon dévouement bien affectueux.

A M. DE LA BÉDOLLIÈRE.

AU BUREAU DU *Siècle*, RUE DU CROISSANT, 16.

15 octobre.

« M. Delacroix a l'honneur de vous inviter à visiter la Peinture qu'il vient de terminer dans la galerie d'Apollon, au Louvre.

« Vous voudrez bien vous y présenter les jeudi 16 et vendredi 17 octobre, depuis 11 heures jusqu'à 3. »

Ce qui suit était joint aux lettres d'invitation, sous forme de note explicative imprimée.

APOLLON VAINQUEUR DU SERPENT PYTHON.

« Le dieu, monté sur son char, a déjà lancé une partie de ses traits ; Diane, sa sœur, volant à sa suite, lui présente son carquois. Déjà percé par le dieu de la chaleur et de la vie, le monstre sanglant se tord en exhalant dans une vapeur enflammée les restes de sa vie et de sa rage impuissante. Les eaux du déluge commencent à tarir, et déposent sur les sommets des montagnes, en les entraînant avec elles, les cadavres des hommes et des animaux. Les dieux se sont indignés de voir la terre abandonnée à des monstres difformes, produits impurs du limon. Ils se sont armés comme Apollon ; Minerve, Mercure s'élancent pour les exterminer, en attendant que la sagesse éternelle repeuple la solitude de l'univers. Hercule les écrase de sa massue ; Vulcain, le dieu du feu, chasse devant lui les vapeurs impures, tandis que Borée et les Zéphyrs sèchent les eaux de leur souffle et achèvent de disperser les nuages. Les nymphes des fleuves et des rivières ont retrouvé leur lit de roseaux et leur urne encore souillée par la fange et par les débris. Des divinités plus timides contemplent à l'écart ce combat des dieux et des éléments. Cependant du haut des cieux la Victoire descend pour couronner Apollon vainqueur, et Iris, la messagère des dieux, déploie dans les airs son écharpe, symbole du triomphe de la lumière sur les ténèbres et sur la révolte des eaux. »

A M. LE CURÉ DE VILLENEUVE-LES-BOULOIS.

(HAUTE-GARONNE.)

Ce 17 octobre 1851.

Monsieur le Curé, vous aurez, j'espère, la bonté de m'excuser si je n'ai pas répondu plus tôt à la lettre que vous avez bien voulu m'adresser, à cause de la presse où je me suis trouvé depuis deux mois pour l'achèvement du grand tableau auquel je me consacrais depuis le commencement de l'année. J'avais à vous remercier des démarches que vous avez eu l'obligeance de faire relativement aux peintures à faire dans l'église de Sagnères. Votre neveu qui va vous joindre en causera avec vous. Si la chose est faisable je désirerais qu'il fût possible d'exécuter les tableaux à Paris, quitte à les retoucher ensuite pour les approprier à la place. Votre neveu vous parlera de nos travaux, et c'est à moi de vous exprimer la satisfaction que j'ai eue de la manière dont il m'a aidé dans cette longue entreprise. Son zèle et sa prévenance ont été au delà de tout ce que je prévoyais, quoique je l'eusse, je crois, assez bien jugé d'avance ; et quant à ses progrès, je crois qu'ils seront encore très-remarquables et nous recommencerons encore un autre travail ; ce qui sera sans doute prochain.

J'ai encore à vous remercier, monsieur le Curé, des offres obligeantes que vous m'avez faites de passer quelques jours

auprès de vous... Cependant je ne désespère pas quelque
jour de trouver l'occasion de vous exprimer de vive voix mes
remercîments et le cas que je fais de votre neveu. Je le regarde
maintenant comme très-capable, et il prend de plus en plus
l'habitude des grands travaux en peinture, qui sont sans comparaison les plus difficiles. Je désirerais bien qu'il pût trouver
une occasion de montrer ce qu'il peut faire dans un ouvrage
important.

A M. ***.

Ce 28.

Mon cher ami,

Je n'ai malheureusement aucun tableau qui puisse s'exposer : beaucoup de commencés, mais rien de présentable, et
je ne voudrais pas surtout arriver à Bruxelles avec des choses
trop inférieures. Veuillez donc témoigner à monsieur le
Directeur des Beaux-Arts combien je suis flatté de son désir
et aussi combien je regrette de ne pouvoir y condescendre.
Si par hasard vous vouliez me voir, vous ne pourriez me
trouver *qu'entre 6 et 7 heures du soir :* je serais toujours bien
heureux de vous serrer la main et je vous assure de nouveau
de mon bien sincère dévouement.

Eug. Delacroix.

A PHILARÈTE CHASLES[1].

1851.

Cher ami, j'ai hésité à t'envoyer cette lettre, mais toute
réflexion faite, il faut peut-être que tu la voies (*mais tu la*

---

1. Ce billet a été publié dans les œuvres de Philarète Chasles. *Mémoires.* Tome I. (Charpentier, 1876.)

remettras *sous enveloppe et me la renverras; je tiens à l'autographe*). Je t'ai dit que j'avais vu Sainte-Beuve et que je l'avais trouvé on ne peut mieux disposé : il y a de cela six semaines environ. Dans ce moment Musset était tout à fait dans une pénombre où il semblait se tenir volontairement. Depuis j'ai appris par Mérimée qu'il devenait redoutable, et il y a tout à l'heure un mois que j'écrivis à Sainte-Beuve une lettre pressante à ce sujet. La réponse vient d'arriver seulement avant-hier. Je suppose que les événements politiques ayant sans doute ajourné les élections de l'Académie, le retard de Sainte-Beuve est plus excusable. Je suis chagrin de la tournure que prend cette affaire qui s'annonçait mieux, mais il faut toujours espérer.

Je t'embrasse.

EUG. DELACROIX.

Renvoie-moi l'autographe.

L'Académie française a accordé le fauteuil à Alfred de Musset en février 1852. Le billet qu'on vient de lire doit avoir été écrit dans les derniers mois de 1851. Voici, au reste, les lignes dont Philarète Chasles le fait précéder (*Mémoires*, T. I, p. 331) : « Delacroix, véhément en tout, était incapable de comprendre l'admirable génie maladif d'Alfred de Musset. Il ne l'aimait pas. « C'est un poëte qui n'a pas de couleur, « me dit-il un jour! Il manie sa plume comme un « burin; avec elle, il fait des entailles dans le cœur de « l'homme et le tue en y faisant couler le corrosif de « son âme empoisonnée. Moi j'aime mieux les plaies « béantes et la couleur vive du sang. »

« Lorsque Musset se présenta à l'Académie française, Eugène s'imagina de me faire passer avant

Musset. Il s'adressa à son ami Sainte-Beuve qui lui répondit par une lettre machiavélique. Eugène Delacroix fut tout consterné par l'habile et fine duplicité du futur sénateur de Napoléon III. »

A M. P. ANDRIEU

Ce 6 janvier 1852.

Mon cher Andrieu, j'ai reçu votre lettre avec bien du plaisir et je vous envoie quelques mots de réponse. Je suis jusqu'au cou dans les petits tableaux. Ayant été quelque temps sans travailler, il m'a pris une fureur de peindre que je passe sur de petites toiles : c'est à la fois une occupation et un repos des grands travaux. J'ai encore un reste de mauvaise humeur contre la grande peinture, à laquelle j'ai dû mon dernier désappointement : je ne calcule donc pas pouvoir me remettre de sitôt à ces travaux. D'une part je voudrais faire quelque chose pour le Salon ; d'autre part je ne pourrais travailler à l'Hôtel de ville avant que les fêtes soient finies : il faudrait donc calculer pour la fin de mars. Ce qui me contrarie excessivement, c'est que pendant tout ce temps vous n'êtes pas occupé, et que le moment d'aller pour vous en Belgique pourra coïncider avec cette reprise de travaux dans laquelle vous m'êtes si nécessaire. Je vais tâcher de réveiller la bonne volonté de M. Romieu ; s'il pouvait d'ici à la fin du mois m'accorder une copie pour vous, il me semble qu'en partant au commencement de février vous auriez encore des jours passables, et deux mois de travail au moins. Malheureusement je crains beaucoup de difficultés pour obtenir cette faveur ; mais j'y ferai de mon mieux. Si vous avez encore quelque chose à faire en Belgique pour votre compte, ce serait, je crois, votre avantage de partir au mois de février ou même avant. Dans ce moment je suis au travail à 8 heures 1/2 au moins, et je travaille même par les jours obscurs jusqu'à 3 heures. Dans un mois vous irez facilement jusqu'à 4 heures passées, et je crois que le musée à Anvers ne reste pas plus longtemps ouvert. Ce serait toujours du temps employé qui vous laisserait un peu de latitude pour l'été. D'ici là, vous pourriez aller à Tours chez le général.

Pesez dans votre sagesse ces moyens de nous retourner. Recevez mes remercîments pour tout ce que vous me dites d'aimable pour mon exposition de Bordeaux. Je suis très-content que mes tableaux vous aient plu. J'ai le malheur de ne plus les aimer autant quand ils sont hors de mon atelier, en sorte que je suis très-heureux quand on leur trouve du mérite, surtout quand les personnes qui le trouvent sont, comme vous, des gens qui ne font pas des compliments en l'air.

Mille choses, je vous prie, à monsieur votre oncle. Excusez-moi auprès de lui de ne pas lui écrire. Je travaille réellement beaucoup à présent, et j'ai beaucoup de peine à faire autre chose que ma peinture.

P.-S. Jenny vous remercie bien de votre souvenir et vous envoie ses respects.

A M. ALFRED ARAGO.

Paris, ce 23 janvier 1852.

Monsieur,

Je prends la liberté de vous recommander Monsieur Legendre-Héral fils, lequel a grand besoin de votre appui bienveillant dans une démarche qui intéresse la mémoire de son père. Une très-belle statue de M. Legendre-Héral est encore en ses mains : après l'avoir refusée à un Anglais qui lui faisait de très-belles offres pour l'acquérir, il l'a proposée à M. Romieu, lequel accueillant favorablement le désir qui portait Monsieur Charles Legendre-Héral à conserver en France un des plus beaux ouvrages de son père, a mis pour condition à cet achat l'approbation que vous lui donneriez en qualité d'inspecteur des Beaux-Arts : j'ose vous demander, monsieur, cette approbation que vous serez porté, j'espère, sous tous les rapports, à accorder à cette belle figure d'un des sculpteurs de notre temps qui honorent le plus le pays.

Agréez, monsieur, les assurances de la considération la plus distinguée.

EUG. DELACROIX.

A M. P. ANDRIEU.

Champrosay, ce 25 août 1852.

Mon cher Andrieu, je vous remercie de me donner de vos nouvelles et aussi du projet que vous aviez de venir me voir. Je n'ai presque pas bougé depuis deux mois. Maintenant je suis en allées et venues pour différents motifs, et je ferai quelques excursions au loin. Je me porte bien et je travaille, mais sans avancer beaucoup, parce que j'ai beaucoup de choses à finir. J'ai eu la visite de la belle duchesse, toujours aussi occupée de la peinture, et m'ayant fait beaucoup de compliments infiniment trop aimables. C'est un grand avantage, dans sa position, de trouver autant de distraction dans les arts ; ce n'est pas ordinairement le passe-temps de prédilection des jolies femmes. Mme B. m'a dit qu'elle était partie définitivement. J'ai passé avec ces deux dames une soirée très-agréable, et rare pour un solitaire.

Vous ne me dites pas ce que vous allez faire en Suisse et
je désire bien que cela vous soit avantageux. Je regrette bien
de n'avoir pas vu les tableaux que vous avez terminés, et je
suis content que vous les trouviez réussis. Cela pourra vous
amener d'autres commandes.

Je dois vous dire que l'encre dont vous vous servez est
comme d'habitude tellement pâle, qu'ayant reçu votre lettre
vers la fin du jour il m'a été tout à fait impossible de la lire
à la lumière ; au jour même il m'a fallu quelques efforts
pour en venir à bout. On a toujours quelque intérêt à s'effor-
cer d'être bien lu quand on fait tant que d'écrire. Vous me
direz à cela que j'écris moi-même fort négligemment. C'est
un vice que je déplore et je m'en confesse.

Travaillez toujours, mon cher Andrieu ; c'est encore la
meilleure manière d'employer son temps même quand on en
retire peu de profit. C'est mon grand moyen contre les chagrins de la vie : non pas que je m'enrage souvent. Quand je
fais mauvais je suis fort triste, et puis il vient de bons moments qui me relèvent un peu. Écrivez-moi de Suisse ce que
vous ferez. Cela m'arrivera où je serai.

Mille amitiés bien sincères.

A LA BARONNE DE FORGET.

HÔTEL DE LA SOUS-PRRÉFECTURE, A COMPIÈGNE (OISE).

Dieppe, 13 septembre 1852.

Chère amie,

Mon séjour se prolonge un peu plus que je ne voulais.
Je vous envoie donc pour vous distraire quelques nouvelles
de la mer. Je serais revenu plus tôt sans le mauvais temps
persévérant qui n'a presque pas cessé pendant les premiers

jours. On m'a flatté aussi que nous aurions pour demain
mardi une des grandes marées de l'année. Je n'ai point
résisté, d'autant plus que, l'habitude aidant, je me plais infiniment à cette vie paresseuse, tandis que les premiers jours j'ai
été sur le point de me sauver par ennui ! Vous n'aimez pas
Dieppe, par conséquent mes éloges du séjour que j'y fais vous
paraîtront sans doute tenir au besoin du repos qui était devenu
impérieux chez moi. Je trouve pour mon compte qu'il y a
assez de variété ici : on a à volonté le monde ou la solitude,
quoiqu'à vrai dire ce dernier avantage soit le plus rare. Le
premier jour une grande partie de mon ennui est venue de
la peur que j'avais de rencontrer des gens ennuyeux ; de sorte
que je m'ennuyais de peur de l'ennui. Cela m'a été même
une petite et plus véritable leçon qu'elle ne semble. J'ai vu
que la solitude pas plus que la distraction ne pouvaient
être l'état constant d'un homme qui veut jouir de tout l'agrément possible. Il faut entremêler l'une et l'autre de manière
à ce qu'elles se succèdent et qu'il s'ensuive le désir de l'état
dans lequel on ne se trouve pas. Il faut donc toujours désirer
quelque chose ou l'espérer. Quand on peut espérer ce qu'on
désire, on a toute la somme de bonheur accordée à notre
machine pensante. Obtenir ce qu'on a désiré est déjà un
échelon descendant vers l'inquiétude et le malaise et, toujours
en descendant, vers la tristesse et même la douleur. Il n'y a
pas à sortir de là.

La mer fait toujours mes délices : je fais des stations de
trois ou quatre heures sur la jetée ou le long de la mer au
bord des falaises. On ne peut s'en arracher. Si je menais
quelque temps cette vie-là, en y joignant une occupation
intéressante je me porterais très-bien. Voilà depuis quelques
jours que je déjeune : je dis un peu moins de mal de mon
siècle et de l'humanité : je me réveille assez gai, grand
symptôme, et point effrayé à l'avance de la journée dont il

va falloir traîner le poids : enfin je me vois tout prêt à être
comme tout le monde. Être comme tout le monde ! voilà la
vraie condition pour être heureux. L'air de la mer et la distraction opèrent chez moi ce prodige.

Ce qu'il vous faudrait à vous, ce serait le contraire. Vous
périssez d'ennui par ce qui fait le bonheur de la plupart des
mortels, ne rien faire. Il vous faudrait le remède opposé au
mien : et je ne plaisante pas le moins du monde : il faut
être forcé, enchaîné à quelque tâche : à moins de s'enivrer
et d'être une brute, il faut à toute force s'ennuyer si l'on ne
trouve pas le secret de désirer la distraction.

Adieu, chère amie, toutes ces réflexions qui peignent
peut-être la situation que Compiègne vous a faite, ne vous
consoleront pas sans doute, mais elles vous feront passer quelques instants dans une autre situation d'esprit. Je serai à
Paris jeudi probablement. Je vous embrasse bien ici et vous
envoie en attendant toutes mes tendresses de cœur.

Eug. D.

Le portrait de M. Bruyas, qui fut connu des
Parisiens seulement à l'exposition posthume de l'œuvre
de Delacroix, avait été commencé vers mars 1853,
ainsi qu'on le voit par les billets suivants, et terminé
en mai. Il appartient aujourd'hui, par don, ainsi que
toute l'intéressante galerie de feu Bruyas, au musée
de Montpellier.

A M. BRUYAS.

Mars 1853.

Monsieur, vous serait-il agréable de venir *demain matin
jeudi* reprendre votre portrait ? Excusez l'interruption à laquelle

j'ai été forcé par la nécessité de travailler à mes tableaux pour le Salon. Vous trouverez toutefois que, grâce au dessin que j'ai fait d'après vous, j'ai beaucoup avancé votre portrait, et j'espère que je n'aurai besoin que d'un petit nombre de séances pour le finir.

Agréez, monsieur, etc.

Un fac-simile de ce dessin a été exécuté par M. A. Robaut avec une remarquable fidélité. Un visage long et distingué, des mains nerveuses et fines, une pose alanguie, donnent un caractère de vérité surprenante à cette étude.

———

Le 4 mai suivant, Eug. Delacroix écrivait encore au même amateur, qui fut un de ses admirateurs les plus passionnés :

Monsieur, seriez-vous assez bon pour venir poser demain une dernière fois à l'heure ordinaire? J'ai terminé votre portrait, sauf quelques légères retouches que je compte faire. Je serai en mesure de vous le livrer à la fin de la semaine. J'y tiens d'autant plus que je vais m'absenter de Paris...

———

Fragment d'un billet adressé à M. Moreau père, et cité par M. A. Moreau, p. XXIII de l'Introduction, dans « *Delacroix et son œuvre* ».

14 avril 1853.

... Eh bien, oui ! cher ami, c'est vraiment à n'y pas croire, et pour ma part je n'y comprends rien. Il semble maintenant que mes peintures soient une nouveauté récemment découverte, que les amateurs vont m'enrichir après m'avoir méprisé...

Dans ce même livre, on rencontre un peu plus loin, p. XXVII, cette réflexion caractéristique :

... Quoi qu'on fasse, on ne connaît jamais assez un Maître pour en parler absolument et définitivement.

A M. C. DUTILLEUX.

Ce 5 mai 1853.

Mon cher monsieur, j'ai hésité jusqu'à présent à répondre à votre lettre si bonne et si amicale, à cause de l'échec que j'ai subi avant vous et dont vous êtes probablement instruit par Souty ; je veux parler du refus de vos paysages. J'en suis d'autant plus contrarié, qu'à raison de l'espèce d'éblouissement et de fatigue qu'on éprouve devant tant de tableaux on use tour à tour d'indulgence ou de sévérité. Vous vous en convaincrez en voyant beaucoup de choses plus que médiocres à l'exposition. Il y a aussi une mesure qui a prévalu au jury pour éviter les trop longues discussions ou les influences : c'est l'emploi du scrutin pour abréger les opérations quand elles donnent lieu à des débats : devant les boules noires il n'y a pas d'amitié qui puisse résister. Je suis donc très-chagrin en vous écrivant, et j'ai eu plus d'un ennui de ce genre pour plusieurs amis ou élèves dont je n'ai pas été assez heureux pour sauver le bagage.

J'ai eu il y a quelques mois un désappointement d'un autre genre. Vous avez la bonté de me parler de mes travaux

de l'Hôtel de ville que je considérais comme finis au mois
de novembre, après avoir travaillé énormément pendant six
mois pour obtenir le résultat. Le salon est si mal éclairé que
je me suis vu forcé à retoucher partout, et comme je ne
pouvais avoir assez de temps pour cette opération avant les
fêtes qu'on se proposait de donner, j'ai fait couvrir le tout
pour reprendre au printemps. Ce que je vais faire, mais au
préjudice d'autres occupations qui réclamaient mes instants.
Je n'ai pas, au reste, perdu tout à fait mon temps depuis le
commencement de l'année, et outre quelques petits tableaux,
j'ai envoyé à ce salon mon contingent. J'y persisterai j'espère
tant que je pourrai. Cela donne des émotions quelquefois
agréables, plus souvent assez amères, mais qui font vivre en
y demeurant.

Adieu, cher monsieur, recevez, etc.

A LA BARONNE DE FORGET.

RUE DE LA ROCHEFOUCAULD, N° 19, A PARIS.

(Le timbre porte 11 mai 1853.) Champrosay, ce mercredi matin.

Chère amie, je suis installé ici au milieu de la verdure
naissante, mais le temps a de la peine à se mettre décidément
au beau. Hier il a été magnifique, mais ce matin il est incertain et avant-hier et le jour précédent il était gris et même
il a plu. Je n'en jouis pas moins de la campagne. Sans doute
la campagne porte à la tristesse et même à l'ennui, ce qui
est peut-être pire; mais c'est quand on n'y a aucune occupation, même fatigante, pour vous faire paraître plus agréables
les moments de relâche. Je plains le sort des personnes qui
vont à la campagne avec l'obligation de s'amuser toute la

journée. Cela m'explique parfaitement pourquoi il y a tant de gens qui aiment mieux s'ennuyer à Paris qu'à la campagne : à Paris on est distrait malgré soi, sinon amusé.

Je ne manque pas ici d'une raison excellente et assommante de trouver la campagne amusante : c'est le terrible article dont je vois les membres épars sur ma table[1]. Je sue sang et eau pour coudre tout cela ensemble et je crois que c'est l'obligation de le faire qui me rend la besogne pénible. Je suis votre conseil : je ne toucherai pas un pinceau tant que je ne lui aurai pas donné une figure raisonnable ; c'est peut-être la seule manière de m'en tirer.

... Je ne vois pas un chat ici : je ne fais pas ma barbe, je me rapproche tout à fait de l'état de la pure nature. A propos, j'ai un peu déjeûné depuis que je suis ici ; je vais peut-être modifier mon régime et j'en serai très-fier. J'étais humilié de ne pas ressembler à tout le monde. C'est ce qu'on a de mieux à faire dans ce monde quand on ne veut pas être persécuté.

Adieu, chère amie.

E.

Le dernier paragraphe n'est compréhensible que lorsqu'on est averti que Delacroix, généralement, ne faisait qu'un repas, le dîner.

A LA BARONNE DE FORGET.

(Le timbre porte 17 mai 1853.) Champrosay, ce lundi.

Je vous remercie mille fois, chère amie, de votre bonne et aimable lettre. Je pense bien souvent à vous au milieu de

1. Probablement l'*Essai sur le Poussin*, qui parut en fauilleton, dans le *Moniteur universel*, dans la fin de Juin 1853.

mes bois ; la solitude éveille les souvenirs plus encore que l'ennui des villes.

Je persévère dans mon projet de ne point peindre, mais l'article, bien qu'il s'avance, n'avance que très-lentement : il me faut toujours de la résolution pour m'y mettre. Je ne m'ennuie pas, c'est l'essentiel : je flâne, je regarde par la fenêtre ma vue qui est un vrai calmant pour les yeux et l'esprit tant cette campagne est paisible et riante. Je vois passer les chemins de fer, je vois passer les bateaux qui montent et qui descendent, et si j'ai sous les yeux un spectacle moins animé que dans mon autre logement qui donnait sur la rue et par conséquent sur le passage des allants et venants de toute espèce, j'éprouve plus de repos et de recueillement de cet aspect tranquille. Je compte jouir encore de tout cela jusqu'à la fin de la semaine et je retournerai dans cette ville du diable, où vous êtes à peu près la seule personne que j'y retrouve avec plaisir. Au reste, ce tracas d'affaires et de travaux fait mieux sentir l'agrément du repos. Vous n'avez pas assez d'affaires pour vous donner le sentiment de ce contraste nécessaire. J'enrage plus que vous, mais je jouis davantage en revanche de mille riens qui passent inaperçus pour les personnes qui mènent une vie différente de la mienne.

Écrivez-moi donc, chère amie : vos lettres sont encore une des grandes distractions de ma vie ici.

E.

A SOULIER.

Ce 9 août 1853.

Cher ami... il n'y a que quelques jours environ que je suis à Paris, et j'y suis assez malade pour m'être remis à mon

travail d'église... J'ai passé tout mon temps soit à Champrosay, soit chez un ami et parent qui demeure entre Paris et
Orléans... Ma grande ressource est le travail; si celle-là me
manquait, il faudrait que j'aille me mettre à la Trappe et je
n'aurais plus qu'à creuser ma fosse pour toute distraction.
L'ennui, le vide, ces ennemis de tous les moments circon-
viennent le vieillard de toutes les manières, outre qu'il a
perdu nécessairement la plus agréable manière de passer le
temps, les sens lui manquant pour jouir des plaisirs simples :
les jambes ne vont plus, les yeux ne voient plus ; la conversation même lui manque, car avec qui parler de choses qui
puissent intéresser véritablement quand on ne trouve plus autour
de soi que des gens d'âge, de préjugés différents ? et cependant
on veut vivre et on plaint ceux qui s'en vont. Ne plus être,
cette idée effraye notre faiblesse, c'est-à-dire, ne plus sentir le
bien et le mal.

EUG. DELACROIX.

A M. ALFRED ARAGO.

Champrosay, ce 7 octobre 1853.

Cher monsieur,

Je vous prie de recevoir l'expression sincère de ma sympathie pour votre profond chagrin : je ne peux vous l'exprimer que d'ici : je m'y suis réfugié très-souffrant et très-fatigué.
Vous êtes un homme trop aimable et trop bon pour n'être
pas un bon fils, et je juge aisément de vos regrets. Je ne suis
pas de ceux qui croient qu'il ne faut pas parler aux gens des
personnes chères qu'ils ont perdues. Quand j'ai éprouvé des
malheurs semblables au vôtre, j'aimais qu'on m'entretînt des

amis que je ne devais plus revoir : je trouve que c'est leur donner la mort une seconde fois, que d'en écarter le souvenir, et quel souvenir que celui d'un père comme le vôtre [1] !

Adieu, cher monsieur, voyez dans cette lettre non banale une partie des sentiments d'estime et d'affection que vous m'avez inspirés.

Votre tout dévoué,
EUG. DELACROIX.

Je vous prie bien de dire pour moi mille choses bien affectueuses à Emmanuel dans cette triste occasion.

A M. THÉOPHILE SILVESTRE.

Ce 1er novembre 1853.

Cher monsieur,

Je vous remercie de ce que vous dites fort bien sur les préjugés à l'égard du dessin et de la couleur... Je vous renouvelle donc mes remerciements bien sincères de ce que vous me dites de très-obligeant. Je n'en ai jamais autant demandé à personne, pas même à vous, mais j'y suis bien sensible quand je le rencontre.

Votre très-dévoué,
EUG. DELACROIX.

A M. AUGUSTE VACQUERIE.

... Je vous renouvelle mes remerciements pour l'intérêt que vous avez pris à mes infortunes académiques : n'être pas

1. François Arago était mort à Paris, le 2 octobre 1853.

admis à l'honneur d'être candidat! c'est être compté pour bien peu.

E. D.

_____

A M. A. VACQUERIE.

M. Auguste Vacquerie avait adressé à Delacroix, un sonnet sur un _Jésus au Jardin des Oliviers._

Je suis bien fier, cher monsieur, de la charmante inspiration que vous m'avez envoyée; vous avez une fois de plus, et d'une manière poignante, mis en relief ces deux tristes oppositions de notre nature, le bonheur dans la brutalité, la tristesse et le doute chez les natures élevées. Seulement vous avez ajouté à mon _Christ_ par le privilége de la poésie, ce qui n'y est qu'indiqué ou ce qui y manque tout à fait.

E. D.

_____

Ce billet nous a été communiqué par M. Lambert Lassus. Il nous montre un Delacroix, membre sérieux de la Commission municipale.

Ce samedi (1854?)

Mon cher ami,

J'ai cru l'occasion favorable hier pour faire une démarche auprès du préfet, au sujet de ce que vous désirez. Je me suis entendu collectivement avec mon collègue et bon camarade Thierry et je puis vous assurer que nous n'avons pas négligé de faire valoir vos motifs, mais le préfet nous a refusé nettement à plusieurs reprises, de manière à ce qu'il ne soit plus possible d'y revenir. Je pense qu'il vous sera difficile de triompher de son opposition et je le regrette vivement dans l'intérêt d'un ouvrage complet et réussi.

Le préfet se renferme dans son droit de choisir l'artiste. Peut-être la forme que vous avez donnée à vos réclamations n'a-t-elle fait que le confirmer dans sa résolution. C'est au moins ce qu'il nous a laissé entrevoir.

Je regrette bien, et M. Thierry avec moi, de n'avoir pas été heureux dans cette circonstance. Je me serais applaudi de contribuer pour ma faible part à l'achèvement de votre entreprise.

Tout à vous bien sincèrement.

E. DELACROIX.

A M. PIRON.

1854.

... Ma vie, ce sont mes nerfs, mon foie, ma rate, c'est ma fièvre. Cette fièvre enfante pour moi des chimères. Or, quand un homme est malheureux par des chimères, à quel degré du malheur ne peut-il pas bientôt descendre...

A M. P. ANDRIEU.

Ce mercredi, 1854.

Je reçois votre lettre, mon cher Andrieu, et je m'empresse d'y répondre. Ayez la bonté de refaire un ciel plus clair, à la *Muse*, par exemple, pas trop uni, mais éclairci de manière à faire bien à la lumière. Faites-en autant à la *Minerve*, et,

si vous voulez, à la *Vénus*. Je ne ferai que perdre ma journée
en allant seulement pour cela, que vous pouvez faire parfaitement, et je ne serai pas en train de faire quoi que ce soit
avant d'avoir revu aux lumières. J'arriverai ce soir à sept
heures. Vous aurez soin de recommander qu'on allume pour
ce moment, et d'avoir un peu de feu.

A vous sincèrement.

Ces observations ont trait aux peintures du Salon
de la Paix, anéanties dans l'incendie de l'Hôtel de
ville. Delacroix a légué à M. Pierre Andrieu toutes
ses études pour ce grand travail qui, malgré les retouches, était resté sourd et terne.

A M. P. ANDRIEU.

Ce 24 février 1854.

Mon cher Andrieu, je voulais vous écrire, mais je ne savais
où vous adresser ma lettre. Je retarderai peut-être un peu la
reprise de mes travaux à cause de plusieurs petites commandes,
petits tableaux, portraits, etc., qui me sont venues. Je voudrais en outre mettre quelque chose au Salon. Je vois par
votre lettre que vous avez un peu fait le paresseux et que, sauf
les petites choses que vous avez fait chez votre oncle, vous
n'aurez pas grandement occupé votre temps depuis le milieu
de décembre jusqu'à présent. Le temps va bien vite, et
d'ailleurs les complications qu'entraînent les affaires ou les
travaux que chacun peut avoir, obligent à en employer toutes
les parcelles. Plus vous avancerez, plus vous serez convaincu
de cette vérité. Vous auriez encore le temps de faire quelque

travail important. Je ne pense pas que je puisse reprendre avant la fin d'avril; vous auriez donc deux mois pleins que vous ne retrouverez pas plus tard. Pourquoi n'allez-vous pas en Belgique puisqu'il faut que vous y alliez? Les jours sont plus longs, et d'ailleurs on ne vous laissera en toute saison entrer dans les musées qu'à de certaines heures. Le voyage est sitôt fait que c'est comme si on travaillait à Paris.

Il est arrivé des changements considérables dans la direction des Beaux-Arts. M. Romieu qui, comme je vous l'ai marqué, m'avait fait espérer une copie pour vous, n'est plus directeur, et je ne connais jusqu'à présent personne dans la nouvelle installation. Voilà donc encore une espérance bien entamée, et à mon bien grand regret, je vous assure. Ce n'avait pas été sans peine que j'avais établi des relations avec M. Romieu, qui était à peu près invisible, et Dieu sait s'il est facile de recommencer sur nouveaux frais...

A M. ANDRIEU.

Champrosay, ce 24 avril.

Mon cher Andrieu, j'ai reçu votre lettre ici, où je suis encore; et quoique je sois toujours dans l'impossibilité de vous fixer l'époque où nous pourrons reprendre nos travaux, je vous écris de même à l'adresse que vous m'indiquez; je suppose que si vous n'y êtes pas encore on gardera la lettre. Vous dites très-bien que sans doute je ne suis pas resté oisif en attendant le moment de retourner à Saint-Sulpice; mais il est vrai aussi qu'il y aurait imprudence à travailler sur un mur qui vient d'être imprimé. L'opération qu'on a faite est excellente, car l'ancienne impression était si épaisse qu'il n'y

avait aucune adhérence avec le mur ; on a tout gratté et on
en a mis une très-légère, après avoir mis de nouveau de l'huile
bouillante. Je ne crois pas qu'il soit possible de reprendre
avant six semaines au moins.

Et vous, avez-vous renoncé au tableau que vous vouliez
faire? Je pense que vous allez recommencer de nouveaux
portraits, et je ne saurais vous en blâmer ; car, indépendam-
ment de ce qu'on y trouve à gagner, c'est une étude excellente.
Pour moi, pendant que nous travaillerons à Saint-Sulpice,
j'essaierai de mener de front un tableau pour l'Exposition.
Mon projet serait de vous établir à l'église comme chez vous,
et de vous laisser marcher l'esquisse en main comme si vous
faisiez votre propre tableau. Que dites-vous de cela? Moi,
pendant cela, je serais parmi les lions et les Arabes, m'escri-
mant de mon côté.

Je pense rester encore ici dix à douze jours. Mes yeux
vont bien maintenant ; ils avaient surtout besoin de repos ; le
travail dans l'obscurité les avait beaucoup fatigués. Adieu,
mon cher Andrieu, gardez votre bon entrain. Je suis enchanté
que vous ayez apprécié la fameuse demi-teinte : j'espère
que c'est une vraie trouvaille.

P.-S. Je ne suis pas content de la santé de Jenny, qui
vous remercie de votre souvenir. Son état me donne de nouvelles inquiétudes.

A M. CONSTANT DUTILLEUX.

Paris, ce 7 mars 1854.

Cher Monsieur, j'ai doublement à vous remercier et du
procédé d'eau-forte photographique et de la connaissance que
vous avez bien voulu me procurer de M. Cuvelier. La com-

plaisance avec laquelle il a présidé à mon très-imparfait essai, m'a rendu très-heureux. Au reste, il vous aura dit que j'avais les yeux dans un état pitoyable, par suite de la fatigue du travail des plafonds, au point qu'une attention de quelques minutes me fatiguait extrêmement. Ce n'était qu'un besoin de repos, à ce que j'espère ; et grâce aussi à la pommade qu'il a eu la bonté de m'envoyer, ma guérison, Dieu aidant, sera complète. J'ai beaucoup admiré aussi les belles épreuves photographiques qu'il m'a montrées : il a poussé l'amabilité jusqu'à m'en laisser quelques-unes et m'en promettre d'autres parmi celles qui m'ont le plus intéressé. Combien je regrette qu'une si admirable invention arrive si tard, je dis pour ce qui me regarde ! La possibilité d'étudier d'après de semblables résultats eût eu sur moi une influence dont je me fais une idée seulement par l'utilité dont ils me sont encore, même avec le peu de temps que je peux consacrer à des études approfondies : c'est la démonstration palpable du dessin d'après la nature, dont nous n'avons jamais autrement que des idées bien imparfaites.

J'ai achevé, mais seulement depuis peu de temps, mes travaux de l'Hôtel de ville, à cause des retouches que j'ai été obligé d'y faire par suite de leur effet aux lumières que je n'avais pas suffisamment calculé. Vous me direz à votre prochain voyage ce que vous pensez de tout cela : votre opinion, cher Monsieur, est pour moi une des plus précieuses.

Je compte cet été me mettre enfin sérieusement au travail de Saint-Sulpice, qui a toujours été ajourné à cause de travaux pressés tels que le plafond du Louvre et ce dernier travail à l'Hôtel de ville. — En somme, quel que soit l'objet qui m'occupe en fait de peinture, j'y trouve un tel attrait que je me trouve par là consolé de tous les maux, grands et petits, que la vie présente à chaque instant. Vivant seul, et privé de grandes douceurs, mais dispensé aussi des chagrins quelquefois excessifs que nous éprouvons à l'occasion des personnes que la famille réunit autour de nous, j'ai beaucoup de temps à donner à cet art qui m'enchantera tant que je vivrai. Je voudrais avoir beaucoup de juges tels que vous, même pour me condamner ; malheureusement, le gothique, et tout ce qui lui ressemble, prend une telle faveur que la peinture que nous aimons court de grands risques d'être complétement délaissée.

Je vous renouvelle l'assurance de ma bien sincère amitié.

A M. P. ANDRIEU.

Ce 3 août 1854.

Mon cher Andrieu, je reçois à l'instant votre lettre et je m'empresse de vous répondre pour que nous prenions nos mesures d'après mes occupations et d'après les vôtres. Ce que vous me dites de votre impression est la mienne : la *Vénus* n'est pas encore retouchée, mais elle le sera dans le sens que vous dites. Je ne pense pas avoir besoin de vous avant une quinzaine. Je ne me trouve pas mal d'un peu de solitude pour ce que je fais à présent. Je n'ai pas achevé le grand tableau, quoique j'y aie travaillé ; mais j'ai avancé beaucoup les dessus de portes. Ils ont tous été repris, et j'ai courageusement agrandi les figures. C'était un point que je ne pouvais supporter depuis que je les avais vus sur place. Grâce à cette modification, je crois qu'ils auront beaucoup gagné, ainsi que l'ensemble du travail. Vous devriez profiter de votre séjour à Tours, surtout pouvant le prolonger, pour ébaucher ces nouveaux portraits dont on vous parle. Dans tous les cas, je vous tiendrai au courant en vous écrivant à Tours, si je ne reçois pas d'autres nouvelles de vous. Je crois avoir le temps nécessaire en procédant comme je fais : il n'y a presque pas de jour où je ne travaille, et quelquefois je fais de rudes séances. Je ne laisse entrer personne : ce silence et cette sécurité me font grand bien pour mon travail.

Soyez assez bon pour présenter mes compliments respectueux à M. le général de Court***, et le remercier de son bon souvenir. Je suis charmé que vous ayez réussi à son gré et au vôtre dans son portrait. Vous ne me parlez pas des commandes que m'annonçait Monsieur votre oncle dans sa lettre.

A M. B. G.

Voici encore un billet de Delacroix « membre de la Commission municipale ».

Ce 20 mars (1853 à 1855).

Cher monsieur, je me suis empressé de faire votre commission auprès des personnes que vous m'avez désignées, sauf cependant M. ***, que je n'ai pu joindre encore. MM. *** et *** sont dans des dispositions aussi favorables que possible, et je n'ai rien négligé pour les engager à y persévérer. Ils ne m'ont point dissimulé cependant que, bien qu'il soit nécessaire pour les expropriés de présenter des demandes un peu élevées, celle de Mme de *** leur paraissait exorbitante; au reste, ils m'ont assuré que le jury d'expropriation est, en général, plutôt indulgent qu'hostile aux prétentions qui lui sont soumises; il est très-important que ces prétentions soient convenablement présentées par les avocats qui se chargent de les soutenir. Le rôle des conseillers municipaux étant, au contraire, de soutenir les intérêts de la ville, vous jugez facilement que leur fonction est délicate quand il s'agit ici de s'intéresser aux expropriés.

Je serais bien heureux, cher monsieur, de voir se résoudre cette affaire dans le sens que vous désirez. Mon influence n'y sera pas d'un grand poids, mais très-sincère est mon désir de vous être aussi agréable que possible.

A M. C. DUTILLEUX.

Champrosay, ce 26 avril 1854.

Cher monsieur, combien j'éprouve de regret d'avoir manqué votre bonne visite ! elles sont si rares, et j'ai toujours tant de plaisir à vous voir que je ne puis assez vous l'exprimer. Vous avez la bonté de me demander des nouvelles de mes yeux : ils vont très-bien; il leur fallait surtout du repos; j'avais été obligé, à l'Hôtel de ville, de travailler dans des endroits très-obscurs qui forçaient l'organe; en outre, le travail des plafonds est une condition contraire à la vision : la nécessité de diriger le regard en haut fatigue à la longue les petits nerfs qui servent à faire mouvoir le globe de l'œil, et peuvent, à ce que j'ai entendu dire, entraîner de graves inconvénients. Je m'occupe à la campagne de travaux moins fatigants, et la tranquillité dont j'y jouis est le plus grand calmant du monde.

Je suis retourné à Paris la semaine dernière avant d'avoir reçu votre lettre. J'ai trouvé les verres, en supposant que M. Cuvelier avait fait un nouveau voyage et en avait apporté. N'ayant que quelques instants à passer à Paris, je me suis contenté d'ouvrir le premier papier, que j'ai refermé avec soin, attendant mon retour définitif pour séparer les verres. Je crains bien, cher monsieur, de n'avoir guère le temps pour faire quelque chose qui ait le sens commun, car pour

des pochades et des à-peu-près faits à la hâte et sans appli-
cation, je les compare à ces enfants contrefaits et disgraciés
que leurs parents auraient aussi bien fait de laisser dans le
néant. Quand je reviens d'une petite vacance, je trouve
beaucoup de choses arriérées qui demandent un travail actif
et persévérant, parce que je prolonge le plus que je peux le
temps que j'ai à jouir de ce calme profond de la campagne,
qui est pour moi une des plus vives jouissances. Je m'y en-
fonce avec plaisir dans l'oubli de tout ce qui est affaire et trouble quelconque. Mais, au retour, il faut endosser le harnois.

Mille remerciements.

A M. ***.

Ce 9 mai [1].

Monsieur,

Ce n'est qu'en arrivant de la campagne, il y a deux jours,
que j'ai lu l'article bienveillant que vous avez bien voulu
écrire à propos de mon travail de l'Hôtel de ville. J'en ai été
bien heureux et je m'empresse de vous en exprimer mes
remerciements. Je ne sais si mon illustre confrère en plafond
sera aussi satisfait de votre appréciation que je le suis pour
ma part. Je suis entièrement de votre avis, à sçavoir (sic), que
les camées ne sont pas faits pour être mis en peinture, et qu'il
faut que chaque chose soit à sa place. Je trouve aussi que
vous avez bien fait d'exprimer l'opinion qu'il est ridicule de
ne rien voir à l'Hôtel de ville qui rappelle l'Hôtel de ville.
Mars, les Muses, Napoléon dans les nuages, n'ont effectivement rien de commun avec ce qui se passe dans une muni-

---

[1]. Nous devons la communication de ce billet à l'obligeance de
de M. Jules Lepetit.

cipalité, et l'on pouvait consacrer à cet objet une bonne partie des décorations.

Agréez, monsieur, avec mes sentiments reconnaissants, l'assurance de la plus haute considération.

E. DELACROIX.

A M. THÉOPHILE SILVESTRE.

Champrosay, ce 14 août 1854.

Mon cher monsieur,

J'ai grandement à vous remercier d'une appréciation si favorable : c'est de l'apothéose de mon vivant. Malgré mon respect pour la postérité, je ne puis m'empêcher d'être fort econnaissant à un aussi aimable contemporain que vous. Veuillez à votre tour ne point considérer comme une flatterie banale les compliments que je vous adresse ici sur la valeur que vous y montrez; c'est un art de dire ce que vous voulez et d'exprimer les nuances, ce qui est fort rare dans ce temps-ci, quoique ce soient là de grandes prétentions.

Recevez, etc.

E. DELACROIX.

Ce chaleureux remerciement fut écrit à propos de la notice d'après nature, qu'avait publiée Théophile Silvestre, et qui fut réimprimée (1856) dans le volume si original, si hardi, si moderne, l'*Histoire des Artistes vivants français et étrangers*.

A Mme DE FORGET.

Dieppe, 2 septembre 1854.

Chère amie, je vous remercie beaucoup de m'avoir répondu aussi exactement; je ne méritais pas cette attention; mais j'étais en l'air pour ainsi dire et dans la situation d'esprit où je me trouve presque toujours lorsque j'arrive dans un endroit : c'est ordinairement le moment où je m'ennuie le plus, et cet ennui me prend tellement à la gorge qu'il me rend impossible de dessiner, d'écrire et presque de remuer; je voudrais, pour ainsi dire, rester couché toute la journée. Je m'ennuie horriblement de ne rien faire, et cependant je ne puis rien faire pour sortir de cette torpeur. Le roman de Dumas, que j'ai loué, m'a distrait d'abord, et ensuite les parties insupportables qu'il mêle aux endroits amusants m'ont fait chérir les distractions que je pouvais trouver tout seul, et à présent je suis intéressé quand je travaille, et je ne m'ennuie pas quand je ne fais rien. Les journées se trouvent remplies doucement, et le matin je recommence avec un nouveau plaisir. Je me lève de très-bonne heure, preuve que je ne trouve pas le temps long et que je ne suis pas embarrassé de ma journée. J'ai trouvé par hasard une ressource précieuse pour certains moments dans la rencontre que j'ai faite sur la plage de mon ami Chenavard, le peintre. C'est un homme de beaucoup d'esprit et qui a une vraie conversation. Nous n'abusons pas l'un de l'autre, et cela renouvelle les sensations.

Cet endroit offre toutes sortes de ressources : comme cette ville est grande comme la main, vous êtes tout de suite dans la campagne, et il y a des endroits charmants; je ne parle pas de la mer et du mouvement des navires qui est la grande affaire. Et vous voyez qu'on peut aussi se tenir à l'écart et ne pas se laisser dévorer par les inutiles...

E. DELACROIX,

toujours quai Duquesne, n° 6.

A SOULIER.

Ce mercredi 4 octobre 1854.

... Je ne m'étends pas sur le triste sujet qui commence ta lettre. Tu sais quel avait été mon profond attachement pour Pierret, attachement que j'ai retrouvé bien vif au moment de sa perte...

A Mᵐᵉ DE FORGET.

Angerville-la-Rivière, par Malesherbe (Loiret),
ce 27 octobre 1854.

Chère amie, je suis ici depuis lundi, et voici le premier jour où le temps semble s'adoucir et nous donner un peu de soleil... La réunion toujours agréable qu'on trouve ici n'est cependant pas aussi nombreuse que la dernière fois que j'y suis venu. M. Batta, qui en était un des ornements, et la princesse nous manquent; cela nous sèvre d'excellente musique. Batta était ici quand j'y suis arrivé, mais il a été obligé de partir soudain... M. Berryer est pour moi une compensation à tout cela par un surcroît d'amabilité. Dans ces soirées, qui étaient occupées par la musique qu'il aime beaucoup, nous étions, comme lui, concentrés dans ce délassement unique; maintenant que nous en sommes privés, il est intarissable en souvenirs précieux racontés de la manière la plus piquante, et je crois que je gagne au change. Si le temps se remettait au beau, je n'aurais rien à souhaiter que de mener longtemps cette vie; mais il faut de la raison...

E. D.

A M. P. PETROZ.

Ce 22 novembre 1854.

Monsieur,

Je m'empresse de vous adresser mes remerciements pour l'article si bienveillant que vous avez bien voulu faire sur mes travaux de l'Hôtel de ville dans la *Revue Franco-Italienne.* Je n'ose vous faire compliment sur vos connaissances spé‑ciales et assez rares chez les critiques, puisque vous me louez constamment ; mais, ce dont je vous suis très-reconnaissant, c'est du sérieux examen que votre article suppose.

Agréez, monsieur, avec les expressions de ma gratitude, celles de la plus haute considération.

E UG. DELACROIX.

A. M. BULOZ.

Ce 10 juin.

Cher monsieur,

Pardonnez-moi de ne pas vous avoir répondu. J'ai été dans des allées et venues continuelles, et, comme j'ai été presque toujours chez les autres, je n'ai pas eu la possibilité de m'ap‑pliquer à quoi que ce soit. Je vais faire mes efforts pour vous arranger, d'ici à très-peu de temps, quelque morceau de critique à la légère, comme il m'est seulement donné d'en faire à présent, à cause du peu de temps que j'ai.

Mille excuses et compliments dévoués.

EUG. DELACROIX.

_____

AU BARON CH. RIVET.

Ce jeudi matin (1855 ?)

Mon cher ami, votre lettre m'a fait passer une bien bonne nuit, et ce matin je m'empresse de vous en remercier. Nous travaillons, nous nous épuisons, nous autres artistes, pour avoir trois ou quatre fois dans notre vie des plaisirs comme ceux-là. Quand une voix désintéressée comme la vôtre fait arriver à notre oreille ce bruit adorable de la louange et surtout quand on n'est plus au début de la carrière où tout le monde vous tend la main, on oublie un moment les incertitudes, les doutes, les ennuis du métier, de ce métier si long qu'on ne le sçait _(sic)_ jamais. Quant à l'opinion de la grande majorité des gens qui verront tout cela, je ne m'en occupe pas beaucoup, si les hommes comme vous m'en savent quelque gré. Ce n'est même pas un mauvais signe de ne pas plaire à beaucoup de gens dans ce temps-ci : l'enflure, le pathos, le mauvais, le faux goût sont le goût général, et sans le goût, c'est-à-dire sans la mesure, à mon avis il ne peut y avoir de beauté.

Adieu, mon bon ami, je vous prive ici d'une page d'esthétique... J'aime bien mieux vous envoyer mes remerciements de cœur et vous les faire quand je vous verrai.

A vous bien sincèrement.

EUG. DELACROIX.

A M. PAUL HUET.

RUE DU CHERCHE-MIDI, 57.

Ce 24 avril 1855.

Mon cher ami,

Je crois vous faire quelque plaisir en vous parlant de celui que m'ont fait vos tableaux à l'Exposition. Votre grande *Inondation* est un chef-d'œuvre, elle pulvérise la recherche des petits effets à la mode ; votre *Rivière* fait également fort bien, et ils sont tous les trois placés de manière à ce qu'ils se donnent une vigueur mutuelle.

J'espère que vous serez content de tout ce que le monde vous en dira ; car mon jugement est celui que j'ai entendu porter par tous ceux qui vous ont vu.

Recevez, mon cher ami, l'assurance du plaisir que me fait votre succès si mérité et celle de ma vieille et sincère amitié.

A M. ALFRED ARAGO.

Ce 8 mai 1855.

Cher ami,

Il faut que j'embête mon ami malgré mes résolutions. Je ne puis résister à la demande que me fait la personne la plus aimable du monde d'obtenir une permission pour entrer à l'Exposition. Je croyais que personne n'entrait plus, et franchement j'aurais désiré qu'il en fût ainsi ; mais je me suis convaincu hier qu'il y avait encore beaucoup de favorisés. Si la chose est possible, envoyez-moi un mot du ministère pour

Mme la *princesse Marcellini Czartorzika*. Je vous baise sur les deux joues.

Pardon, cher ami, pardon.

E UG. D ELACROIX.

A M. CHARLES BAUDELAIRE.

Champrosay, par Draveil (Seine-et-Oise), ce 10 juin 1855.

Cher Monsieur, je n'ai reçu qu'ici votre article par-dessus les toits. Vous êtes trop bon de me dire que vous le trouvez encore trop modeste : je suis heureux de voir quelle a été votre impression sur mon exposition. Je vous avouerai que je n'en suis pas mécontent, et quelque chose de moi-même m'a gagné plus qu'à l'ordinaire en voyant la réunion de ces tableaux : puisse le bon public avoir des yeux, mais surtout les vôtres, car ils jugent encore plus favorablement, j'en suis sûr, que je ne fais. Je regrette bien de ne pas voir vos autres articles, celui qui précède le mien et ceux qui suivent. Je suis à la campagne ; d'ailleurs, à Paris, il est impossible d'être prévenu de leur apparition sur un journal auquel on n'est point abonné. Mettez-les-moi à part si vous y pensez et vous me les remettrez quelque jour.

Votre sincèrement dévoué.

E. D ELACROIX.

Ce billet fut adressé à Baudelaire à propos de ses articles publiés, dans la *Revue française*, sur le Salon de 1855.

A M. PIERRE PETROZ.

Champrosay, ce 27 juin 1855.

Monsieur,

J'étais en voyage quand vous avez écrit dans la *Presse* un article fort détaillé et fort bienveillant sur mon exposition. Je n'en ai eu connaissance qu'à la campagne et fort tardivement, puisque je ne peux vous en remercier qu'à présent. Cet examen si favorable d'un assez grand nombre de tableaux des différentes époques de ma carrière dans un journal aussi répandu que la *Presse,* et dont la critique est aussi estimée, me flatte infiniment, et me fait regretter davantage encore d'arriver si tard pour vous le dire.

Agréez, Monsieur, avec ces remerciements, l'assurance de ma haute considération.

EUG. DELACROIX.

A Mme LA BARONNE DE FORGET,

CHEZ M. FOUACHE, A SAINTE-ADRESSE (SEINE-INFÉRIEURE).

Ce 12 août 1855.

Je suis charmé, Chère amie, que votre séjour soit à votre gré : si votre lit n'est pas aussi bon que vous pouvez le souhaiter, vous vous en lèverez plus matin pour aller voir lever le soleil et vous le regretterez moins que vous ne le faisiez à Paris. J'envie votre bonheur; je suis furieusement empêché, et tandis que tout le monde convient que les artistes sont les plus indépendants de tous les hommes, je m'apperçois (*sic*) qu'ils sont comme les autres et pis encore. J'espérais que dans les premiers jours de septembre j'aurais quelques

instants dont je pourrais disposer pour prendre l'air ; voilà
justement la cousine de Strasbourg qui arrive dans ce moment-
là, et je me vois renvoyé et réduit, pour me consoler, à aller
faire mes vendanges à Champrosay, car j'ai du raisin ; mais
j'aurais préféré un petit voyage. Profitez donc bien de la mer ;
vous êtes en bonne et aimable société et le lieu vous plaît ;
que peut-on désirer de mieux ?

Ma grande affaire d'à présent, autre sottise dont je me suis
embâté, va très-mal. Ceux sur qui je comptais me quittent
tous les uns après les autres, et je suis tout surpris quand je
rentre dans mon atelier et que je sens le plaisir que j'aurais
à travailler tout simplement à mes tableaux au lieu de
souhaiter de prétendus avantages qui ne veulent pas de moi,
je suis tout étonné de ma bêtise ; je fais sur moi un apologue
qui serait le pendant de l'homme qui court après la fortune
et qui la retrouve qui l'attendait à la porte...

Il fut question de Delacroix pour la direction des
Beaux-Arts. Le titulaire de ce poste, quoique fortement appuyé en haut lieu, en conçut de graves inquiétudes. Il voua à l'artiste une malveillance qui se tra-
duisit par une absence absolue de commandes déco-
ratives à Delacroix, en même temps que par une
adulation affectée envers Ingres.

La personne qui me fait l'honneur de me confier
cette lettre, me dit : « Celle-ci dépeint bien son caractère. »

A Mᵐᵉ LA BARONNE DE FORGET.

Ce 16 août.

Je vous remercie, Chère amie, de m'avoir donné de vos
nouvelles, et tout en vous plaignant de ne pas trouver plus de

société propre à occuper vos moments, je vous félicite d'être
dans un beau pays et près d'un hôte qui fera certes son possible pour vous être agréable. Est-ce que vous quitterez cette
contrée sans voir tous les beaux endroits des Pyrénées? C'est
une belle occasion d'y faire une tournée. Les parties les plus
éloignées ne sont pas, je crois, très-distantes, et ce sont des
souvenirs intéressants. Pour mon compte, je n'ai vu que les
Eaux-Bonnes, me trouvant, quand j'y étais, un peu pressé par
le temps comme il arrive toujours. Je regrette beaucoup
Bagnères-de-Luchon, Gavarnie, etc., dont on m'a dit beaucoup de bien.

Vous me demandez où est le bonheur dans ce monde.
Après de nombreuses expériences je me suis convaincu qu'il
n'est que dans le contentement de soi-même. Les passions ne
peuvent donner ce contentement; nous désirons toujours
l'impossible, ce que nous obtenons ne nous satisfait pas. Je
suppose que les gens qui ont une solide vertu doivent posséder une grande partie de ce contentement dont je fais la
condition du bonheur. N'étant pas pour ma part assez ver-
tueux pour me plaire à moi-même de ce côté-là, je me rattrape
sur la satisfaction véritable que donne le travail. Il donne un
bien-être réel et augmente l'indifférence pour les plaisirs qui
ne le sont que de nom et dont les gens du monde sont obligés de se contenter.

Voilà, chère amie, ma petite philosophie, et, surtout quand
je me porte bien, elle est d'un effet sûr. Cela ne doit pas
empêcher les petites distractions qu'on peut attraper de temps
en temps. Une petite affaire de cœur dans l'occasion, la
vue d'un beau pays et les voyages en général laissent dans
l'esprit des traces charmantes; on se rappelle toutes ces émotions quand on en est loin ou qu'on ne peut plus en retrouver
de semblables. C'est donc une petite provision de bonheur
pour l'avenir quel qu'il soit.

Donc je travaille, sauf les interruptions que m'occasionnent maintenant les fêtes qui ont eu ou qui vont avoir lieu. Les dérangements même ne me contrarient pas trop ; ils me reposent l'esprit tout en me fatigant. C'est une autre fatigue que celle de la peinture. J'entends des *Te Deum* en grand costume ; j'assiste à des banquets ; je m'y amuse avec des imbéciles autant qu'avec des hommes d'esprit. Confondus dans cette foule, tous les hommes se ressemblent ; un sentiment commun les anime, celui de se pousser et de passer sur le corps de son voisin. C'est un spectacle plein d'intérêt pour un philosophe qui n'est pas encore revenu de toutes les vanités.

En voilà long, j'espère. Je vous écris sous l'impression de mes visites officielles d'hier. Nous attendons la reine d'Angleterre qui va me donner d'autres sujets de méditations. A propos, je me fais faire *une culotte ;* c'est le plus grand événement de la semaine...

Répondez-moi encore, et je vous répondrai peut-être à mon tour sur tout ce qui se sera passé...

E. D.

A M. C. DUTILLEUX.

Ce 8 septembre 1855.

Cher Monsieur, je serai donc toujours en arrière avec vous et toujours confus de répondre si mal à tant de bontés et à un si bon souvenir ! J'ai passé presque tout mon été hors Paris ; je n'y suis revenu qu'il y a six semaines environ pour me livrer à un travail très-fatigant à une chapelle de Saint-Sulpice ; j'ai été obligé de réimprimer pour ainsi dire moi-même les murs, en refaisant l'ébauche, tant cela était imparfait. Il en est résulté une préparation beaucoup meilleure que n'aurait été une ébauche ordinaire. Mais j'ai fait un travail inusité pour un peintre et qui ressemblait plutôt à celui d'un maçon; il a été sur le point de me donner la *colique de plomb*, tant j'ai employé de blanc dans un endroit où l'air ne se renouvelle point. Votre lettre et l'envoi de votre discours que j'avais trouvés l'un et l'autre à mon arrivée avant la reprise de mes travaux m'ont fait le plus vif plaisir. Pour vous parler d'abord du discours, il est tout ce que pouvait faire un homme comme vous, qui comprend tout ce qui est véritablement fin dans l'art. Quant à la diction, elle est excellente et vous avez dû en recevoir des compliments de vos confrères qui se sont honorés en vous recevant. Quant à la lettre, elle est, comme toujours, pleine d'un sentiment si affectueux que l'expression de ce sentiment me touche encore plus que tout ce que vous m'exprimez sur mes ouvrages, quoique tous les éloges, et surtout ceux que [vous pouvez donner, soient certes de nature à me chatouiller infiniment.

Cette bonne lettre m'apprend cependant une chose qui me contrarie beaucoup; c'est que vous serez à Paris à la mi-septembre. Je pars justement et bien malheureusement le 10 pour le mois tout entier, et quoique j'aille trouver des personnes que j'aime beaucoup, je serai malheureusement très-peu de temps dans chaque endroit, étant obligé d'aller du nord au midi et d'employer beaucoup de temps sur les routes. J'avais espéré un moment que de Strasbourg je pourrais revenir par le Rhin et la Belgique, et je n'aurais pas manqué d'aller vous serrer la main à Arras, mais le temps me manque; je suis forcé d'être à Paris le 1er octobre pour le jury d'exposition, énorme corvée dont j'eusse désiré vivement m'affranchir. Ce sera donc partie remise et à mon bien grand regret.

Vous me dites que vous avez éprouvé une cruelle affliction par la perte de votre petite fille. Je partage bien sincèrement votre chagrin : le temps et le travail sont de grands moyens de distraction ; mais il est de certaines douleurs qu'on ne peut jamais oublier...

A M. THÉOPHILE GAUTIER.

Ce 22 septembre.

Mon cher Gautier,

Je lis en revenant à Paris votre article mille fois bon et bienveillant sur mon exposition. Je vous en remercie de cœur au delà de ce que je puis vous exprimer. Oui, vous devez éprouver de la satisfaction en voyant que toutes ces folies dont autrefois vous preniez le parti à peu près seul, paraissent aujourd'hui toutes naturelles ; mais cette nouvelle confirmation est d'un grand effet sur les esprits. J'ai rencontré hier soir une femme que je n'avais pas vue depuis dix ans, et qui m'a assuré qu'en entendant lire une partie de votre article elle avait cru que j'étais mort, pensant qu'on ne louait ainsi que les gens morts et enterrés. Dieu merci je suis vivant, mais s'il est juste de dire que la lutte et l'activité de l'esprit font vivre ; il faut reconnaître aussi que les éloges encouragent et soutiennent. Vous pensez très-justement que les vôtres ont eu cet effet ; la moindre goutte de cette rosée suffisait pour adoucir bien des coupes d'absinthe assez dures à digérer. Comme j'ai toujours eu le bonheur d'être sévère pour moi-même, votre appréciation toujours bienveillante m'aidait aussi à prendre mon propre parti contre les ennemis.

Adieu, mon cher Gautier, recevez les assurances les plus sincères de ma reconnaissance.

E. DELACROIX.

AU BARON LARREY.

Ce 18 octobre 1855.

Cher Monsieur,

Je ne suis de retour à Paris que depuis deux jours pour prendre part aux opérations du jury. Je réponds aussitôt que possible à la lettre dans laquelle vous me parlez de M. Fortin. Je vous ai exprimé à plusieurs reprises toute ma sympathie pour son talent; je vous ai parlé, je crois, des efforts que j'ai faits, notamment à une des dernières expositions où il avait présenté de très-beaux ouvrages, pour que son mérite fût récompensé; je renouvellerai certainement mes tentatives et serai heureux de vous être agréable en ceci; je crains que les décorations ne soient pas laissées à l'appréciation du jury, le gouvernement se réserve d'accorder des récompenses d'un ordre plus élevé ou différent. Il ne faudrait pas non plus se dissimuler que la présence des étrangers à cette Exposition et la grande quantité des talents ne rendent encore plus difficile le choix à faire pour les récompenses. Tout ceci, cher monsieur, est, je vous le dis bien sincèrement, sans préjudice des efforts que je ferai en faveur de M. Fortin.

Agréez, cher Monsieur, les assurances de ma haute considération et du plus affectueux dévouement.

Eug. Delacroix.

———

Ce charmant accusé de réception du livre de Théophile Silvestre (que nous signalions p. 248) montre avec quel tact Delacroix désirait que l'on n'imitât pas dans son camp les furibonderies des adversaires.

A M. THÉOPHILE SILVESTRE.

Ce 3 décembre 1855.

Comment ne serais-je pas content, mon cher Monsieur? Vous me traitez comme je voudrais que cette postérité, pour qui vous savez que je professe beaucoup de respect, me traitât. J'ai reçu votre envoi avant-hier soir et ne l'ai lu qu'hier, c'est-à-dire ce qui me concerne. Vous auriez donc eu une lettre aujourd'hui seulement. J'avais l'intention de l'envoyer chez votre libraire.

Les remaniements que vous avez faits sont très-heureux; vous avez gagné en unité. Cela avait, au reste, déjà toute la verve que j'y trouve encore. Je vous remercie donc autant que je le puis, et même avec confusion.

Je n'ai pas encore lu la biographie d'Ingres, c'est-à-dire relue, car j'en suis encore à votre dernier envoi, dont je ne vous ai rien dit cet automne parce que je suis parti très-brusquement. Déjà sur ce que vous m'en aviez dit à la volée, je vous avais exprimé mon sentiment. Je vous avais supplié d'ôter les personnalités qui sont déjà une dérogation aux usages d'autrefois en parlant des vivants, même quand on en dit du bien. Avec cette franchise que vous aimez et dont j'use quelquefois pour mon compte, je vous disais que je regretterais que vous n'eussiez pas fait des changements dans ce sens, pour vous, pour moi et pour tout le monde.

Je vous réitère mes remerciements les plus reconnaissants; prenez-les comme mes critiques, comme l'expression sincère de mes sentiments.

E. DELACROIX.

A M. C. DUTILLEUX.

Ce 4 décembre 1855.

Comment vous remercier assez, mon cher monsieur, de votre aimable lettre? Elle est l'expression de sentiments qui sont pour moi au-dessus de toutes les récompenses.

Il y a longtemps que votre amitié m'encourage ; vous êtes du petit nombre de ceux qui n'ont pas cru que je sois un fou, et voilà une bonne partie du public qui arrive à être de votre opinion. J'ai été si abattu depuis trois semaines par un rhume que je ne pouvais guérir et que j'avais pris dans les salles humides de l'Exposition en faisant mon métier de juré, que je n'ai pu ni écrire, ni travailler. Je commence à respirer, et aussi à me mettre au chevalet. Vous savez que le travail est le pain intellectuel ; je m'en passerais aussi peu que de nourriture.

Je profite aussi de cette renaissance pour vous envoyer quelques mots de reconnaissance et d'amitié. Les occasions de se rencontrer et de se voir sont si rares dans certaines positions, qu'il faut s'affliger de les manquer. En revanche, on est toujours noyé par la quantité des visites et des connaissances banales ; c'est comme dans notre chère peinture : l'excellent est rare. Adieu, et mille amitiés les plus dévouées...

A M. THÉOPHILE SILVESTRE[1].

Ce mercredi 1856.

Mon cher Monsieur,

Je me suis rappelé encore quelques petites choses, mais peu importantes pour le catalogue. Vous pouvez mettre qu'en fait de compositions tout arrêtées et parfaitement mises au net

---

1. Ce billet, qui avait été publié en fac-similé dans l'*Autographe*, a été donné aussi, puis dans le *Eugène Delacroix à l'Exposition du boulevard des Italiens* (1864) par Henri de La Madelène.

et prêtes pour l'exécution, j'ai de la besogne pour deux existences humaines, et quant aux projets de toute espèce,
c'est-à-dire à de la matière propre à occuper l'esprit et la
main, j'en ai pour 400 ans ; jugez si j'ai le temps de me
promener comme mes honorables confrères qui, je pense, pour
la plupart trouveront du temps de reste pour tout ce qu'ils
ont à tirer de leur cerveau.

EUG. DELACROIX.

A M. MOREAU, PÈRE.

M. Moreau, amateur dont la galerie était célèbre
à juste titre, avait demandé un tableau à Delacroix
pour M. Benoît Fould, en même temps qu'il achetait
à Troyon le *Passage du gué* et à Paul Delaroche les
Girondins.

Ce 11 mars 1856.

Cher Monsieur et ami,

Je m'étais occupé tout de suite de chercher des sujets pour
répondre au désir que vous m'avez si aimablement exprimé
de la part de M. B. Fould. Après avoir hésité quelque temps,
je me suis rappelé une esquisse que j'ai traitée, il y a un an
environ, dans le projet d'en faire un tableau. Je crois le sujet
assez favorable, avec figures, animaux, paysages, etc. C'est
Ovide exilé chez les Scythes, auquel les naïfs habitants ap-
portent des fruits, du laitage, etc. Il y aurait cet avantage que
le tableau est tout composé : pour moi, c'est une avance des
plus considérables. Si vous étiez assez bon pour passer un
de ces jours, je vous remettrais ce projet et je vous demanderais votre avis.

Recevez en attendant, cher Monsieur, avec tous mes remerciements, l'assurance du plus sincère attachement et de ma haute considération...

EUG. DELACROIX.

A. M. PAUL DE SAINT-VICTOR.

(Bureaux de *la Presse*, rue Montmartre, 123.)

A propos d'une reprise du *Cid* (celle-là même dans laquelle le comédien Lafontaine éprouva un échec cornélien), M. Paul de Saint-Victor avait écrit un brillant feuilleton dans *la Presse* du dimanche soir, 25 mai 1856.

« ... Certes, elle est sublime, dans la tragédie de Corneille, la scène où don Diègue pousse son fils pàr les épaules à la vengeance, en lui montrant sa joue chaude encore du soufflet du comte. Mais qu'elle est autrement saisissante et forte dans le récit primitif ! Le vieux Diègue souffleté s'est retiré dans son château, comme un lion blessé dans son antre. Il ne mange plus, il ne dort plus ; il gronde, il rumine son affront dans sa barbe blanche ; il ne veut plus voir le soleil. A la fin, il s'asseoit dans son fauteuil à dossier de cuir, il fait venir ses enfants, depuis le plus grand jusqu'au plus petit, et à mesure qu'ils passent devant lui, il serre leurs jeunes mains entre ses vieux poings musculeux jusqu'à leur faire craquer les os. — « Assez, seigneur, s'écrient les enfants en larmes, lâchez-nous, car vous nous tuez! » Quand vint le tour de Rodrigue, ce ne furent ni des plaintes ni des larmes que lui arracha la douleur, mais des cris de rage et des regards courroucés. « Lâchez-moi, seigneur, dans cette heure mauvaise ; car si vous n'étiez mon père, avec cette main que vous broyez, je vous déchirerais les entrailles en vous perçant de mon doigt en guise de poignard! » — Alors le vieillard pleurant de joie : « Fils de mon âme, s'écrie-t-il, que ta colère me plaît! » Puis il lui conte son injure, lui donne sa bénédiction et sa grande épée et l'envoie tuer l'offenseur. — Que dites-vous de cette sauvage épreuve ? Question extraordinaire de la rude paternité des vieux temps; morsure de vieux lion qui essaie sa dent sur ses lionceaux pour éprouver leur courage... »

Champrosay par Draveil (Seine-et-Oise), ce 26 mai 1856.

Mon cher Saint-Victor,

Je suis en passant à la campagne. Ce n'est qu'ainsi que j'ai le temps de lire un peu. Je trouve ce matin dans *la Presse* votre article sur *le Cid,* et je ne puis m'empêcher de vous en faire compliment du fond de ma retraite momentanée. Quel dommage que vous dépensiez votre verve et votre esprit dans des feuilles qui se dispersent si vite! c'est au point que, revenant demain ou après-demain à Paris, je ne sais si je pourrai trouver à acheter le numéro passé depuis deux jours.

Je penserai à cela pendant quinze jours, et j'en ferai de meilleure peinture : voilà les lectures qu'il faut pour parfumer de temps en temps une imagination qui est appliquée elle-même à fabriquer des idées et qui n'a pas le loisir de s'occuper des sottises qui font la pâture des cerveaux à la moderne. Votre épreuve du vieux Gomez à ses enfants est incomparable : *Question extraordinaire de la rude paternité des vieux temps,* etc., etc.

Vous avez oublié un dernier trait que j'ai lu quelque part et qui couronne dignement la carrière de votre géant. Après la mort du Cid, les chrétiens attachent sur son cheval son cadavre emballé dans son armure et le lancent férocement sur les Maures, qui s'enfuient épouvantés à la vue du fantôme. Voilà des funérailles qui eussent flatté cette grande ombre.

Ma lettre n'est à autre fin que de vous parler de mon émotion. C'est une pente que je suis quelquefois et à coup sûr. J'écris cette lettre avec plus de plaisir que presque toutes les autres.

A vous bien sincèrement.

EUG. DELACROIX.

Je me rappelle, en vous écrivant, un trait qui, quoique moderne, n'en est pas moins de la trempe du dernier que je vous ai raconté. Mon vieux père, qui était une espèce de Cid, en a été témoin. Dans l'une des batailles de l'empire, dans laquelle on ne se ménageait pas, un régiment de cuirassiers fit merveille sur les Russes. Un soldat s'était emparé d'un drapeau dans le moment le plus vif de l'action, et avait péri au milieu de son triomphe. En rentrant à la ville ou au camp, et en présence de toute l'armée, ses camarades attachèrent son corps sanglant et couvert de son uniforme sur son cheval avec son drapeau dans ses bras, et le soutenaient dans sa marche.

C'est assez beau pour des Français!

A SOULIER.

Ce mardi 21 juin 1856.

... Je tâcherai de ne pas trop m'éreinter à Saint-Sulpice pour causer tout notre saoûl ensemble les coudes sur la table. La semaine prochaine je compte prendre mon vol. J'ai grand besoin de me reposer et de respirer...

A M. C. DUTILLEUX.

Paris, le 24 août.

Cher Monsieur, votre bonne lettre m'est arrivée au milieu de mon rude travail de Saint-Sulpice, et que je poursuivrai encore tout le mois prochain. Ce travail, tant retardé et interrompu sans cesse, aurait pu être achevé dans cette campagne : mais la clarté douteuse de la fin de l'automne me forcera encore de lâcher prise, mais avec la résolution d'achever au printemps.

Je n'avais pas oublié de m'occuper de l'esquisse que vous avez eu la bonté de me demander pour votre ami : seulement, j'avoue que je ne m'étais pas bien rappelé la nature du sujet, et j'avais commencé à son intention une petite réminiscence avec changements du plafond de la chapelle qui m'occupe dans ce moment, l'*Archange saint Michel terrassant le démon*. Si ce choix contrarie votre amateur, je tâcherai de trouver, aussitôt qu'il me sera possible, quelque chose qui puisse le satisfaire. La réussite de la *Médée*, de M. Lassalle[1], auprès des Lillois, est véritablement ce

1. M. Lassalle avait exécuté une grande lithographie d'après cette peinture magistrale, qui est un des honneurs du Musée de Lille et que Delacroix a répétée avec des variantes.

qu'on vous a dit. C'est un homme que j'aime beaucoup, et qui avait entrepris avec beaucoup d'ardeur cet ouvrage. Comme il avait l'habitude de travaux tout différents, je n'étais pas sans quelque appréhension, et sa planche est venue me rassurer. Vous y trouverez la qualité que le public apprécie le plus et la plus propre à assurer la vente. C'est une propreté de travail qui n'est pas le mérite que, pour mon compte, j'estime davantage; mais, en même temps, je pense que, comme moi, vous serez surpris de certaines parties où le caractère est très-bien rendu. L'aspect général est saisisissant. La pièce, au reste, est d'une dimension extraordinaire.

Adieu, cher monsieur.

A SOULIER.

6 décembre 1856.

Je suis un monstre, je suis un chien; je relis encore cette bonne et aimable lettre que tu m'as envoyée il y a tout à l'heure un mois, et je me demande comment j'ai eu le cœur, ou plutôt l'absence de cœur, de ne pas répondre... Ne crois pas que je m'excuse sur l'abondance de mes occupations : je n'ai jamais pu remplir mes journées, comme je vois tant de gens qui ne se donnent pas le temps de manger ou de respirer au milieu des affaires rebutantes dont ils se chargent avec une espèce de fureur. Bien que je ne fasse que des choses qui m'amusent, elles n'ont pas l'art d'occuper tous mes moments et l'ennui se glisse souvent dans les intervalles; cependant, je connais bien moins cette maladie, à présent que je touche à la triste vieillesse, que quand j'étais jeune, à cet âge où l'on dit que tout est couleur de rose : c'est alors que je donnais au diable cette vie qu'il semble qu'on devrait alors remplir d'occupations si agréables. Que d'attentes vaines ou fastidieuses pour un instant! Que de tristesses ou de regrets après cet instant! J'ai donc, autant que cela peut être dans ce monde qui tourne toujours sous nos pieds, ce bien qu'on appelle la tranquillité, bien qui n'est connu, ni des procureurs impériaux, qui veulent être premiers présidents, ni des commandeurs, qui veulent être grands officiers, etc. A la vérité, je me suis porté pour être académicien; mais il y a si longtemps que j'ai eu cette envie-là, que je commence à être blasé sur l'espoir ou sur la crainte à cet endroit. Malgré une certaine rancune persévérante, on me dit que j'ai plus de chances cette fois. Dieu le veuille.

Quand boirons-nous à la santé de nos souvenirs? Quand viendras-tu? Comme j'ai à peu près renoncé à lire, surtout le soir, j'ai des moments d'inoccupation apparente qui ne sont pas du tout cet ennui dont je parlais tout à l'heure : je ferme les yeux ou je regarde le feu de la cheminée. Alors je rouvre un livre fermé déjà à beaucoup de chapitres dans ma mémoire, et je retrouve de délicieux moments, et en première ligne ceux que nous avons passés ensemble. Je ne passe jamais sur la place Vendôme sans lever les yeux vers cette mansarde que nous avons vue si joyeuse. Que d'années depuis tout cela, que de vides! Les choses sont bien arrangées puisque les vieillards sont moins violemment remués par leurs sentiments que les jeunes gens. Il est tant à regretter et tant à craindre de la maladie, de l'isolement, de mille maux enfin, qu'ils ne pourraient envisager tout cela s'ils y portaient de la vivacité. Peut-être que les vrais sentiments n'y perdent rien. Je me sens encore jeune sur quelques points de l'âme, et c'est surtout sur des souvenirs comme ceux-là. Je t'embrasse donc avec toute la tendresse qui me reste, ne trouvant plus de place pour t'en écrire plus long.

Adieu, cher ami, et mille choses à Mme Soulier.

EUG. DELACROIX.

A M. ABEL DE PUJOL,

MEMBRE DE L'INSTITUT, RUE ALBOUY, 14.

Ce 1er janvier 1857.

Mon cher monsieur Abel,

Je m'étais flatté que je pourrais, avant la séance de samedi prochain, me présenter chez vous, ainsi que l'usage et les convenances le réclament : c'est ce qui m'avait fait prendre la liberté de vous instruire, par une simple carte, de l'état d'indisposition où je me trouvais. Je vois malheureusement que je ne pourrai avant lundi ou mardi m'exposer à l'air sans danger. Je viens donc vous donner ce nouvel avis d'une abstention bien indépendante de ma volonté et me recommander à toute votre bienveillance. J'espère pouvoir, la semaine prochaine, réparer autant que je le pourrai le tort que je puis éprouver de ce contre-temps.

Recevez, cher monsieur Abel, les assurances de mon dévouement et de ma bien haute considération.

EUG. DELACROIX.

Ce 2 janvier 1857.

Monsieur le Président,

Je prends la liberté de m'adresser à vous pour vous prier d'informer messieurs les membres de l'Académie, si toutefois le règlement ne s'y oppose pas, que l'indisposition qui m'avait forcé jusqu'ici de m'abstenir de les visiter, me retient encore chez moi et me force à solliciter leur indulgence.

Je sçais *(sic)* trop ce que les convenances et de justes usages réclament de moi dans cette circonstance, et mon dessein de m'acquiter de ce devoir me fait vivement désirer que mon abstention momentanée ne soit pas interprétée à mon désavantage. Je conserve en même temps l'espoir de pouvoir, la semaine prochaine, réparer autant que je le pourrai les effets de ce retard involontaire.

Veuillez agréer, monsieur le Président, les assurances de la plus haute considération..

EUG. DELACROIX.

A M. CLAPISSON,

RUE SAINT-GEORGES, 20.

7 janvier 1857.

Monsieur, j'ai bien besoin que vous m'excusiez auprès de ceux de vos collègues qui me portent intérêt. La crainte d'une rechute, qui serait la troisième, et le froid dans l'état de faiblesse où je suis encore, me forcent à reculer encore le moment où je pourrai sortir. Vous m'avez accueilli avec tant d'amabilité le jour où j'ai eu le plaisir de vous rencontrer chez M. Perrin, que vous êtes la personne à laquelle j'eusse été le plus heureux de serrer la main et de parler de mes espérances. Il est inutile de vous exprimer jusqu'à quel point je suis affligé de la tournure que ce malentendu peut donner à ma candidature. Mais, heureux ou malheureux, j'irai bien enfin vous chercher pour vous parler de mes sentiments de reconnaissance et de bien sincère considération.

EUG. DELACROIX.

A M. AUBER.

Janvier 1857.

Monsieur et illustre maître,

J'avais pris la liberté de vous informer de l'indisposition qui me mettait dans l'impossibilité d'avoir l'honneur de vous voir la semaine dernière. Ce devoir, dont je ne pouvais m'acquitter, était un grand plaisir dont je me trouvais privé; votre bonté et votre amabilité ont été constantes pour moi, non-seulement dans mes épreuves académiques, mais partout où j'ai eu le bonheur d'être rapproché de vous. Malheureusement, je demeure encore forcé de m'abstenir de toute sortie d'ici à quelques jours pour ne pas compromettre, pour tout l'hiver peut-être, le mieux que j'avais commencé à éprouver. Soyez donc assez bon pour me plaindre de l'impossibilité où je me trouve de vous voir une fois de plus.

Agréez, Monsieur et illustre maître, les expressions d'une admiration qui n'est pas nouvelle et celles de ma respectueuse et bien haute considération.

EUG. DELACROIX.

A M. AUBER.

Ce 11 janvier 1857.

Monsieur et illustre maître,

Puisque je suis encore arrêté pour quelques jours, laissez-moi vous dire dans cette lettre toute ma reconnaissance pour la part que vous avez à l'honneur que j'aurai dorénavant d'être le confrère d'un homme tel que vous. Aller vous le dire sera un de mes premiers soins dès que je serai libre.

Recevez l'assurance de tous mes respects et de toute mon admiration.

EUG. DELACROIX.

A M. C. DUTILLEUX.

Ce 13 janvier 1857.

Cher monsieur et ami... Il n'y a pas de félicitations qui puissent me flatter plus que les vôtres. La chose a été faite assez franchement et cela ajoute à la réussite aux yeux du public. Vous dites justement que ce succès, il y a vingt ans, m'aurait causé un tout autre plaisir; j'avais la chance, dans ce cas, de me voir plus utile que je ne puis l'être maintenant dans une situation de ce genre. J'aurais eu le temps de devenir professeur à l'École : c'est là que j'eusse pu exercer quelque influence. Quoi qu'il en soit, je ne partage pas l'opinion de quelques personnes, amies ou autres, qui m'ont fait entendre plus d'une fois que je ferais mieux de m'abstenir. Il y a plus de fatuité que de véritable estime de soi-même à rester dans sa tente : au reste, je ne manque point ici à mes antécédents, puisqu'une fois mon parti pris je n'ai pas cessé de me présenter.

En voilà beaucoup pour mon apologie. Je ne veux plus penser qu'à vous remercier encore et à vous embrasser...

A M. ROCHÉ.

Paris, 14 janvier 1857.

Cher Monsieur, je viens de recevoir la lettre de félicitation que vous avez eu la bonté de m'adresser à propos de mon élection. Nul témoignage de sympathie ne pouvait m'être plus sensible. J'ai eu la bonne fortune de trouver dans l'Académie des Beaux-Arts quelques amis zélés qui ont suppléé, par leurs bonnes démarches, à ce que je n'ai pu faire

moi-même, car le malheur a voulu que je fusse retenu chez
moi pendant plus de trois semaines, et j'y suis souffrant
encore d'un rhume obstiné...

— Au même, le 24 novembre[1] :

« Je vous remercie de ce que vous me dites de bon et
d'aimable sur le résultat de mon exposition. Ce résultat est
d'autant meilleur que la décoration, la seule de cette nature,
a été demandée par le jury réuni, et que le gouvernement
n'a fait qu'accéder à son vœu... »

A M. PÉRIGNON.

Ce 21 janvier 1857.

Mon cher monsieur, j'ai été si sensible à votre bon souvenir que je n'aurais pas manqué de vous l'écrire tout de
suite si, à une indisposition qui me retenait chez moi depuis
un mois, ne s'était ajoutée ces jours-ci une rechute qui m'a
forcé de me soigner tout à fait et d'interrompre toute occupation. La plus agréable pour moi, en commençant à reprendre,
est de vous exprimer ma reconnaissance, tout en regrettant ce
dont je n'avais pas encore la certitude : qu'il faille maintenant
nous écrire pour communiquer au lieu de ces bonnes conversations sur la peinture qui réchauffent et encouragent. Êtes-
vous donc exilé définitivement? Dans ce cas, que je déplore-
rai, n'interrompons point des relations que vous continuez
d'une manière si aimable pour moi[2].

1. Ce billet, dont nous n'avons pas l'original sous les yeux, doit
certainement être reporté à l'année 1855.
2. M. Pérignon avait été nommé directeur du Musée et des Écoles
de dessin de la ville de Dijon.

Cette élection n'est pas plus mauvaise pour venir tard :
la difficulté de l'obtenir en augmente pour moi la valeur ;
seulement, il est un point capital où ce retard menace de lui
faire perdre son fruit. En me nommant académicien, on ne
m'a nullement fait professeur à l'École, car c'est là justement
que serait le danger aux yeux de nos doctes confrères. Autour d'un tapis vert, où chacun dit son mot comme en famille,
les paroles n'ont pas une bien grande portée, surtout quand
elles s'adressent à des personnes dont les convictions sont arrêtées tant bien que mal ; c'est au pupitre de l'École et en cor-
rigeant les jeunes gens qu'on peut enseigner quelque chose,
et malheureusement les places de professeur sont à l'élection
des académiciens. Voilà la situation qui ôte une valeur infinie
à mon nouveau poste : vous le comprendrez de reste. Une
récente mesure va remettre le jury dans les attributions de
l'Institut : je me flatte que je pourrai là être utile, car je serai
à peu près seul de mon avis, et ce sera le cas de ne pas être
malade. Enfin, l'habit que j'endosse ne changera pas l'homme,
j'espère ; l'instinct a toujours été toute ma science, et la science
des autres n'a jamais servi qu'à m'égarer.

A M. V... (VILLOT.)

1857.

... Je te remercie de ta lettre, et j'y vois que tu avais, à
l'avance, confiance dans le résultat. Je n'ai pas été aussi rassuré que toi pendant le cours des démarches qui l'ont amené ;
non que j'aie pu en faire de ma personne, car j'ai été retenu
chez moi par un gros rhume pendant trois semaines : je n'ai
donc pu faire des visites ; j'ai écrit quelques lettres, et surtout
j'ai eu dans l'illustre corps deux ou trois amis, comme il n'en-

existe guère qu'au Monomotapa, qui ont pris ma carte en main avec une suite et une chaleur qui ont beaucoup contribué au succès. En somme, quoique tardive, cette élection est utile et me semble plus à propos à présent qu'elle est faite, que je ne me le figurais auparavant. Aux félicitations que je reçois, je vois qu'elle était presque nécessaire pour qu'une certaine partie du public me mît à une certaine place : cela a rassuré un bon nombre d'admirateurs, et quoi qu'il n'y eût rien de changé dans la valeur de l'homme et dans celle de ses ouvrages, il fallait absolument l'étiquette.

AU BARON LARREY

Ce 6 février 1857.

Cher monsieur,

J'ai reçu avec beaucoup de plaisir et de reconnaissance l'envoi que vous avez bien voulu me faire de votre discours à l'occasion de l'inauguration de la statue de Bichat. Son éloge était en bonnes mains, et j'ai lu avec bien de l'intérêt les détails peu connus des gens du monde que vous donnez sur cette belle vie si bien employée. Je vous sais très-bon gré également du souvenir que vous donnez à notre pauvre David, qui est bien, lui aussi, le premier sculpteur de notre temps, et qui mériterait bien à son tour une statue, lui qui en a été prodigue pour les grands hommes, ses contemporains. Je vous remercierai tout particulièrement de votre bon souvenir dans cette circonstance.

Recevez, cher monsieur, les assurances du plus affectueux dévouement.

E. DELACROIX.

A M. C. DUTILLEUX.

Ce 5 mars 1857.

Cher monsieur, je voudrais de tout mon cœur satisfaire
le désir de M. Legentil et pouvoir lui renvoyer de suite un
tableau; mais vous allez voir quelle suite de circonstances
fâcheuses me forcent à le prier d'attendre encore un peu.

Je relève à peine d'une maladie qui, négligée dans le principe, me tient depuis près de trois mois hors de mon atelier.
Il y a six semaines, le rhume que je négligeais est devenu
une indisposition tout à fait sérieuse. Je suis, depuis une
quinzaine de jours, en convalescence, mais je crains qu'elle
ne soit longue. Vous vous rappelez que le petit tableau
n'était pas terminé; je désirais m'en servir pour mon tableau
définitif dans l'état où il était. Il y a donc à y travailler encore. Tout ce que je puis vous promettre, c'est de m'y
mettre aussitôt que je pourrai toucher un pinceau, et je vous
l'enverrai avec empressement, renonçant à m'en servir pour
mon plafond.

Vous me parlez du Salon : je m'étais flatté d'y mettre quelques tableaux, à la vérité, de petite proportion. Mais l'accident qui me retient hors de mon atelier ne me permettra
probablement pas de les achever. Il est possible même que
le contre-coup de tout cela soit la nécessité d'ajourner encore
indéfiniment mes travaux de Saint-Sulpice.

Vous me parlez, cher monsieur, de vos soucis, des maladies des personnes qui vous sont chères : vous êtes plus à
plaindre que moi qui n'ai à m'occuper que de ma chétive
santé : vous souffrez dans tous les êtres qui vous sont chers.
Mais la vie est ainsi faite. Je trouve dans mes cahiers et extraits ce passage de Voltaire : « Le bonhomme Jacob, inter-
rogé par le roi d'Égypte sur son âge, lui dit : « Seigneur, j'ai

« cent trente ans et n'ai pas eu un seul jour heureux dans
« ce court pèlerinage. »

Il faut donc se résigner à tout cela, car c'est la vie. Nous
autres artistes, qui jouissons à la fois autant et mieux que le
reste des autres des beautés de la nature et aussi des productions de ceux qui ont su les rendre, nous avons quelques
motifs de consolation de plus. Il y en a de bien grands dans
l'amitié, et la rareté de ce sentiment en augmente le prix...

A M. E. ABOUT.

Ce 19 mars 1857.

Monsieur, je m'empresse de répondre à la lettre que
vous avez bien voulu m'adresser avec une planche gravée
d'après moi, et je le ferai avec une entière franchise puisque
vous m'y invitez.

On ne peut méconnaître un sentiment très-vif dans cet
ouvrage. La tête du cheval surtout a beaucoup d'expression,
et tout annonce d'heureuses dispositions; mais l'inexpérience
du lavis et du modelé des plans se fait trop sentir en général.
La figure de l'homme, et malheureusement c'était la partie
importante, est tout à fait manquée; la tête, les mains, le
turban, les vêtements, etc., sont trop imparfaits pour qu'il
soit possible de se figurer le parti qu'on pourrait bien tirer
d'un ouvrage dans lequel la figure joue un rôle important.

Vous me trouverez peut-être sévère, monsieur, et il n'est
pourtant personne à qui j'eusse désiré davantage d'être
agréable en cette occasion. Mais vous comprendrez plus facilement que qui que ce soit que j'ai plus a perdre que tout
autre dans une interprétation incomplète. Il me faut absolument un homme qui sache dessiner tout à fait, non pas à la
manière d'un prix de Rome, mais avec une connaissance de

la figure et une habileté de main capables d'interpréter avec
sûreté là où il n'y aurait que des indications légères, etc., etc.
Cette science, je ne me dissimule pas qu'elle ne peut être
que le fruit de longues études que la plupart des peintres
eux-mêmes ne font pas. Des graveurs, les uns ne savent que
calquer timidement un original, faute d'une connaissance
suffisante de la gravure; les autres, par la même raison,
déguisent comme ils peuvent cette insuffisance à l'aide des
travaux du métier.

Veuillez donc croire encore une fois, monsieur, au regret
que j'éprouve en vous parlant avec une sincérité à laquelle je
suis forcé par un intérêt strict pour moi.

J'ai été effectivement très-souffrant, et voilà trois mois
que je n'ai pensé au pinceau. Aujourd'hui encore, quoique
convalescent, j'ai besoin de grands ménagements et de me
cloîtrer encore quelque temps...

A. M. X.

Strasbourg, 5 août 1857.

Mon cher monsieur,

Je réponds bien tardivement à la lettre en date du 24 juillet que vous m'avez adressée à Paris; je l'avais déjà quitté à
cette époque. Ma santé, qui n'est pas encore remise, m'a forcé
à quelques pérégrinations qui ne sont pas encore terminées,
et ne me trouvant pas en état de travailler, j'ai préféré quitter
tout à fait les affaires et le bruit. Je n'ai donc participé à
aucune des élections préparatoires ou définitives qui ont
amené à l'Institut un nouveau sculpteur.

Quoique j'eusse désigné dans ma pensée un candidat que
j'aurais désiré que l'on choisît, je n'en aurais pas moins fait
tous mes efforts pour que l'on rendît à M. Debay une justice
provisoire, en le plaçant avantageusement sur les listes. Son

mérite comme sculpteur et les qualités qui distinguent son caractère l'auront, je n'en doute pas, mis en évidence. J'ignore, au reste, comment les listes ont été composées, et j'aurais été heureux pour ma part de lui donner une marque de sympathie, heureux aussi de vous donner en même temps une nouvelle assurance de toute celle que je vous porte.

Depuis près d'un mois que je cours la province, je suis frappé de la tranquillité si favorable aux travaux d'un artiste qu'on peut y trouver. Je vous applaudis bien d'avoir franchement pris le parti de vivre loin de ce bruit de Paris si peu inspirateur, si énervant au contraire. Quelque retiré qu'on vive à Paris, il est impossible de se soustraire à cette inquiétude perpétuelle dans laquelle on y vit et qui agit indubitablement sur les ouvrages de l'esprit.

Adieu, cher monsieur, vous êtes digne de sentir tous les avantages de la retraite et d'en profiter. Recevez, en attendant le plaisir de vous revoir, les nouvelles assurances de mon bien affectueux dévouement.

EUG. DELACROIX.

———

L'achèvement de ce qu'on appelle le nouveau Louvre, c'est-à-dire la réunion de l'ancien Louvre aux Tuileries, fut terminé officiellement par M. Lefuel, en août 1857.

A M. ALFRED ARAGO.

Ce 10 décembre.

Mon cher ami,

J'accepte avec une vive reconnaissance, et, puisque vous êtes assez bon pour me demander mon jour, je vous demande *jeudi*. Je suis pris pour l'autre.

Je vous remercie aussi de vos convives : je serai bien
heureux de faire la connaissance de M. Lefuel, et de le
complimenter sur son magnifique et gigantesque enfante-
ment. Adieu, mon cher ami, recevez l'expression de mon
dévouement de cœur.

EUG. DELACROIX.

A TH. THORÉ.

Ce 16 décembre.

Mon cher ami, j'ai reçu vos *Trésors d'art*[1] et vous en
remercie bien. Je vais les lire avec grand plaisir, et les
parcourir avec soin. Je suis bien aise que mes notes sur
Bonington puissent vous servir. J'ai oublié de vous dire que
vers l'avant-dernière année de sa vie, il avait fait un voyage
à Venise qui avait eu de l'influence sur son exécution : il
n'avait pas été plus loin, à ce que je crois, en Italie. Il s'était
passionné alors pour l'usage de la détrempe et s'en était servi
pour ébaucher quelques tableaux. Je vous serre de nouveau
la main avec toute l'affection d'un vieux et reconnaissant
camarade.

EUG. DELACROIX,

A SOULIER.

Champrosay.

... Je sens que si je vivais à la campagne je pourrais peût-
être me refaire une santé. Quoique depuis longtemps je vive

---

1. On sait que le W. Busger qui signait ces intéressants travaux de
critique d'une forme toute nouvelle, était le pseudonyme adopté par
Th. Thoré en exil.

à Paris à peu près comme un campagnard, quant aux distractions et ce qu'on appelle les plaisirs de ce lieu-là, on n'y trouve pas la bénigne influence naturelle qui, à la campagne, agit sur l'imagination pour réagir sur le corps; là, on se sent au milieu d'objets amis et réellement faits pour nous. Je ne puis me lasser de tout cela; ma petite promenade me ravit, et, sauf ce rhume, je me trouve beaucoup mieux...

A M. DUTILLEUX,

PEINTRE D'HISTOIRE, A ARRAS.

Ce 5 janvier 1858.

Cher monsieur et bon ami, votre bonne lettre m'a bien touché et je ne peux trop vous en remercier. Puisque l'usage veut qu'on fasse des vœux pour le bonheur de ceux qu'on aime plutôt dans ce moment que dans un autre, je vous envoie les miens de bien bon cœur; mais sachez que dans tous les instants du monde mes sentiments pour vous sont ceux d'une vive amitié. Je me défends comme je peux contre le froid, chose plus difficile encore dans une installation comme celle que j'entreprends dans un si vilain moment. Vous avez la bonté de penser à l'atelier, et s'il est habitable. Je ne crois pas pouvoir y travailler encore, mais cela tiendra à une autre chose qu'à une disposition malsaine du local. Il a été élevé pendant le mois de juin : toute la chaleur de cet été et de cet automne l'a rendu fort sec, si je m'en rapporte à l'affirmation de plusieurs personnes de l'art. J'ai travaillé il y a plus d'un mois déjà et suis bien impatient de me remettre tout à fait à mes habitudes à cet égard. C'est moins la santé qui m'en empêche que les dérangements dont mon déména-

gement est cause. J'ai travaillé même au petit *Saint Michel*.
Mais ce que j'y ai fait ne me satisfait point, et je ne veux
pas vous l'envoyer avant d'en être satisfait moi–même...

––––––––––

A SOULIER.

Ce 12 janvier 1858.

Cher ami,

Que j'ai de chagrin de te savoir toujours souffrant! C'est
aussi ma mauvaise santé et plus encore les embarras dans
lesquels je me trouve qui m'ont empêché de te répondre. Ces
embarras sont ceux du déménagement. Ce n'est pas une petite
affaire, avec une petite santé par-dessus le marché. Je suis
toujours enrhumé ou en voie de l'être, et cependant il faut
marcher toujours. Après avoir tout fait réparer dans l'endroit
que je viens occuper, je me trouve encore, bien qu'occupant,
noyé dans les ouvriers qui refont ce qui avait été fait, de sorte
que sur des peintures vernies et lisses à s'y mirer il revient
des maçons et des fumistes qui donnent de grands coups de
pioche pour refaire ce qui cloche : car tout cloche éternellement, l'imperfection est le lot de notre nature, et partou[t]
j'éprouve des inconvénients considérables, sans parler du prix
qui était trop élevé pour ma bourse; et maintenant je fais par
économie des dépenses considérables. Je croyais ne pouvoir
supporter les ennuis que je ressentais, maintenant je fais
connaissance avec des ennuis d'une autre espèce. En somme
pourtant, à part l'inconvénient, si c'en est un, d'abandonner
le quartier de la mode, je trouve ici des conditions assez
séduisantes pour un solitaire : de grands appartements dont
j'ai toujours raffolé, un loyer moindre, même en additionnant
les déboursés préalables, et un jardinet pour faire un petit

exercice modéré sans aller dans la rue dans les intervalles de mon travail. Au reste, j'étais arrivé à n'avoir plus le choix, et j'ai été tout aise de trouver cette occasion de ne pas être, au bout du compte, sur le pavé.

Tu verras tout cela quand j'aurai le bonheur de te posséder. Ta lettre, cher ami, est trop découragée. Le ciel t'accordera des jours plus longs que tu ne penses. Les existences modestes durent plus que les autres; les gens qui risquen tout et qui se croient toujours jeunes trouvent prématurément le terme de leur voyage; voyage peu agréable si l'on veut, mais il est de cela comme en matière de logement : nous connaissons l'auberge où le sort nous permet de respirer quelque temps; mais sait-on ce qui nous attend à l'autre étape? Obscur dénoûment dont je ne suis pas curieux malgré les inconvénients de la carrière présente.

Tu as des consolations dans la satisfaction qui te vient de tes enfants. J'en suis bien heureux, cher ami. Prends courage, nous boirons encore bouteille ensemble comme dans le bon temps. Ce bon temps, comme tu le dis très-bien, était bien mêlé : nous ne savions pas que nous étions heureux, nous avions sous la main les trésors les plus précieux et nous aspirions toujours au lendemain. Maintenant, ce que nous avons de mieux à faire c'est de penser au passé...

Mille tendresses véritables à Mme Soulier...

EUG. DELACROIX.

Rue de Furstemberg, 6. C'est tout près de notre chère rue Jacob où nous avons eu de si bons moments. C'est ce que ce pauvre Leblond me disait l'autre jour. Il m'a bien demandé de tes nouvelles.

A M. DUTILLEUX.

Ce 30 janvier 1858.

Cher monsieur et bon ami, je suis bien désolé que vous ne m'ayez pas donné avis plus tôt de votre projet de Société des Amis des Arts. J'aurais pu effectivement trouver parmi mes toiles quelque chose qui fût facile à finir dans un terme aussi court que celui que vous me fixez, car vous ne doutez pas de mon empressement à accueillir votre proposition. Je suis encore en déménagement. Tous mes tableaux ont été soigneusement emballés par gros paquets bien entourés, pour éviter les accidents de toute nature. Le local où je dois les placer en grande partie n'est pas encore disposé convenablement. Les déballer dans cet état, causerait, au milieu de l'embarras où je suis encore, une confusion extrême. Il en est un, assez petit malheureusement, sur lequel je pourrais mettre la main, à cause de sa forme cintrée qui me le fera distinguer dans le lot où il se trouve. Il y aurait très-peu de chose à faire pour le finir. C'est une réduction modifiée de l'*Hercule se reposant de ses travaux au pied de ses fameuses colonnes;* c'est un des sujets que j'ai peints dans le salon de la Paix, à l'Hôtel de ville. Comme il avait une destination, il avait déjà une bordure appropriée à sa forme et qui évitera une perte de temps.

Si vous ne répugnez pas à avoir une répétition, soyez assez bon pour me le faire savoir, et comment il faudrait vous l'expédier quand elle sera terminée.

Le petit *Saint Michel* est le premier tableau auquel j'ai travaillé dans mon nouvel atelier. Malheureusement, ne l'ayant pas vu depuis longtemps, je me suis laissé aller à des changements, et à l'heure qu'il est, il se trouve dans une mauvaise veine et par conséquent accroché. Il me faut attendre, comme cela m'arrive toujours en pareil cas, et n'y revenir qu'avec un sentiment frais. Excusez-moi bien auprès de M. Legentil de ce nouveau retard. Il est causé par le désir que j'ai de lui offrir quelque chose dont je sois content moi-même...

A M. CH. BAUDELAIRE.

Ce 17 février 1858.

Mon cher monsieur,

Je vous remercie beaucoup du cas que vous voulez bien faire des articles dont vous parlez : je n'éprouve pas pour eux la même tendresse, et d'ailleurs si je devais les publier, il faudrait des remaniements considérables. Il faut que vous sachiez que j'ai récemment refusé ce que vous disiez à M. Silvestre qui y avait mis beaucoup d'insistance et à qui j'ai toutes sortes de raisons de désirer d'être agréable : il faut donc absolument que je vous fasse la même réponse qu'à lui, quoiqu'il m'en coûte de vous désobliger.

Je vous écris ceci à la hâte avant de sortir. Mille remercîments de votre bonne opinion : je vous en dois beaucoup pour les *Fleurs du mal* : je vous en ai déjà parlé en l'air, mais cela mérite tout autre chose.

A vous bien sincèrement.

E. Delacroix.

Charles Baudelaire était allé lui demander, de la part de l'éditeur Poulet-Malassis, de consentir à une réimpression de ses articles sur les Arts, en un ou plusieurs volumes.

A M. ROCHÉ.

Ce 4 mars 1858.

... Vous avez la bonté de désirer être instruit de mes nouvelles. Ma santé s'est soutenue jusqu'ici malgré les influences
malignes de la saison qui ont atteint presque tout le monde ;
mais aussi j'use de grandes précautions ; je n'accepte aucune
invitation pour le soir et je ne sors que pour affaires indis-
pensables. Du repos après le travail, voilà mon régime.
Beaucoup d'hommes très-robustes arrivent quelquefois à suc-
comber au régime contraire, qui est celui de la plupart des
gens du monde, c'est-à-dire qu'après avoir passé leur journée
dans des occupations fatigantes, ils vont le soir achever d'épui-
ser leurs forces dans les salons...

Cette correspondance, avec l'architecte du tombeau de son frère à Bordeaux, — dans laquelle nous
avons dû élaguer tout ce qui était purement intime, —
se clôt sur ce billet de condoléance adressé cinq ans
après à la veuve de M. Roché.

Paris, ce 7 mars 1863.

« Madame, c'est avec le sentiment du plus vif chagrin
que j'ai reçu l'affreuse nouvelle de la perte cruelle que vous
venez de faire ainsi que tous ceux qui ont connu M. Roché.
La dernière fois qu'il me fut donné de le voir, j'admirais
encore sa robuste vieillesse ; je me flattais qu'il jouirait
encore près de vous, pendant de longues années, de sa situation si heureuse et si honorable. J'ai eu particulièrement

tout à me louer de son inépuisable obligeance, de ses soins, de sa bonté dans des circonstances si tristes pour moi, que je ne puis assez vous redire, malgré la profonde douleur que vous éprouvez, à quel point je lui étais reconnaissant. Je n'essaierai pas, Madame, de vous offrir des consolations : elles sont impossibles dans un malheur pareil; seules, des espérances supérieures peuvent y apporter quelques adoucissements.

« Vous en particulier, Madame, à qui je suis aussi obligé que je l'étais à cet excellent homme et qui m'avez toujours montré tant de bienveillance, recevez l'assurance du souvenir que je ne cesserai d'en conserver, ainsi que de mon profond respect.

« EUG. DELACROIX. »

A M. DUTILLEUX.

Ce 16 mars 1858.

Cher monsieur, vous auriez vos tableaux depuis plus de quinze jours sans une nouvelle indisposition, qui heureusement n'était pas de la même nature que celle qui m'a retenu si longtemps l'année dernière et qui, j'espère, n'aura pas la même durée. J'ai dû cependant cesser toute occupation.

Je m'étais mis incessamment à finir ce tableau de votre ami M. Legentil, et vous recevrez les deux. Je désirerais savoir de vous si vous attendez d'autres envois de Paris, et si dans ce cas on pourrait prendre chez moi les deux tableaux pour les joindre au reste; sinon je vous les enverrai à part et à votre adresse en les faisant emballer avec soin.

Cette indisposition vient bien mal à propos. Je suis littéralement accablé de demandes, d'abord pour les ouvrages

que je m'étais engagé à livrer, ou plutôt que j'avais commencés avant ma maladie. Il m'aurait donc été impossible de
faire pour vous autre chose que ce que j'avais sous la main,
et ce qui se trouvait le plus avancé. J'en suis d'ailleurs encore
au même point pour mes déballages ; je n'ai pas encore établi l'endroit où je dois serrer mes tableaux, et je ne puis
encore les désamonceler. Croyez bien que c'est le désir de
vous être agréable qui m'a fait achever pour vous ces deux
petites toiles au milieu de la presse où je me suis trouvé.

Le prix en sera de trois cents francs pour chacune, si
vous le voulez bien, afin de faire un compte rond.

Je désire vivement que cette saison, qui a été si contraire
à tant de monde, ne vous ait pas atteint dans votre santé ni dans
celle des personnes que vous aimez. Vous savez combien je
m'intéresse à tout ce qui vous touche et combien je désire que
vous soyez heureux, comme vous le méritez.

J'attends votre réponse, — etc.

A SOULIER.

Champrosay, 29 mars 1858.

Cher ami, on m'a renvoyé ici ta bonne lettre et tu juges
de mon regret. J'y suis depuis dix à douze jours, et comme
j'ai eu le talent de m'y enrhumer par ce joli temps dont tu
me parles, j'y reste encore maintenant que je vais mieux, afin
d'attraper quelques rayons de soleil qui ont l'air de se montrer depuis deux jours. Dis bien à ton bon fils combien je
suis fâché d'avoir manqué sa visite, et bien moins, je t'assure,
pour l'intérêt dont auraient été pour moi les détails qu'il
pouvait me donner sur l'Afrique que pour le plaisir de voir
cet homme de toutes pièces sorti de toi. Hélas ! sommes-

nous donc si près de rentrer dans le rien que nous en soyons à voir nos rejetons de cette taille et de cette force ! Défendons-nous néanmoins, il peut encore y avoir quelques bons moments dans la partie crépusculaire de la vie, témoin le plaisir que nous avons eu à nous revoir.

Je sens que si je vivais à la campagne je pourrais peut-être me refaire une santé. Quoique depuis longtemps je vive à Paris à peu près comme un campagnard, quant aux distractions et à ce qu'on appelle les plaisirs de ce lieu-là, on n'y trouve pas la bénigne influence naturelle qui, à la campagne, agit même sur l'imagination pour réagir sur le corps. On se sent au milieu d'objets amis, et vraiment faits pour nous. Je ressens l'effet de tout cela : une petite promenade me ravit, et sauf ce rhume je me sens beaucoup mieux.

... N'oublie pas, contrairement à nos idées de jeunesse, que Racine est *le romantique* de son époque ; son succès très-contesté dans son temps vient du naturel de ses pièces. On lui a reproché de n'avoir fait que des Grecs de Versailles ; et que voulait-on qu'il fît, sinon ce qu'il avait sous les yeux ? mais il a fait des hommes et surtout des femmes. On vient de jouer *Phèdre* en italien : rien n'est plus comique et ne relève davantage le piédestal de notre *Jean*. Cette langue redondante et bavarde fait le plus parfait contraste avec la sobriété élégante de son langage divin. L'actrice joue cela en faisant de grands bras : c'est une Vénus du carrefour. Cela ne détruit pas l'éternelle jeunesse des caractères de l'Old William ; mais il faut réparer notre injustice, surtout quand nous devons par-dessus le marché éprouver de vives jouissances.

Embrasse donc ton Bajazet à mon intention. Il ne me sera peut-être pas toujours refusé de le voir dans sa gloire. Jusqu'à présent, c'est le fils de son père que j'embrasse.

E. DELACROIX.

A M. DUTILLEUX.

Ce 8 août 1858.

„ Cher monsieur et ami, je ne lis qu'à présent votre lettre si aimable, écrite il y a un mois environ. Vous voudrez bien excuser le retard involontaire de ma réponse. Je reviens de Plombières où j'étais retourné sans une grande foi dans la vertu de ses cas, mais pour y mener une vie plus libre, au grand air et loin de mes affaires. Malgré quelques contrariétés, je m'y suis trouvé assez bien; mais depuis que je suis de retour à Paris, je m'y retrouve à peu près dans le même état de santé : au lieu de manger à peu près comme tout le monde, ce que je faisais à Plombières, je me remets à mon régime de nourriture restreint, nécessité chez moi par le travail. En un mot, je ne suis pas encore remis à ma satisfaction, et je doute un peu si je le serai bientôt.

Vous voulez bien me demander mon opinion sur la restauration des Rubens. En somme, je crois l'opération bonne : elle est même excellente eu égard aux dévernissages pratiqués habituellement sur les tableaux. Voici l'effet produit : le vernis enlevé à fond, particulièrement sur les clairs, a découvert une fraîcheur de tons à laquelle on devait s'attendre. Les jeunes nourrissons de la peinture, qui se figurent qu'il suffit de peindre à l'huile grasse et de donner à leurs toiles à l'aide du bitume ce qu'ils appellent des tons chauds, ont dû être désappointés. On saura désormais qu'on peut être un artiste très-chaud et rendre la nature avec ses tons véritables. Le seul inconvénient de ce travail résulte sans doute de la manière dont les tableaux ont été exécutés. Il est probable que Rubens se contentait de simples frottis pour les ombres. Ces frottis ou glacis étaient pratiqués avec des tons transparents qui ont poussé au noir. La coloration noire des vernis accumulés par le temps, qui s'étendaient également aux clairs, mettait une sorte de liaison entre ces clairs et ces ombres. Aujourd'hui la proportion est dérangée, c'est-à-dire que les ombres sont foncées et les clairs ont un éclat si vif, — celui que le peintre avait voulu y mettre, — que l'aspect des tableaux a quelque chose de métallique et de monotone, à cause de l'effet uniformément sombre des parties ombrées. C'est, du reste, l'effet qui se produit presque constamment sur tous les dévernissages. Il serait à souhaiter qu'on ne vernît jamais. Nos descendants auraient sans doute une idée plus exacte de nos tableaux ; mais comment résister au désir de donner à ses contemporains la meilleure opinion possible de soi et de ses œuvres?

Que je vous remercie de votre bon souvenir! Croyez bien à ma reconnaissance de l'amitié que vous me conservez et qui est de ma part bien réciproque : à mesure que les années s'écoulent, une affection comme la vôtre devient de plus en plus rare, et entre les gens de la même profession elle peut passer pour unique...

A ALEXANDRE COLIN[1].

Ce 12 octobre 1858.

Mon cher Colin,

Quand vous m'avez écrit au sujet de la candidature de votre fils pour le concours d'histoire, j'étais bien loin, et même quand j'aurais su qu'il faisait partie des concurrents, il m'aurait été impossible de m'y trouver. Vous voyez, du reste, que mon opinion est très-isolée au milieu des juges de tous ces concours. Je m'afflige beaucoup qu'il s'y trouva si

---

1. Ce billet a été publié dans l'*Art*. M. Colin a exécuté d'excellentes copies, particulièrement d'après les maîtres espagnols.

peu de chances pour les jeunes gens qui montrent du talent, mais qui ne sont appuyés d'aucun des professeurs de l'école. Foin de toutes ces écoles, mon cher ami. Velasquez, Rubens, Titien, voilà les bons maîtres qui portent bonheur à ceux qui ont pris de leurs leçons. Montrez-les à vos enfants comme vous savez les voir. Vous développerez en eux tout ce qu'ils ont de talent.

Je vous exprime de nouveau tous mes regrets et mes bien sincères amitiés.

EUG. DELACROIX.

A M. SOULIER.

Le 5 décembre 1858.

Cher ami, quand ta lettre m'est arrivée, j'étais encore bien souffrant de la fatigue outrée que m'a occasionnée mon plafond, sans que j'arrive pour cela à le terminer ; c'est comme cela que j'entends l'inutilité de mes efforts...

... Pauvre ami, ta lettre m'a fait beaucoup de plaisir. Je vis bien seul, c'est-à-dire que je t'ai vu avec ta lettre faire ton entrée près de moi et causer comme autrefois. Quand viendras-tu, pauvre exilé, revoir ce Paris si mobile et toujours le même pourtant? L'ennui s'y rencontre aussi bien qu'à la campagne. Le travail seul ou l'intimité remplissent bien les moments de ce court passage. Allongeons-le toutefois le plus que nous pourrons. Nous connaissons en détail cette mauvaise auberge et nous nous y tenons quoique un peu gênés ; l'autre, celle qui nous attend, est bien étroite et bien froide : attendons, attendons.

Adieu, cher ami.

EUG. DELACROIX.

A M. TH. SILVESTRE[1].

Paris, ce 31 décembre 1858.

Mon cher monsieur, je reçois votre lettre de Londres et je la trouve trop pressante, et pour la matière que j'ai à traiter et pour l'état où je suis depuis trois jours par exception, car je me portais à merveille depuis six mois ; j'ai pris un malaise qui me met tout à plat. Encore si vous m'aviez demandé ce renseignement pour une époque un peu plus reculée, j'aurais pu choisir mes moments. Au reste, ce que vous me demandez, c'est ce que j'ai le plus de plaisir à faire. L'époque de ma vie où j'ai vu l'Angleterre et le souvenir de quelques amis d'alors sont très-doux pour moi.

Presque tous ont disparu. Parmi les artistes anglais qui m'ont fait l'honneur de m'accueillir, — tous avec la plus grande bonté, car j'étais alors à peu près inconnu, — je crois qu'il n'en reste plus un seul. Wilkie, Lawrence, les Fielding, grands artistes, un surtout, *Copley*, dans le paysage et l'aquarelle, Ettie, mort, je crois, récemment, m'ont montré la plus grande complaisance. Je ne parle pas de Bonington, mort aussi dans sa fleur, qui était mon camarade, et avec lequel — ainsi que Poterlet, autre mort prématurée, en qui la peinture a perdu beaucoup (celui-ci était Français), — je passais ma vie à Londres au milieu des enchantements que donnent dans ce pays-là à un jeune homme ardent, la réunion de mille chefs-d'œuvre et le spectacle d'une civilisation extraordinaire. Je ne me soucie plus de revoir Londres : je n'y retrouverais aucun de ces souvenirs-là, et surtout je ne m'y retrouverais plus le même pour jouir de ce qui s'y voit à présent. L'école même est changée. Peut-

---

1. Il faut rapprocher de celle-ci la belle lettre que Delacroix adressa à Thoré à propos de Bonington et qui a été imprimée dans l'*Histoire des Peintres de toutes les Écoles*.

être m'y verrais-je forcé de rompre des lances pour Reynolds, pour ce ravissant Gainsborough que vous avez bien raison d'aimer. Non pas que je sois l'adversaire de ce qui se fait maintenant dans la peinture en Angleterre. J'ai été frappé même de cette prodigieuse conscience que ce peuple peut apporter, même dans les choses d'imagination : il semble même qu'en revenant à rendre excessifs des détails, ils sont plus dans leur génie que quand ils imitaient les peintres italiens surtout et les coloristes flamands. Mais que fait l'écorce? Ils sont toujours Anglais sous cette transformation apparente. Ainsi, au lieu de faire des pastiches purs et simples des primitifs Italiens, comme la mode en est venue chez nous, ils mêlent à l'imitation de la manière de ces vieilles écoles un sentiment infiniment personnel; ils y donnent l'intérêt provenant de la passion de peindre, intérêt qui manque en général à nos froides imitations des recettes et du style des écoles qui ont fait leur temps.

Je vous écris sans m'arrêter et je vous lance tout ce qui me vient. Mes impressions de ce temps-là seraient peut-être un peu modifiées aujourd'hui. Peut-être trouverais-je dans Lawrence une exagération de moyens d'effet qui sentent un peu trop l'école de Reynolds; mais sa prodigie use finesse de dessin, la vie qu'il donne à ses femmes qui ont l'air de vous parler, lui donnent comme peintre de portraits une sorte de supériorité sur Van Dyck lui-même, dont les admirables figures posent tranquillement. L'éclat des yeux, les bouches entr'ouvertes sont rendues admirablement par Lawrence. — Il m'a accueilli avec beaucoup de grâce; c'était un homme gracieux par excellence, excepté pourtant quand on critiquait ses tableaux. Deux ou trois ans après mon voyage en Angleterre, j'y envoyai plusieurs tableaux, entre autres *la Grèce sur les ruines de Missolonghi* et le *Marino Faliero*. Ce dernier tableau attira beaucoup son attention. On m'a assuré

qu'il avait manifesté l'intention de l'acquérir. Il mourut à
peu près dans ce temps. J'ai eu de lui une lettre en huit
pages à propos d'un petit article que j'avais fait dans la *Revue
de Paris* sur son portrait du pape. J'eus l'imprudence de la
montrer, avant de l'avoir bien lue moi-même, à un fougueux
amateur d'autographes à qui je n'ai jamais pu la reprendre.

Wilkie fut également pour moi aussi aimable que le com-
portait son caractère réservé. Un de mes souvenirs les plus
frappants est celui de son esquisse de *John Knox prêchant*.
Il en a fait depuis un tableau qu'on m'a affirmé être inférieur
à cette esquisse. Je m'étais permis de lui dire en le voyant
avec une impétuosité toute française, « qu'Apollon lui-même
prenant le pinceau ne pouvait que la gâter en la finissant. »
Je le revis depuis, quelques années après, à Paris. Il vint me
voir et me montrer quelques dessins rapportés d'un grand
voyage d'Espagne d'où il revenait. Il me parut entièrement
bouleversé par les peintures qu'il y avait vues. J'ai admiré
qu'un homme d'un génie aussi réel, et parvenu presque à la
vieillesse, pût être influencé à ce point par des ouvrages fort
différents des siens. Au reste il mourut peu après dans un
état mental, m'a-t-on assuré, fort ébranlé.

Constable, homme admirable, est une des gloires anglaises.
Je vous en ai déjà parlé et de l'impression qu'il m'avait
produite au moment où je peignais le *Massacre de Scio*. Lui
et Turner sont de véritables réformateurs. Ils sont sortis de
l'ornière des paysagistes anciens. Notre école, qui abonde
maintenant en hommes de talent dans ce genre, a grandement
profité de leur exemple. Géricault était revenu tout étourdi
de l'un des grands paysages qu'il nous a envoyés.

Je ne me suis pas trouvé en Angleterre en même temps
que Charlet et Géricault; je n'ai pas besoin de vous dire ce
qu'on doit penser de ces deux hommes. Vous connaissez ma
grande admiration pour l'un et pour l'autre. Charlet est un

des plus grands hommes de notre pays ; mais on ne dressera
jamais chez nous une statue à un homme qui n'a fait autre
chose que de jouer avec un petit bout de crayon pour faire
de petites figures. Le Poussin a attendu deux cent cinquante
ans cette fameuse souscription à sa statue, laquelle, je crois,
n'existe pas encore, grâce à l'insuffisance de fonds. S'il eût
brûlé seulement deux villages, il n'eût pas attendu aussi
longtemps.

Je fais des vœux pour que vous nous ameniez ici les beaux
ouvrages dont vous me parlez. Notre école a grand besoin
de se voir un peu infuser de sang nouveau. Notre école
est vieille et il semble que l'école anglaise soit jeune. Ils
semblent chercher le naturel et nous ne sommes occupés qu'à
imiter des tableaux. Ne me faites pas lapider en me prêtant
au dehors ces sentiments qui sont, hélas ! les miens...

Le petit tableau que je vous ai fait attendre si longtemps,
à mon grand regret, est achevé depuis quelque peu, et je le
remettrai aux mains d'une personne accréditée suffisamment,
si vous ne préférez attendre votre retour. — Vous avez bien
fait de me mettre sur un chapitre que j'aime. Voilà quatre
pages d'un malade que ces souvenirs ont un peu reposé. Je
serais très-heureux que tout cela puisse vous être utile. Vous
connaissez ma reconnaissance et le plaisir que j'ai à vous
être agréable.

Votre tout dévoué.

EUG. DELACROIX.

A M. DUTILLEUX.

Ce 3 janvier 1859.

Cher monsieur et ami, votre lettre m'a causé beaucoup
de plaisir et d'attendrissement : elle me trouve dans un état

de santé assez mauvais, et cet état ne dure que depuis peu.
J'avais fort bien passé l'année : j'étais resté très-tard à la
campagne dont le séjour me réussit toujours et où j'avais
beaucoup travaillé. J'avais également fait une bonne campagne
de travail à Saint-Sulpice, qui est en bonne voie et que j'avais
quitté seulement à l'approche des froids et chassé par l'obscurité, avec l'espoir de la terminer cette année; mais il faut pour
cela que ma santé le permette. Je prends toutes les précautions possibles pour rendre cette indisposition passagère. Pour
cela j'ai interrompu le travail de l'atelier, ce qui est toujours
pour moi un grand regret. Mais les gens affligés d'une petite
santé comme moi contractent à la longue l'habitude de ces
interruptions et apprennent à tendre le dos à la nécessité.

Vous jugerez que dans cette situation une lettre comme
la vôtre devait être pour moi une grande consolation, surtout
quand je compare les sentiments qui l'ont dictée à la plupart
de ceux que l'on échange d'habitude dans cette solennelle
occasion. La triste expérience que donnent les années rend
indifférent sur ces protestations menteuses : elles ne peuvent
(mot illisible) que des jeunes gens qui ont conservé toutes
leurs illusions. Au contraire, des sentiments comme les vôtres
sont faits pour toucher bien plus particulièrement à mon âge
et dans ma situation. Recevez, cher monsieur, mes plus vifs
remerciements.

Il y a bien longtemps effectivement que je ne vous ai vu :
au reste, j'ai été absent presque toute l'année, et je cours
encore le risque de ne pas vous voir. J'espère que je serai à
Paris à l'époque du Salon ; non pas que je pense à exposer,
mais à cause de l'intérêt que présente l'exposition...

A M. ***.

Ce 9 février 1859.

Mon cher monsieur, j'apprends, dans la retraite où je suis encore forcé de me confiner pour quelque temps à cause de ma santé, que vous allez avoir un bal à l'Hôtel de ville; je prends la liberté de vous adresser une première liste qui ne sera suivie que d'une autre peu nombreuse, et je vous demande, surtout pour la première, de me continuer la bonne obligeance que vous m'avez toujours montrée.

Je place la liste au recto de la lettre.

Recevez, etc.

Les personnes pour lesquelles M. le conseiller municipal désirait obtenir ces invitations étaient Mme la baronne de Rubempré et Mme la comtesse de Luzerna; Mme Jove et Mlles Anna et Louise Jove; M. Seurre, statuaire, membre de l'Institut; Mme Batbedat et M. Batbedat, substitut, le gendre du musicien Panseron.

———

A M. PÉRIGNON.

Ce 8 février 1859?

Cher monsieur,

Vous seriez bien aimable de venir dîner avec moi et Dauzats en tout petit comité, mercredi prochain 12, à six heures et demie. C'est le moyen de se voir et de causer plus longtemps, surtout quand le dîner est entre peu de personnes qui se comprennent et qui s'aiment. Répondez-moi que vous le pouvez et vous me rendrez bien heureux.

A vous de cœur.

EUG. DELACROIX.
Rue de Furstemberg, 6.

A M. DUTILLEUX.

Ce 2 mars 1859.

Cher monsieur et ami, si j'ai tardé à vous répondre, c'est que j'avais cru comprendre par votre lettre que j'allais recevoir la visite de M. Daverdoingt relativement au tableau que la ville d'Arras veut bien me demander.

Ce tableau que je lui destine, sauf son approbation et la vôtre, aussi bien que celle de ces messieurs, n'est autre que le *Saint Étienne lapidé* que vous avez vu chez moi la dernière fois que vous êtes passé à Paris, et pour lequel vous m'avez paru avoir de l'estime.

Je vois par votre lettre que vous avez entendu que je ferais un tableau exprès pour satisfaire au vœu de la Ville, dont je suis du reste on ne peut plus flatté, mais je ne pourrais prendre ce parti, en présence des obligations qu'une perte de temps aussi considérable que celle que m'a causée ma maladie a accumulées successivement. Voulant présenter à la Ville un objet important par la dimension et par l'élévation du sujet, je n'ai rien trouvé de mieux que le tableau dont je vous parle, et il a l'avantage de satisfaire à l'instant un désir dont je ne peux suspendre indéfiniment la réalisation pour mille raisons qui s'offrent d'elles-mêmes.

Voilà, cher monsieur, dans le cas où je n'aurais pas le plaisir de voir M. Daverdoingt d'ici à quelque temps, ce que je prends la liberté de vous prier d'envoyer aux personnes qui se sont intéressées à cette affaire, dans laquelle je sais bien toute la part que je dois à votre amitié.

Ma santé me laisse assez de répit pour me permettre d'achever les tableaux que vous avez vus en train. Vous m'avez vu dans l'incertitude de savoir si je devais ou non exposer :

votre avis a été, je le dis avec plaisir, la cause déterminante
qui m'a entièrement décidé, et passant alors d'une extrémité
à l'autre, dans la confiance où je suis de cette opinion que
j'estime infiniment, je me suis mis à terminer un nombre
assez considérable de toiles à cet effet. Reste à savoir si vous
approuvez cette intempérance, comme vous avez si justement blâmé mon abstention.

Recevez, bien cher monsieur...

Eug. Delacroix.

A M. DUTILLEUX.

Ce 15 mars 1859.

Cher monsieur et ami, j'attendais la visite de M. Daverdoingt pour vous répondre : d'abord pour vous remercier de
nouveau de la chaleur avec laquelle vous avez soutenu ma
cause auprès de ces messieurs, et ensuite pour me féliciter
avec vous du succès inespéré de la nouvelle allocation de
fonds. Je suis obligé aujourd'hui de vous soumettre un scru-
pule qui m'est survenu en vous priant de me répondre avec
la plus entière franchise.

L'annonce que je vous ai faite de l'intention où j'étais
d'offrir le *Saint Étienne* pour le tableau demandé m'a paru
bien accueillie par vous : peut-être eussiez-vous préféré un
tableau fait exprès pour la destination ; mais, outre que ce
tableau pouvait être moins réussi, il était de toute impossibilité que vous l'eussiez assez tôt pour que l'emploi des fonds
fût fait dans l'année. Le *Saint Étienne* m'est resté parce qu'il
n'est pas un seul amateur qui en voulût à cause de la gravité
du sujet et surtout à cause de la dimension, quoique *tout*

récemment un simple marchand de tableaux m'en ait offert trois mille francs.

M. Daverdoingt est venu hier, et je dois dire en passant que j'ai rarement rencontré un homme aussi aimable et aussi spirituel. Toute la politesse dont il est capable n'a pu me cacher que son impression devant le tableau n'était pas tout ce que j'aurais souhaité. Il m'a quitté en me réitérant l'assurance que ce tableau lui plaisait, qu'il était ce qu'il fallait, etc. Mais, je vous le répète, ses affirmations m'ont laissé néanmoins dans ce doute qui me force à vous dire aujourd'hui que je serais au désespoir de céder au musée d'une ville aussi importante que la ville d'Arras un tableau qui ne fût pas digne d'elle, et pour lequel je me sentisse peu d'estime, ou que je regardasse comme une vieille toile dont je saisis une occasion de me défaire. Vous ne doutez pas de l'obligation que je vous ai et que je n'oublierai point, pas plus que les preuves d'amitié que vous m'avez données tant de fois ; mais c'en sera une de plus que de ne laisser subsister aucun nuage dans cette affaire. Que je doive placer ce tableau dans un temps plus ou moins long ou que je doive le garder toujours, je préfère infiniment cette situation et ne pourrais supporter l'idée que la ville d'Arras a conçu un regret à cet égard. Le tableau a ses défauts et je les connais. Mais à ce point de vue l'opinion des journaux, telle qu'elle s'est toujours prononcée sur mon compte, surtout avant 1855, ayant toujours été un mélange de blâme et d'éloge dans lequel le premier ne m'a pas été épargné, n'aurait-elle pas l'inconvénient de produire sur l'esprit de connaisseurs un peu hésitants un effet contraire à celui que vous en attendez ?

Adieu, cher monsieur; recevez encore mes remerciements de vos soins, mais surtout la prière d'être franc avec moi comme je ne doute pas que vous l'avez toujours été.

AU BARON CH. RIVET.

Ce 17 mars 1859, 9 h. du soir.

Mon cher ami, vous me voyez dans un regret infini de n'être bon à rien. Je me suis récusé à cause de ma santé : la perspective de me trouver pendant plus de quinze jours dans de grandes salles froides, obligé à parler sans cesse (la plus mauvaise condition possible pour moi), était trop effrayante et me menaçait du retour de mon indisposition. Je suis bien affligé en ce qui concerne votre recommandation. Je ne puis même user d'aucune influence auprès des confrères qui sont presque tous gendarmés contre les gens que je pourrais protéger et qui ont en outre pour leur compte un tel nombre de recommandations qu'il sera déjà difficile, je crois, à chacun d'eux d'y faire honneur...

C'est une terrible carrière que celle où le gardien d'amour-propre tient en éveil toute sa vie des passions de toutes sortes. C'est bien pis quand la question d'argent s'y trouve mêlée. Et cependant la foule des prétendants ne fait qu'augmenter!...

EUG. DELACROIX.

Il s'agissait de ce jury de peinture qui imposait à Delacroix tant de fatigue et tant d'ennuis.

A M. DUTILLEUX.

Ce 19 mars 1859.

Cher monsieur et ami, je vous remercie bien de l'avis que vous me donnez de l'impression de votre ambassadeur sur mon tableau. Je vais m'occuper de vous l'envoyer sur ce que vous me dites : mais il faudrait que vous eussiez encore la bonté de me dire à qui je dois l'adresser? Est-ce au maire d'Arras, au directeur du Musée, ou à vous-même?

J'abuse bien de votre complaisance et je vous suis toujours bien redevable. Je suis très-occupé dans ce moment, et comme je le disais, sur votre invitation, à terminer une kyrielle de tableaux qui probablement n'auraient jamais été exposés que chez des amateurs, c'est-à-dire cachés à presque tout le monde. Croiriez-vous que l'un de ceux que j'eusse voulu montrer de préférence, m'est refusé par son propriétaire pour l'Exposition? C'est une énormité dont n'est capable qu'un homme d'argent : et c'en est un en effet. Il a peur qu'on ne lui gâte sa marchandise.

Adieu et merci de nouveau. J'attends votre mot pour vous expédier l'objet...

A M. DUTILLEUX.

Ce 2 avril 1859.

Cher monsieur et ami. Conformément à ce dont vous aviez bien voulu me prévenir, M. Daverdoing est venu hier pour me mander que je pouvais envoyer le tableau. Je n'ai pu le faire emballer hier, parce que c'était le jour où l'on devait enlever mes tableaux pour le Salon; mais la mesure de la caisse ayant été prise, ce matin l'opération de l'emballage a été faite et le tableau sera dans la journée au bureau d'expédition du chemin de fer. Je l'envoie naturellement par la petite vitesse. M. Daverdoing m'a assuré qu'on avait grand soin des envois. Il est adressé à M. le secrétaire de la Commission du Musée.

Voilà donc cette grande affaire conclue : j'ai hâte de vous

adresser mes remerciements; c'est vous qui avez été l'âme de toute la négociation. Je désire que les personnes qui ont montré également tant de bonne volonté dans cette affaire, reçoivent le tableau avec faveur et le trouvent digne de figurer dans le musée de votre ville.

J'ai fait un véritable tour de force en terminant mes peintures pour le Salon. Je n'en ai pas moins de *huit*. Vous sentez bien que je ne suis pas homme à avoir rien improvisé dans une semblable circonstance : elles étaient toutes au point où toutes les difficultés semblent surmontées. Cependant j'en ai trouvé que je n'attendais pas : mettre la dernière main est d'une grande difficulté. Le danger consiste à arriver au point où on ne peut plus se repentir utilement, et je suis l'homme aux repentirs.

Vous m'avez fait espérer que vous viendriez à l'époque de l'Exposition. Je le désire vivement pour vous serrer cordialement la main et vous redire mes sentiments de reconnaissance et d'affectueux dévouement.

A M. B. G.

Ce 17 avril 1859.

Cher Monsieur,

Je vous remercie bien de votre aimable empressement pour mes tableaux et vous envoie l'autorisation de les reproduire à votre choix, sauf un seul que je suis forcé d'excepter, le *Saint Sébastien* : je vous prierai donc de prendre parmi les autres. Je n'ai malheureusement pas de dessinateur à vous recommander, et je sais par expérience que c'est la partie faible dans les reproductions : vous trouvez des graveurs, des hommes de métier, mais point de gens qui sachent véritablement dessiner, c'est-à-dire interpréter habilement un original.

Je serais bien disposé à vous faire quelque chose, quoique je sois un peu harcelé par divers travaux ; voici comment je voudrais que le dessin fût fait. Je désirerais que vous me fissiez connaître le procédé qu'on emploie pour décalquer sur le bois un dessin qu'on ferait avec une encre convenable sur le papier végétal. Le dessin se ferait ainsi plus facilement que sur le bois même, et conserverait plus de franchise. On a aussi par ce moyen l'avantage de ne pas être obligé de retourner le dessin en le faisant.

Recevez, cher monsieur, les assurances cordiales de mon sincère dévouement.

Eug. Delacroix.

A M. PERIGNON.

Ce 18 avril 1859.

Cher Monsieur,

Votre lettre est si charmante pour moi, elle est si noble et si amicale que c'est vous embrasser que j'aurais dû aller faire au lieu de vous remercier par une autre lettre. Et vous dira-t-elle tout le plaisir que vous m'avez causé? Jugez-en : je n'avais point de nouvelles du Salon ; j'avais envoyé tous ces tableaux auxquels j'avais travaillé jusqu'au dernier moment dans un état affreux d'embu, dans lequel ils sont encore, et deux ou trois bourgeois m'avaient dit déjà qu'ils étaient invisibles. Puisque vous les avez vus et vus ainsi, je suis trop payé et je me passerai sans peine du suffrage de ceux à qui il faut absolument du vernis.

Je vous le répète, le suffrage d'un confrère de votre talent et que sa modestie aveugle sur lui-même, est la plus belle des récompenses. Vous me demandez si j'ai un secret : il est le même que celui des gens, malheureusement en petit nombre, dont la plus grande finesse consiste à dire toujours la vérité. On nous a trop répété qu'il est certains artifices sans lesquels la peinture ne peut avoir toute sa valeur. En observant bien la nature qui ne fait pas d'efforts pour produire de l'effet, on s'aperçoit que c'est à la suivre pas à pas plutôt qu'à ajouter ou à corriger qu'il faut s'appliquer. Il y a un homme qui fait clair sans contraste violent, qui fait le plein air qu'on nous a toujours répété être impossible, c'est Paul Véronèse. A mon avis, il est probablement le seul qui ait surpris tout le secret de la nature. Sans imiter précisément sa manière, on peut passer par beaucoup de chemins sur lesquels il a posé de véritables flambeaux.

Les jeunes gens ne sont entichés que de l'adresse de la main. Il n'y a peut-être pas de plus grand empêchement à toute espèce de véritable progrès que cette manie universelle à laquelle nous avons tout sacrifié. C'est elle qui empêche de sacrifier tout ce qui n'est pas absolument nécessaire au tableau, qui fait préférer le morceau à l'ensemble et qui empêche de travailler jusqu'à ce qu'on soit véritablement satisfait.

Merci mille fois, cher Monsieur, et j'ose dire ami, car il n'y a qu'un ami, et un ami dont l'âme est élevée, qui puisse adresser à un confrère une lettre comme celle que j'ai reçue de vous : que vous veniez ou que j'aille vous voir, ce qui ne tardera guère, je vous dirai tout cela encore bien mieux. Je vous remercie de cœur et vous envoie en attendant les plus sincères et les plus cordiales amitiés.

EUG. DELACROIX.

Si vous venez, ne manquez pas de dire votre nom [1].

J'avais oublié votre adresse; je l'ai fait chercher, sans cela vous auriez eu ma lettre hier.

A ALEXANDRE DUMAS [2].

Ce 28 avril 1859.

Mon cher ami,

Je n'ai eu connaissance qu'hier seulement de l'article que vous m'avez consacré dans le feuilleton de *l'Indépendance*.

La difficulté de se procurer le journal quand le jour où il a paru est passé, m'a privé pendant quelques jours du plaisir de le lire et de celui d'avoir à vous en remercier de tout cœur.

Vous vous souvenez, ami, d'un vieux camarade; vous le traitez déjà comme s'il se trouvait installé dans sa petite immortalité, ou plutôt c'est vous qui me la donnez par vos éloges, tout pleins de la chaleur que vous portez partout.

Vous vous plaignez avec raison de la tendance des Arts. Nous visions en haut autrefois. Heureux qui pouvait y atteindre! Je crains que la taille des lutteurs d'aujourd'hui ne leur permette pas même d'en avoir la pensée. Leur petite vérité étroite n'est pas celle des maîtres. Ils la cherchent terre à terre avec un microscope. Adieu la grande brosse, adieu les grands effets des passions à la scène!

1. La gouvernante Jenny Lesguillon veillait sur la santé de son maître. Pour lui éviter la fatigue provoquée par les conversations prolongées, elle ne laissait rigoureusement pénétrer jusqu'à lui que les personnes désignées à l'avance.

2. Cette lettre a été publiée par M. Arthur Stevens dans un très-fin volume de critique, intitulé *le Salon de 1863*.

Aussi pourquoi vous en allez-vous au Kamtschatka[1]? On me dit toutefois que vous en rapportez des trésors.

Je vous embrasse bien, cher ami, et vous remercie de nouveau.

EUG. DELACROIX.

A M. DUTILLEUX.

Ce 12 mai 1859.

Cher monsieur et ami, je viens vous parler affaires d'intérêt : je vais partir pour la campagne et voudrais que vous eussiez la bonté de me dire auparavant si le mode de paiement du tableau de *Saint Étienne* par la ville d'Arras, reste toujours ce qu'il m'avait été annoncé devoir être par M. Daverdoing ; c'est-à-dire 3,000 fr. de suite, et les 1,000 fr. restant dans l'exercice suivant. Je pense que si vous n'êtes pas au courant de cette affaire, il vous sera facile de vous en informer et de me le faire savoir pour que je base mes petites prévisions en conséquence...

Je n'ai pas encore eu le loisir ou le courage d'aller au Salon. Je crains que ces pauvres tableaux n'y fassent pas tout l'effet que mon cœur paternel en eût désiré : au reste, ils ont été notablement rabroués par la critique[2] ; et il en est de cela comme de la calomnie, il en reste toujours quelque chose...

E. D.

1. Le bruit d'un de ces nombreux voyages que Dumas ne faisait qu'en imagination, et qu'il racontait avec une verve intarissable, avait couru dans les journaux.

2. Voir p. 312.

A M. ZACHARIE ASTRUC.

Ce 27 juin 1859.

Monsieur, veuillez agréer l'expression de ma vive reconnaissance pour la manière dont vous avez rendu compte de mon exposition. Je suis confus de l'excès de vos éloges et j'y vois une bienveillante partialité qui d'ailleurs me touche beaucoup. Quelques critiques ont trouvé mon envoi peu important et la taille de mes tableaux n'a pas trouvé grâce devant eux : heureux encore s'ils ne m'avaient reproché que leur exiguïté. Vous avez bien voulu, Monsieur, ne pas les juger la toise à la main, et les défauts que j'y reconnais malheureusement moi-même ne vous ont pas empêché de les examiner avec intérêt.

Agréez, etc.

EUG. DELACROIX.

Je serais bien heureux que vous voulussiez bien m'envoyer votre intéressant recueil : je serais particulièrement flatté d'y trouver vos articles sur le Salon.

Les articles publiés dans *le Quart d'heure, Gazette des gens à demi sérieux,* et que M. Delacroix désirait recevoir, furent réunis (août 1859) en un volume in-12, aujourd'hui recherché. Il porte ce titre : *Les Quatorze Stations du Salon,—1859,—suivies d'un récit douloureux.* Poulet-Malassis et de Broise (éditeurs). George Sand envoya de Nohant une préface. M. Zacharie Astruc dessina lui-même sur la couverture la charge du cri-

tique au Salon, un aveugle conduit par un chien,
tâtonnant le plancher avec une plume en guise de
bâton. M. Carolus Duran grava une eau-forte.

A M. MOREL,

DIRECTEUR DE *la Revue française.*

Ce 27 juin 1859.

Monsieur,

Je reçois en arrivant à Paris les deux numéros de *la Revue
française* que vous avez eu l'extrême bonté de m'envoyer et
dans lesquels M. Baudelaire, dont je retrouve encore ici la
constante et amicale partialité, parle de mes tableaux avec
des éloges dont je suis confus. Je prends la liberté de faire
déposer dans vos bureaux une lettre que je lui adresse à ce
sujet et où je le remercie mille fois. Je vous prie bien aussi
en particulier, Monsieur, d'agréer l'expression de ma vive
reconnaissance et celle des sentiments de haute considération
avec lesquels, etc.

EUG. DELACROIX.

Le Salon de 1859 fut pour Delacroix un véritable
Waterloo. Les critiques sur lesquels il croyait le
plus compter, romantiques de la première ou de la
seconde levée, l'abandonnèrent aux morsures des classiques triomphants, lui donnèrent de sots conseils ou
de piteuses consolations. Delacroix, blessé à fond,
n'exposa plus.

A M. CH. BAUDELAIRE.

Ce 27 juin 1859.

Cher monsieur,

Comment vous remercier dignement pour cette nouvelle preuve de votre amitié? Vous venez à mon secours au moment où je me vois houspillé et vilipendé par un assez bon nombre de critiques sérieux ou soi-disant tels. Ces messieurs ne veulent que du grand, et j'ai tout bonnement envoyé ce que je venais d'achever sans prendre une toise pour vérifier si j'étais dans les longueurs prescrites pour arriver à la postérité dont je ne doute pas que ces Messieurs ne m'eussent facilité l'accès. Ayant eu le bonheur de vous plaire, je me console de leurs réprimandes. Vous me traitez comme on ne traite que les *grands morts;* vous me faites rougir tout en me plaisant beaucoup : nous sommes faits comme cela.

Adieu, cher monsieur; faites donc paraître plus souvent quelque chose : vous mettez de vous dans tout ce que vous faites, et les amis de votre talent ne se plaignent que de la rareté de vos apparitions.

Je vous serre la main bien cordialement.

EUG. DELACROIX.

Delacroix avait envoyé à ce Salon *la Montée au Calvaire* et *le Christ descendu au tombeau,* esquisses des décorations proposées par lui pour la chapelle des fonts baptismaux à Saint-Sulpice, lesquelles furent refusées par le conseil de fabrique. Elle fut transformée sur le nouveau programme en chapelle des Saints-Anges; *Saint Sébastien ; Ovide en exil chez les Scythes; Herminie et les bergers ; Rebecca enlevée par le Templier pendant le sac du château de Fronte-Bœuf; Hamlet; les Bords du fleuve Sébou (royaume du Maroc).*

AU BARON LARREY.

Ce 5 août 1859.

Cher monsieur,

J'aurais une faveur à vous demander et voudrais en quelques instants vous exposer l'objet de ma poursuite : il s'agit du sort d'un jeune soldat qui fut distingué à Solférino, et dont la famille est très-honorable et m'intéresse beaucoup. J'ai même l'indiscrétion de vous demander un rendez-vous pour le moment le plus rapproché possible, parce que la chose est urgente? Me pardonnerez-vous, cher monsieur? Je désirerais bien en même temps vous féliciter de tout ce que le public a appris de flatteur à votre sujet pendant cette terrible campagne[1], et dont vos amis ont été bien heureux.

Recevez, cher monsieur, l'assurance des plus sincères sentiments d'affection et haute considération.

EUG. DELACROIX.

A CHARLES BAUDELAIRE.

Ce 13 décembre 1859.

Mon cher monsieur,

Excusez-moi de n'avoir pas répondu à votre lettre que j'avais égarée et sur laquelle était votre adresse. Je suis si arriéré dans mes travaux par toutes sortes de causes, que je ne puis savoir quand je pourrai m'occuper du croquis ou esquisse dont vous me parlez et que je voudrais cependant voir déjà dans vos mains ou dans celles de vos amis.

1. La campagne d'Italie.

J'ai trouvé effectivement un joli petit livre de vous sur Théophile Gautier[1] : il participe à l'inconvénient de plusieurs de vos publications; le caractère en est si fin que la lecture en est un travail pour moi difficile. J'y ai cependant apperçu *(sic)* que vous appréciez notre critique comme il doit l'être et comme je le fais moi-même. Je vous dirai même que depuis, je suis tombé sur un ouvrage que vous louez dignement, mais dont je n'avais point connaissance malgré son ancienneté, *M*lle *de Maupin*. J'en ai été ravi : j'y ai trouvé Gautier sous un aspect que je ne connaissais pas, et ce qui augmente mon admiration, c'est sa jeunesse à l'époque où il l'a composé.

Mille excuses et amitiés.

E. D.

AU MINISTRE.

Cette lettre a été trouvée en minute dans les papiers de Delacroix, par son légataire, M. Piron[2].

1860.

Monsieur le Ministre, le tableau dont je fus l'auteur et représentant un *Crucifiement*, fut acheté par le ministre de l'intérieur au Salon de 1835, et destiné à l'église de Vannes qui en fit don à l'église de Saint-Paterne. J'apprends que cet ouvrage, placé depuis longtemps dans une chapelle obscure et humide de cette église, se trouve menacé d'une destruction complète si cette situation se prolonge. Je prends la liberté

1. *Théophile Gautier*, par Charles Baudelaire. Notice littéraire précédée d'une lettre de Victor Hugo. Paris, Poulet-Malassis et de Broise, 1859.

2. Après la mort de Delacroix, sur les instances de M. Rivet, le tableau fut envoyé à Paris, et M. P. Andrieu le restaura.

de m'adresser à Votre Excellence pour lui demander s'il n'y aurait pas lieu à obtenir de la ville le renvoi à Paris du tableau menacé, sauf à disposer ensuite du tableau comme il plaira à Votre Excellence. Elle trouvera peut-être que la ville, qui ne possède pas de musée, serait peu fondée à le revendiquer pour le rendre à la fabrique de l'église, laquelle n'a pas su pourvoir à la conservation de cet objet dont l'entretien lui était confié.

Il m'a été suggéré en outre que la place défavorable désignée à mon tableau avait pu avoir pour raison une figure de Madeleine qui n'aurait pas paru au clergé suffisamment drapée. Cela pourrait sembler à Votre Excellence une nouvelle raison pour que ce tableau que j'avais composé sans intention de le voir figurer dans une église, obtînt une nouvelle destination après avoir été convenablement réparé.

Je conserverai une bien vive reconnaissance de tout ce que Votre Excellence voudrait bien ordonner dans cette circonstance pour sauver un ouvrage auquel j'attache quelque prix, et j'ose l'espérer de la bienveillante sollicitude qu'elle étend à tout ce qui intéresse les Arts...

A Mme ***.

Ce samedi 1860 [1].

Chère Madame, je trouve à mon retour des billets pour l'exposition de fleurs des Champs-Élysées, et pour la messe de Gounod demain, à Saint-Germain-l'Auxerrois. On m'a dit que l'exécution en serait curieuse. Je vous les envoie avec mille compliments de tous les rossignols de Champrosay qui

1. Ce billet, adressé nous ne savons à qui, a été publié dans *l'Art*.

s'ennuient de ne pas vous voir. Moi je viens de prendre le harnois, et Dieu sait quand je pourrai le quitter.

Mille hommages et dévouements.

Eug. Delacroix.

A M. DUTILLEUX.

Ce 20 janvier 1860.

Cher monsieur, vous serez bien surpris de ma paresse à vous répondre : mais je ne le fais que d'une main très-faible. Depuis trois semaines je suis très-souffrant et la convalescence sera probablement longue. Vous m'annoncez votre bonne arrivée prochainement; nous causerons à loisir; mais dans ce moment je ne vous écris ce peu de lignes que pour vous prouver que ce n'est pas par négligence de ma part que vous n'avez rien reçu de moi. M. Corot m'a déjà trouvé en assez mauvais état, et quoique j'entrevoie du mieux, je n'ai aucune force que celle de vous assurer de ma sincère affection comme toujours...

A M. H. DE SAINT-GEORGES[1].

Paris, 26 janvier 1860.

Monsieur, j'ai reçu avec beaucoup de reconnaissance l'envoi que vous avez bien voulu me faire de votre notice sur le musée de Nantes, et saurai bien, quoique vous en disiez, y trouver les motifs d'un réel intérêt. Je me sou-

1. M. de Saint-Georges était conservateur du musée de Nantes.

viendrai aussi dans quelle occasion vous me l'avez adressée. Je la placerai avec l'excellent écrit que vous aviez eu aussi l'aimable pensée de m'envoyer, dans lequel vous analysez l'ouvrage de M. de La Combe sur Charlet. J'ai puisé dans l'un et dans l'autre pour cette notice[1] si écourtée que vous avez la bonté de trouver intéressante. Il ne vous aura pas échappé que j'ai évité de présenter le côté anecdotique dans un si grand artiste : vous et notre excellent ami vous aviez tracé le tableau de cette vie laborieuse et traversée. Artiste moi-même, c'est l'artiste surtout dont j'ai voulu parler, et la matière était si abondante que tous ceux qui ont apprécié Charlet ne verront que trop combien, même à mon point de vue particulier, ma notice est restée insuffisante.

Je vous remercie sincèrement, Monsieur, de vouloir bien me savoir gré au moins de l'intention que j'ai eue de glorifier à ma manière cette grande mémoire.

Veuillez recevoir, Monsieur, etc.

A L. RIESENER.

Ce 14 février 1860.

Cher ami,

Je suis enchanté que l'événement se soit accompli heureusement, c'est un grand point. Fais mes compliments à l'accouchée et reçois-les aussi. — Tu ne sais donc pas le précepte (sic) que Louis-Philippe, le pauvre homme, donnait à qui voulait, pour faire à volonté des filles ou des garçons? Et qu'est-ce qui t'affligerait dans la naissance d'une fille! N'y

---

1. La « notice », c'est-à-dire l'article sur Charlet, avait paru dans la *Revue des Deux Mondes*. Ce n'est point une des moins bonnes pages de critique de Delacroix.

a-t-il pas assez d'hommes, de peintres, d'auteurs, de journalistes, tous vaniteux et presque tous impuissants? Vivent les femmes, morbleu!

Sur ce, je t'embrasse, et aussi ma cousine.

EUG. DELACROIX.

A M. Z. ASTRUC.

JOURNAL *le Quart d'heure,* RUE DE SEINE, 68.

Ce 10 avril 1860.

Monsieur,

Je viens bien tard vous remercier des éloges vraiment au delà de toutes bornes que vous voulez bien faire de mon exposition du Boulevard. Vous me donnez des mérites qu'on n'accorde qu'à grand'peine à des morts illustres. Je suis donc à la fois confus et reconnaissant : je voudrais me flatter que ceux qui nous suivront confirmeront une partie de ce que votre enthousiasme bienveillant vous a fait exprimer avec tant de verve.

Recevez,

EUG. DELACROIX.

Je ne savais où vous adresser ma lettre. M. Haro m'a dit qu'il se chargeait de vous la faire parvenir.

La brillante exposition à laquelle ce billet fait allusion, avait été organisée par M. Francis Petit, expert dont la mort récente a été vivement ressentie par ses amis de l'Art moderne. Dans le *Catalogue de tableaux tirés de collections d'amateurs et exposés au*

*profit de la Caisse de secours des Artistes peintres, sculp-
teurs, architectes et dessinateurs, 26, boulevard des Italiens,* imprimerie J. Claye, in-8°, Delacroix est représenté par seize toiles, presque toutes de premier
ordre. En voici les titres avec les noms des proprié-
taires d'alors : *Christ en Croix,* à M. Davin; *les Dis-
ciples d'Emmaüs,* à Mme Herbelin; *Jésus endormi dans la
barque pendant la tempête,* à M. Baptistin Guilhermoz;
Saint Sébastien, à M. Tesse; *M. de Dreux-Brézé devant
le tiers État,* à M. Brouet-Aubertot; *Prise de Constantinople,* esquisse, à M. Moreau; *Meurtre de l'évêque de
Liège,* à M. Diaz; *Démosthène déclamant sur le rivage,*
à M. Fr. Petit; *le Giaour et le Pacha,* à M. Davin;
le Naufrage de Don Juan, à M. Moreau; *Gœtz de
Berlinchingen,* à M. Bardon; *Hamlet et le Fossoyeur,*
à M. Cottier; *Chef arabe appelant ses cavaliers,* au
baron Michel de Tretaigne; *Arabe et son cheval,* à
M. Diaz; *Lion déchirant le cadavre d'un Arabe,* à
M. Jourdan; *Lion et Tigre,* à M. Bender.

ALEXANDRE COLIN[1].

Ce 3 mai 1860?

Mon cher ami,

Je m'empresse de vous répondre un mot, en attendant que
je profite de l'invitation que vous voulez bien me faire de
voir ce que vous avez rapporté d'Espagne; ce que je ne manquerai pas aussitôt que j'aurai un moment. Je crains que la

1. Ce billet a été publié dans *l'Art.*

personne qui vous intéresse n'ait commis une erreur en pensant que je faisais partie d'un comité[1] concernant l'affaire des concerts (les concerts Besselièvre). Je n'ai jamais entendu parler de rien de pareil. Je désirerais en second lieu parler avec vous plutôt que de vous écrire, relativement aux raisons qui me mettraient dans l'impossibilité d'être utile à votre ami, dans le cas où sa demande serait effectivement portée au comité.

J'ai conservé un vif souvenir, mon cher ami, des temps, hélas! bien éloignés où nous nous sommes vus dans des circonstances nombreuses, entre autres en Angleterre. C'est une des époques de ma vie que je me rappelle avec le plus de plaisir, et de vous particulièrement. Je m'en promets beaucoup aussi de vos copies espagnoles. J'adore cette époque si peu connue et si peu appréciée des pédants de l'École.

Votre bien dévoué,

EUG. DELACROIX.

A M. LE PRÉFET DE LA SEINE.

Ce 21 mai 1860.

Monsieur le Préfet, j'étais venu à Paris pour avoir l'honneur de vous rendre mes devoirs, et pour rappeler à votre bienveillant souvenir les noms de deux sculpteurs, MM. Caillouete et Préault, en faveur desquels j'avais pris la liberté de vous présenter une recommandation que vous avez bien voulu accueillir favorablement. Vous m'avez fait espérer, pour le premier de ces artistes, des travaux de sculpture dans la tour de Saint-Germain-l'Auxerrois, ou à leur défaut, des travaux analogues. M. Caillouete, depuis un grand nombre d'années,

---

1. Dans le sein de la Commission municipale.

rend à la Ville de véritables services comme professeur de dessin de l'une des Écoles gratuites de dessin. Son dévouement et son désintéressement particulier dans cette situation peu rétribuée, nous avait vivement frappés, M. Périer et moi, dans une visite que nous faisions à cet établissement il y a quelques années. Il occupe d'ailleurs un rang très-honorable parmi nos sculpteurs.

Quant à M. Préault, j'avais pris la liberté de vous prier de lui confier l'exécution de la statue de *Saint Louis,* qui est une des trois qui vont être données pour l'église Saint-Paul et Saint-Louis, au Marais, et pour lesquelles, malheureusement, il se présente neuf concurrents. C'est demander beaucoup, je ne me le dissimule pas en présence de candidatures nombreuses et qui ont sans doute leur valeur. C'est donc une faveur véritable que je sollicite de votre bienveillance et qui serait justifiée, j'ose le dire, par le talent de l'artiste, tout à fait en harmonie avec le sujet.

J'ai le regret, monsieur le Préfet, de n'avoir pu que bien tard user du seul remède qui me remettra véritablement de la singulière langueur et de la prostration absolue dans lesquelles j'ai passé la convalescence d'une maladie dangereuse dans son principe. J'éprouve de mon séjour à la campagne des effets tellement remarquables que je me flatte de reprendre avant quinze jours et d'occuper d'une manière continue ma place au Conseil municipal, de manière à me faire pardonner par vous, monsieur le Préfet, et par mes collègues, ma longue et trop involontaire absence...

EUG. DELACROIX.

A SOULIER.

Champrosay, ce 27 mai 1860.

Cher ami,

On me renvoie ici ta lettre et je m'empresse, quoique les yeux véritablement brouillés par la difficulté de déchiffrer tes pleins et déliés diaboliques, de t'annoncer que je suis encore languissant, quoique éprouvant un mieux sensible. J'ai été trois mois cet hiver sans sortir de ma chambre : maintenant que je suis à peu près remis, il faut que je lutte contre l'ennui de travailler. Au reste, mon thermomètre à cet égard, c'est la conquête définitive de la santé : quand elle est accomplie, le travail même acharné me convient, mais jusque-là, les moindres excès dans ce genre me sont interdits par la bonne et sévère Nature ; je ne parle pas d'excès d'autre genre et dont loin d'abuser je ne pense même pas à user.

... Voici pour l'affaire de ta demande. J'avais au ministère de la guerre, M. Barbier, lieutenant général, et probablement très-influent. Par lui, j'aurais eu barre de ce côté ; mais je suis brouillé complétement avec Villot, son beau-frère, et je ne les vois plus. Je ne connais personne au ministère de l'Algérie ; mais j'ai un vieil ami, je crois que c'est le plus ancien, car il date du temps où j'étais en sixième. Nous sommes amis encore ; il est vrai que nous avons été quarante ans sans nous voir. Cet ami est M. Blardel, conseiller d'État, qui a été longtemps quelque chose comme administrateur général à l'Algérie. Il a un frère, le général Blardel que je ne connais pas autant, mais qui a, je crois, de l'autorité dans les bureaux. Tu me dirais quand il faudrait lui parler et tu m'enverrais au préalable un détail circonstancié de la demande. J'ai rencontré souvent le ministre Chasseloup de Laubat et nous nous sommes toujours, sans savoir à quoi attribuer cette antipathie, lancé des regards farouches. Je n'oserais les affronter de nouveau surtout pour lui demander quelque chose.

Ton vieil ami malgré mes blasphèmes.

E. DELACROIX.

A M. P.

27 mai 1860.

On se figure que l'amitié est une divinité paisible dont les douces chaînes succèdent à celles de l'amour quand un âge plus rassis nous donne ou est supposé nous donner le goût des calmes attachements. Rien n'est plus mensonger, l'amitié toute terne, toute pâle qu'elle est a ses orages et malheureusement les raccommodements sont plus difficiles. Il y manque l'attrait auquel rien ne résiste, hommes ni bêtes...

Champrosay, ce 29 octobre 1860.

Les petites santés comme la mienne ont été bien éprouvées. Grâce à l'exercice que je fais continuellement ici et au bon air, je me tiens en haleine, et puis travailler beaucoup. L'ennui est tellement la conséquence de l'oisiveté que l'absence de travail est pour moi une espèce de maladie...

A SOULIER.

Champrosay, ce 10 novembre 1860.

Cher ami, je serais désolé de te manquer. Je vais à Paris tous les jours d'ici, travailler à une chapelle : je n'ai donc à Paris ni feu ni lieu : mais si tu veux venir me chercher *mardi à quatre heures* à Saint-Sulpice (première chapelle à droite en entrant), nous irons dîner ensemble et jaserons les coudes sur la table jusqu'au soir, où je repartirai pour mon nid.

La vie que je mène tant soit peu excentrique, vu mon indolence habituelle et surtout la rigueur de la saison, me réussit très-bien jusqu'ici. J'ai été tout cet été dans une langueur que rien n'a guéri que ce régime de mouvement continuel. L'homme n'est pas fait pour s'enfermer dans des chambres et dans des robes de chambre.

EUG. DELACROIX.

P. S. A l'heure où tu viendras me chercher à Saint-Sulpice, les portes sur la façade sont fermées. Tu entreras par la porte qui donne rue Paladine. Ma chapelle est du même côté. Elle est couverte de papier de haut en bas. Ne pas confondre avec celle qui est en face et la seconde en entrant.

———

Paris, ce 12 novembre 1860.

Cher ami, je suis venu ce matin comme à mon ordinaire à mon travail et je t'écris de Saint-Sulpice. Je suis bien désappointé. J'ai pris hier un rhume et mal de gorge complets ; j'ai voulu venir malgré cela aujourd'hui et je m'en retourne au plus vite, m'étant trouvé mal du voyage et surtout de quelques conversations en route. Il faut que je renonce au plaisir de te voir demain, si je ne veux risquer d'être malade tout à fait, ne viens donc pas à Saint-Sulpice. Je suis désolé de ce contre-coup, mais je suis tellement engagé à finir ma besogne qu'une indisposition au commencement de l'hiver me serait bien préjudiciable.

E. D.

————

A M. THORÉ,

BOULEVARD BEAUMARCHAIS, 55.

Ce 8 décembre 1860.

Mon cher Thoré,

Je suis enfoncé dans ce moment dans un travail que j'achève hors de chez moi : je pars dès le matin et ne rentre bien fatigué qu'à la fin de la journée. J'aurais été bien heureux de vous revoir et de vous remercier de votre souvenir. Soyez assez bon pour remettre le plaisir que vous me ferez à un mois ou six semaines à moins que vous ne passiez quelquefois dans mon quartier entre *7 et 8 h. du soir* en attendant que je vous reçoive dans mon atelier où je ne mets pas le pied maintenant.

Recevez, mon cher Thoré[1], mille amitiés bien sincères.

EUG. DELACROIX.

1. Th. Thoré, ou plutôt W. Bürger, — car par un sentiment de profonde convenance, il conserva ce pseudonime adopté pendant l'exil, — était rentré en France.

————

AU COMTE CZYMALA.

Ce 7 janvier 1861.

Cher ami, mille fois merci de votre bien cher souvenir. Si je vis en sauvage, c'est que je suis maintenant dans l'âge où les besoins même du cœur sont un excès quand ils font concurrence aux exigences du travail. Je ne veux pas dire que je préfère ou que je préférerai toujours les uns aux autres. Je serais trop à plaindre. Mais après des années de langueur, qui ne m'ont pas permis de m'acquitter de mes obligations d'artiste, j'ai retrouvé une espèce de santé qui me permet de me remettre à l'achèvement d'un travail considérable, trop souvent interrompu. Depuis quatre mois, je me sauve au petit jour pour courir à ma fatigante besogne, et je ne rentre qu'à la nuit. L'espoir de finir bientôt, si ma petite santé et la mauvaise saison ne viennent pas apporter de nouveaux obstacles, me soutient et me fait vous prier d'excuser et de pardonner ma claustration. Quand j'aurai fini je vous avertirai, et vous reverrai, avec le plaisir que j'ai toujours eu et avec les sentiments que votre bonne lettre a ranimés en moi. Avec qui parlerai-je de l'incomparable génie que le ciel a envié à la terre, et dont je rêve souvent, ne pouvant plus le voir dans ce monde ni entendre ses divins accords [1].

Si vous voyez quelquefois la charmante princesse Marceline, autre objet de mes respects, mettez à ses pieds l'hommage d'un pauvre homme qui n'a pas cessé d'être plein du souvenir de ses bontés et de l'admiration de son talent, autre trait d'union avec le séraphin que nous avons perdu et qui, à cette heure, charme les sphères célestes..

Mille tendresses de cœur,

E. DELACROIX.

1. Schopin.

A M. P. TESSE.

Ce 17 février 1861.

Monsieur,

Je vous remercie beaucoup de la démarche que vous avez bien voulu faire relativement à l'exposition de votre tableau à laquelle je consens volontiers. Ces expositions offrent sur le Salon certains avantages, mais elles ont comme les ventes l'inconvénient d'amener souvent l'exposition d'ouvrages que leur auteur ne désirait pas montrer. M. Martinet n'avait pas usé du même procédé que vous en exposant, à ce qu'on m'a dit, un petit tableau médiocre de moi qui fait le plus mauvais effet; mais la spéculation ne voit rien qu'elle-même.

Recevez, Monsieur, mes civilités et remerciements les plus empressés.

EUG. DELACROIX.

Cette lettre m'a été confiée par M. Tesse, amateur distingué. Le petit tableau auquel Delacroix fait ensuite allusion est en effet assez médiocre, d'un ton gris poussant au verdâtre et au jaunâtre : ce sont des Arabes assis à terre, jouant aux échecs. Il a été gravé à l'eau-forte pour *l'Artiste*. Mais la note sur la « spéculation » de M. Martinet était injuste.

AU BARON CH. RIVET.

23 février 1861.

Cher ami, j'envoie tout de suite pour faire la demande de billets pour votre cher fils. Je ne vous cache pas que je n'en ai demandé qu'en tremblant, il y a déjà quatre jours; mais je fais des bassesses auprès du sous-chef de bureau qui les distribue et j'ai encore de l'espoir. Je serais bien désolé que cet excellent jeune homme fût obligé de manquer de parole, et à une jolie femme, encore...

Vous avez eu la bonté de passer chez moi et l'on vous aura dit à quoi je me suis attelé depuis cinq mois. J'avance beaucoup, mais je mène une vie de Chartreux. Le seul dîner hors de chez moi m'a rendu malade. C'est un travail de galérien : j'ai tenté de grandes impossibilités avec de la peinture mate et difficile à gouverner. Je vous appellerai aussitôt que ce sera visible.

Je vous embrasse et vous aime.

E. D.

CERTIFICAT.

Ce 9 mars 1861.

Monsieur Mabille m'a présenté une petite esquisse de mon tableau des *Femmes d'Alger*. Je n'en suis nullement l'auteur et je trouve même la reproduction peu exacte.

EUG. DELACROIX.

A M. DE VALERNE.

Ce 25 mars 1861 ou 62.

Monsieur,

Je n'ai pu être utile au jury ni à vous, ni à beaucoup d'autres personnes auxquelles je portais intérêt. J'ai dû m'abstenir d'y paraître à cause de ma santé qui a été mauvaise tout cet hiver. Je ne puis parler un quart d'heure sans fatigue. Je me voyais en passe de me trouver six heures par jour dans des salles froides et discutant avec des juges qui passent pour avoir été très-sévères. Ce sont au reste les mêmes qui m'ont refusé pendant vingt-cinq ans. Vous jugez qu'il m'eût été difficile de ne pas me livrer à mon émotion.

Ce que vous m'annoncez d'une révision me semble impossible. On faisait effectivement une révision dans les jurys précédents ; mais c'était le jour même où les tableaux avaient été jugés. Je ne peux me figurer ce que doit être un travail de révision complet sur l'ensemble des tableaux refusés. Cela équivaut presque à un jugement nouveau. Il va sans dire que même dans le cas où cette révision aurait lieu en effet, je n'aurais point qualité pour m'y trouver, ayant décliné ma responsabilité dans le jugement précédent.

Je suis très-affligé de votre refus. Je sais par une longue et très-dure expérience ce que de semblables épreuves donnent d'impatience et de chagrin. Veuillez recevoir l'expression de mon sincère regret et celle de mes sentiments très-affectionnés.

E. DELACROIX.

A M. AUGUSTE VACQUERIE.

Ce 25 mars 1861.

Cher Monsieur,

Je suis bien désolé d'avoir tant de fois manqué votre bonne visite. Depuis six mois je n'ai pas manqué un seul jour à sortir de chez moi, presqu'avec le jour, et à me confiner dans un travail dont j'ai bien de la peine à triompher et qui me tient loin de chez moi toute la journée.

Voici quant à la proposition pleine de bonté que vous me faites d'assister à la première représentation de votre pièce, ma désagréable situation. Je suis engagé pour samedi à un dîner dont je ne puis me dispenser et auquel j'ai promis de me trouver. Vous savez qu'on dîne tard à Paris à présent. Je ne pourrais donc, en supposant que je puisse me dérober, arriver que tard à la représentation. Je ne voudrais vous voir à moitié et d'ailleurs je n'arriverais pas dans la disposition nécessaire pour apprécier l'ouvrage d'un homme comme vous, que j'aime et que j'honore autant qu'il m'est possible. Ayez l'indulgence de me donner la facilité de voir la seconde représentation et comme je n'ai aucun engagement après ce samedi, j'arriverai recueilli et dans la situation que je désire pour sentir tout ce que vous pouvez mettre dans une œuvre. Après avoir reçu votre carte, j'avais formé le projet de vous voir rue de l'Est à l'issue de mon travail; mais j'en sors si fatigué que mes bonnes résolutions échouent presque toujours, et que les jours où je veux faire un emploi de ma soirée qui ne consiste pas uniquement à me reposer, je suis obligé de travailler moins ce jour-là[1].

Un mot de réponse où vous me pardonnerez et où vous me direz que voulez bien de moi pour lundi ou mardi.

Votre bien sincèrement dévoué.

E. DELACROIX.

Ce 6 avril 1861.

Cher Monsieur,

Je viens vous remercier de cœur de la bonne soirée que vous m'avez donnée, chose depuis longtemps bien rare pour moi en semblable circonstance, car le spectacle me fatigue horriblement et il en est peu qui au bout d'une heure ne me fasse regretter une simple promenade. Les situations fortes et pourtant naturelles de votre drame m'ont tenu véritablement

1. *Les Funérailles de l'honneur* furent représentées à la Porte-Saint-Martin le 30 mars 1861.

attaché et impressionné, et je m'empresse de vous féliciter de
l'effet qu'il produit sur le public qui vient sans parti pris
d'admiration ou de dénigrement. C'est à celui-là qu'il faut
plaire. C'est là le vrai succès et vous l'obtenez tous les soirs.

Mille remerciements encore de votre bon souvenir et mille
assurances de mon sincère dévouement.

E. DELACROIX.

Depuis que Rachel avait quitté la scène, Delacroix
n'allait presque plus au théâtre. Le drame de M. Auguste Vacquerie est certainement une des dernières
pièces qu'il soit allé voir.

A M. FRANCIS PETIT.

Ce 25 mai 1861?

Monsieur,

... J'ai trop d'obligation à M. G. pour avoir quelque
chose à lui refuser : je ferai tout ce qu'il sera possible sauf
de gâter le tableau à mon avis. Je suppose que le tableau est
verni : c'est là le plus grand inconvénient. S'il faut le dévernir
pour le retoucher, à mes yeux c'est un tableau déshonoré. On
regarde un dévernissage comme une chose légère : c'est le plus
grand des inconvénients; je préfère bien un trou à un tableau.
C'est donc dans l'intérêt de l'amateur autant que dans le mien
que je parle. Néanmoins, je m'efforcerai de le satisfaire.

Voulez-vous être assez bon pour lui dire que si je n'étais
indisposé et sortant le moins possible à cause du froid, j'aurais été le remercier. Quant à vous, je le fais encore de grand
cœur.

E. D.

29 juin 1861.

Monsieur,

M. Delacroix vous prie de vouloir bien lui faire l'honneur de visiter les travaux qu'il vient de terminer dans la chapelle des Saints-Anges à Saint-Sulpice.

Ces travaux seront visibles au moyen de cette lettre, depuis le mercredi 21 juillet, jusqu'au samedi 3 août inclusivement, de 1 h. à 5 heures de l'après-midi.

Première chapelle à droite, en entrant par le grand portail.

Plafond. L'archange saint Michel terrassant le démon.

Tableau de droite. Héliodore chassé du temple. S'étant présenté avec ses gardes pour en enlever les trésors, il est tout à coup renversé par un cavalier mystérieux : en même temps deux envoyés célestes se précipitent sur lui et le battent de verges avec furie, jusqu'à ce qu'il soit rejeté hors de l'enceinte sacrée.

Tableau de gauche. La lutte de Jacob avec l'ange. Jacob accompagne les troupeaux et autres présents à l'aide desquels il espère fléchir la colère de son frère Esaü. Un étranger se présente qui arrête ses pas et engage avec lui une lutte opiniâtre, laquelle ne se termine qu'au moment où Jacob, touché au nerf de la cuisse par son adversaire, se trouve réduit à l'impuissance. Cette lutte est regardée, par les livres saints, comme un emblème des épreuves que Dieu envoie quelquefois à ses élus.

A M. CH. BLANC.

Ce 23 juillet 1861.

Mon cher ami,

La voilà finie cette chapelle que vous m'avez attribuée il y a tant d'années : si j'ai été longtemps à la terminer, je n'ai pas oublié la part que vous avez dans le choix qui a été fait de moi dans cette occasion. — Je voudrais que vous la vissiez avant un certain nombre de personnes que je compte y inviter. Le temps est un peu court : je vous propose de venir demain *mercredi* ou après-demain *jeudi* de 1 h. à 3 h. Vous me rendrez bien heureux.

Votre tout dévoué,

EUG. DELACROIX.

Il ne semble pas que M. Ch. Blanc ait été fort satisfait de cette œuvre, originale entre toutes et considérable. Il ne la signale que par une note[1] : « ... Les peintures de cette chapelle ont été judicieusement appréciées par notre regrettable ami, Émile Galichon, dans le tome X de la *Gazette des Beaux-Arts*. » Ce renvoi est insuffisant. M. Galichon ne comprenait que Ingres. M. Delacroix, que nous vîmes peu après la publication de l'article, eut la faiblesse de ne point nous dissimuler la déception qu'il lui avait causée. Sans faire directement allusion à un jugement débile et louche, il s'étonna « que M. Blanc en eût favorisé l'insertion dans sa *Revue* » (*sic*).

1. Cette lettre a été reproduite en *fac-simile* dans le volume *les Artistes de mon temps,* 1876.

A M. EUGÈNE TOURNEUX.

Ce 5 août 1861.

Je vous remercie bien, mon cher Monsieur, de votre souvenir poétique. Il est plein de verve et je le louerais davantage s'il ne me louait autant. Je suis malheureusement un juge bien écloppé et je sais ce qu'il en coûte pour lutter. Mais vous me donnez une de ces récompenses qui fait oublier les fatigues.

Je vous rends grâce encore et vous serre les mains bien cordialement.

EUG. DELACROIX.

En remercîment d'une pièce de vers improvisée dans la chapelle des Saints-Anges :

Ta main a retracé des anges violents,
De la gloire de Dieu messagers véhéments...

A TH. GAUTIER.

Ce jeudi 1861.

Mon cher Gautier,

Si vous suivez l'aimable envie que vous m'avez manifestée hier, d'écrire maintenant quelque chose sur ma tardive production, je viens vous demander de vouloir bien mentionner que vous avez vu le travail avant sa fin et que le public ne peut encore être admis. Quand je vais avoir amené par billets quelques artistes ou amis, il va falloir maintenir la clôture de la chapelle pour achever les ornements, boiseries, etc. Comme il n'est pas douteux qu'un article de vous n'excite la curiosité sur l'ouvrage, on ne saura que faire des curieux qui, sur le bruit de l'achèvement des peintures, arriveront pour les voir.

Je vous remercie de nouveau de votre visite, et suis surtout bien touché de votre impression.

Tout vôtre

EUG. DELACROIX.

———

Ce 4 août 1861.

Mon cher Gautier,

Mille, mille grâces de votre poétique et si bienveillant article, et de l'empressement que vous avez mis à le faire. Vous m'avez gâté si souvent que je finis par croire à tout ce que votre amitié écrit à mon adresse. J'oublie trop que votre imagination ajoute à mes inventions et que votre style y met le vernis.

Je vous remercie donc bien sincèrement et vous serre la main.

EUG. DELACROIX.

———

A M. CH. BLANC.

Champrosay, par Draveil (Seine-et-Oise),
ce 23 août 1861.

Mon cher ami,

Je ne reçois qu'ici au retour d'un petit voyage votre lettre et une autre, qui avait été adressée par M. Galichon à qui je n'ai pas répondu par conséquent. La chapelle est ouverte maintenant à tout le monde. Je regrette bien de n'avoir pu m'y trouver avec vous quand je l'ai montrée à quelques personnes; je désire bien qu'elle ne vous paraisse pas inférieure a d'autres travaux qui vous ont plu. Quant à une reproduction, je pense qu'en y envoyant le matin avant qu'il n'y ait des visiteurs on pourrait en faire quelque chose : mais il faudrait là un homme de quelque habileté pour saisir l'esprit des tableaux.

Pendant mon absence il a été fait des essais de photographies qui jusqu'ici n'ont pas réussi à cause du défaut absolu de reculée. S'ils avaient été satisfaisants je les aurais mis avec plaisir à votre disposition. Si vous en faites faire des dessins directement, peut-être le même M. Fleming (*sic*) qui avait fait un essai du petit *Saint Sébastien* pourrait-il prendre sur place des croquis suffisants. Je ne voudrais pas, dans un recueil comme le vôtre qui va partout, être trop estropié.

Je vous renouvelle, mon cher ami, les assurances de ma bien sincère amitié et de ma vive et ancienne reconnaissance.

EUG. DELACROIX.

A M. THORÉ,

BOULEVARD BEAUMARCHAIS, 55.

Ce 1ᵉʳ septembre 1861.

Mon cher ami,

J'ai eu enfin connaissance de votre article dans *le Temps,* que je croyais avoir été fait pour l'*Indépendance belge.* Je viens vous en témoigner ma reconnaissance après lecture, et je retrouve bien en vous la sympathie que vous m'avez toujours témoignée avec tant de cordialité. Je suis heureux qu'après tant d'années vous trouviez encore matière à m'en donner les mêmes marques.

Je vous serre la main bien sincèrement.

EUG. DELACROIX.

A M. ***.

Champrosay, par Draveil (Seine-et-Oise),
ce 8 octobre 1861.

Monsieur, j'ai l'honneur de vous informer que je suis complétement à votre disposition relativement aux travaux de la Commission qui doit s'occuper de la *Méthode Cavé*, et vous serais bien obligé de vouloir bien m'adresser les convocations à l'adresse ci-dessus.

Il m'a semblé, en réfléchissant aux moyens de rendre nos réunions plus efficaces, qu'il était essentiel, j'ose presque dire indispensable, que la Commission fasse faire sous ses yeux l'expérience du procédé. C'est le plus sûr moyen de la convaincre de ce qu'il offre d'avantageux. Si vous vouliez bien demander à madame Cavé de nous mettre en rapports avec un professeur formé par elle, il fonctionnerait en notre présence, et donnerait toutes les explications désirables sur les procédés et sur les effets qu'elle en a obtenus sur les élèves. Je suis en outre persuadé que la simplicité de cette méthode, mise ainsi dans tout son jour, porterait la conviction dans tous les esprits, abrégerait beaucoup nos travaux et amènerait une décision plus prompte. Je pense que monsieur le Ministre ne pourra qu'approuver le moyen que je prends la liberté de vous proposer[1]....

EUG. DELACROIX.

1. Eugène Delacroix fit sur cette *Méthode* un rapport qui fut publié dans le *Moniteur officiel* et reproduit par les journaux d'art.

A M. P. ANDRIEU.

Champrosay, ce 17 octobre 1861.

Mon cher Andrieu,

... J'ai beaucoup travaillé, et cependant j'ai été pendant plus d'un mois faisant des courses dont j'ai profité pour me reposer entièrement ; ce qui m'a réussi, car je ne me suis jamais mieux porté. Je suis de retour ici depuis le commencement du mois. Je suis bien aise de ce que vous me dites de mes tableaux de Bordeaux et de Toulouse. Il est malheureux qu'ils fassent de l'effet quand il y a peu de public pour les apercevoir, et qu'ils en manquent totalement quand ils sont en présence des critiques du Salon. Au reste cette expérience s'est renouvelée presque toujours pour tous mes tableaux.

Je ne sais où en est l'église[1] : j'ai vu peu d'articles. Il y en avait de très-favorables, d'autres peu bienveillants. Je n'ai pas eu connaissance de l'*Union :* je vous remercie bien de celui de l'*Indépendance.*

Il me semble comme à vous qu'il y a déjà longtemps que notre travail est fini. J'ai oublié les énormes peines qu'il m'a données : je suis comme la fourmi qui est prête à se remettre au travail après la ruine de ses travaux. La comparaison n'est pas juste pour ce qui regarde l'effet de ma besogne, et en somme je n'ai pas à me plaindre.

Travaillez, profitez de tous les instants : si l'Administration me favorise, peut-être retrouverons-nous nos séances

1. La chapelle des Saints-Anges, dans l'église de Saint-Sulpice.

passées de mécomptes et d'espérances. Jusqu'ici on préfère me laisser à mes loisirs.

Recevez, mon cher ami...

E. DELACROIX.

———

A M. PERIGNON.

Champrosay, par Draveil (Seine-et-Oise),
ce 23 octobre 1861.

Cher Monsieur,

Je n'ai reçu votre lettre si excellente, si encourageante pour moi, qu'au retour de nombre d'excursions, il y a une dizaine de jours. J'avais besoin de me secouer un peu après ce travail vraiment bien fatiguant (*sic*) pour l'esprit encore plus que pour le corps. J'ai eu bien du regret de n'avoir pas été à même de vous répondre aussitôt combien j'avais été heureux de tout ce que vous me dites. Ce ne sont point des compliments de société et empreints de la banalité qu'ils ont toujours ; ils me viennent d'un homme de valeur et d'un confrère : que de titres pour me chatouiller l'amour-propre ! Je voudrais me persuader que vous ne vous trompez pas du tout, et cette idée, si elle était bien solide dans mon esprit, serait la récompense de mes fatigues. J'ai reçu beaucoup de marques de sympathie ; mais il n'en est qu'un petit nombre qui me satisfassent complétement. Pas mal de confrères se sont montrés un peu refroidis à mon égard et un peu plus sérieux qu'à l'ordinaire. L'autorité, de son côté, n'a pas eu l'air de s'apercevoir de cet effort que votre amitié trouve remarquable. Cher Monsieur, je m'en console facilement avec des témoignages comme les vôtres et d'un petit nombre d'amis dont l'opinion pour moi passe avant tout, et qui est la plus flatteuse de toutes les récompenses quand cette opinion m'est favorable.

Quand je retournerai à Paris, j'irai vous surprendre et vous serrer la main, et vous répéter combien vous m'avez charmé, ravi.

Je vous envoie en attendant mille assurances du plus cordial et sincère dévouement.

EUG. DELACROIX.

A M. CHARLES BLANC,

DIRECTEUR DE LA *Gazette des Beaux-Arts.*

Champrosay, par Draveil (Seine-et-Oise),
ce 25 novembre 1861.

Mon cher ami,

Je n'avais pas besoin de votre recommandation pour m'intéresser à Gigoux, dont j'estime beaucoup le talent : j'ai même regretté, à cause de mon séjour à la campagne, de ne point visiter un dernier travail dont il s'occupe; mais je ne l'ai appris que samedi en revenant et au moment d'aller à l'Institut. J'ai fait tous mes efforts pour le faire bien placer, mais je n'ai point trouvé l'appui dont j'avais besoin; et je crains qu'il ne rencontre pas les sympathies nécessaires : il n'a eu qu'un nombre de voix insignifiant et quand il n'était plus temps, et j'en suis très-fâché.

Vous avez voulu vous occuper de moi dans la *Gazette :* je vous en remercie bien. Directeur ou non, si votre esprit préside en quelque chose à la rédaction, elle ne pourra être que très-bonne : veuillez aussi remercier pour moi M. Galichon de son bon vouloir. Je suis bien aise que M. Flameng vous ait satisfait : j'augurais bien de ce qu'il pouvait faire ; j'ai grand besoin de graveurs intelligents. J'espère à mon retour voir le résultat et vous remercier encore.

Votre bien dévoué,

E. DELACROIX.

Il s'agissait d'une candidature à l'Académie des Beaux-Arts qui n'aboutit pas. La lettre de demande était présentée, au nom du vieux romantique Jehan Gigoux, par M. Couder et endossée par M. Ingres qui vraisemblablement ne connaissait guère le fougueux passé de son protégé.

————

A SOULIER.

Champrosay, ce 29 novembre 1861.

Mon cher ami,

J'ai été emporté par des pérégrinations sans nombre... Ma santé, grâce au ciel, est aussi bonne que possible. L'activité qu'il m'a fallu entretenir pour achever mon travail de Saint-Sulpice a eu une heureuse action sur mon tempérament puisque j'en ressens encore l'influence. Je crains maintenant mon retour à Paris sous ce rapport, vu que je cours les salons comme autrefois ; mais les agitations de toutes sortes, les dérangements ou émotions de tous genres qu'engendre cette fourmilière sont contraires au repos d'esprit qui est une grande condition de santé...

EUG. DELACROIX.

————

A M. TH. THORÉ [1].

Champrosay, par Draveil (Seine-et-Oise),
ce 30 novembre 1861.

« Mon cher ami,

« Je ne reçois que tardivement et à la campagne la lettre
où vous me demandez des détails sur Bonington : je vous
envoie avec plaisir le peu de renseignements que je possède.

« Je l'ai beaucoup connu et je l'aimais beaucoup. Son
sang-froid britannique, qui était imperturbable, ne lui ôtait
aucune des qualités qui rendent la vie aimable. Quand il
m'est arrivé de le rencontrer pour la première fois, j'étais
moi-même fort jeune et je faisais des études dans la galerie
du Louvre : c'était vers 1816 ou 17. Je voyais un grand ado-
lescent en veste courte, qui faisait, lui aussi et silencieusement, des études à l'aquarelle, en général d'après des paysages
flamands. Il avait déjà, dans ce genre, qui, dans ce temps-
là, était une nouveauté anglaise, une habileté surprenante.
Peu de temps après, je voyais chez Schroth, qui venait d'ouvrir une boutique de dessins et petits tableaux (la première,
je crois, qui se soit établie), des aquarelles charmantes de
couleur et de composition. Il y avait déjà tout le charme qui
fait son mérite à part. A mon avis, on peut trouver dans
d'autres artistes modernes des qualités de force ou d'exactitude dans le rendu supérieures à celle des tableaux de
Bonington, mais personne dans cette école moderne, et peut-
être avant lui, n'a possédé cette légèreté dans l'exécution,
qui, particulièrement dans l'aquarelle, fait de ses ouvrages

1. Cette lettre importante a été publiée par W. Bürger, dans la Notice
qu'il a consacrée à R.-P. Bonington, dans l'*Histoire des Peintres de toutes
les Écoles*.

des espèces de diamants dont l'œil est flatté et ravi, indépen-
damment de tout sujet et de toute imitation.

« Il était à cette époque (vers 1820) chez Gros, où je crois
qu'il ne resta pas longtemps ; Gros lui-même lui conseilla de
se livrer tout à fait à son talent qu'il admirait déjà. A cette
époque il ne faisait point de tableaux à l'huile, et les premiers
qu'il fit furent des marines : celles de ce temps sont recon-
naissables à un grand empâtement. Il renonça depuis à cet
excès : ce fut particulièrement quand il se mit à faire des
sujets de personnages dans lesquels le costume joue un grand
rôle : ce fut vers 1824 où 1825.

« Nous nous rencontrâmes en 1825, en Angleterre, et
nous faisions ensemble des études chez un célèbre antiquaire
anglais, le docteur Meyrick, qui possédait la plus belle collection d'armures qui ait peut-être existé. Nous nous liâmes
beaucoup dans ce voyage, et quand nous fûmes de retour à
Paris, nous travaillâmes ensemble pendant quelque temps
dans mon atelier.

« Je ne pouvais me lasser d'admirer sa merveilleuse
entente de l'effet et la facilité de son exécution ; non qu'il se
contentât promptement ; au contraire, il refaisait fréquemment des morceaux entièrement achevés et qui nous parais-
saient merveilleux; mais son habileté était telle, qu'il retrouvait
à l'instant sous sa brosse de nouveaux effets aussi charmants
que les premiers. Il tirait parti de toutes sortes de détails
qu'il avait trouvés chez des maîtres et les ajustait avec une
grande adresse dans sa composition. On y voit des figures
presque entièrement prises dans les tableaux que tout le
monde avait sous les yeux, et il ne s'en inquiétait nullement.
Cette habitude n'ôte rien au mérite de ces ouvrages ; ces détails
pris sur le vif, pour ainsi dire, et qu'il s'appropriait (il s'agit
surtout de costumes), augmentaient l'air de vérité de ses personnages et ne sentaient jamais le pastiche.

« Sur la fin de cette vie sitôt éteinte, il sembla atteint de tristesse, et particulièrement à cause de l'ambition qu'il se sentait de faire de la peinture en grand. Il ne fit pourtant aucune tentative, que je sache, pour agrandir notablement le cadre de ses tableaux; cependant ceux où les personnages sont le plus grands datent de cette époque, notamment le *Henri III*, qu'on a vu l'an dernier exposé au boulevard, et qui est un de ses derniers.

« Nous l'aimions tous. Je lui disais quelquefois : — Vous êtes roi dans votre domaine et Raphaël n'eût pas fait ce que vous faites. Ne vous inquiétez pas des qualités des autres, ni des proportions de leurs tableaux, puisque les vôtres sont des chefs-d'œuvre.

« Il avait fait, quelque temps auparavant, des Vues de Paris que je ne me rappelle pas et qui étaient, je crois, pour des éditeurs : je n'en parle que pour mentionner le moyen qu'il avait imaginé pour faire ses études d'après nature et sans être troublé par les passants. Il s'installait dans un cabriolet et travaillait là aussi longtemps qu'il voulait.

« Il mourut en 1828. Que de charmants ouvrages dans une si courte carrière ! J'appris tout à coup qu'il était attaqué d'une maladie de poitrine qui prenait une tournure dangereuse. Il était grand et fort en apparence, et nous apprîmes sa mort avec autant de surprise que de chagrin. Il était allé mourir en Angleterre. Il était né à Nottingham. Il n'avait, à sa mort, que vingt-cinq ou vingt-six ans.

« En 1837, un M. Brown, de Bordeaux, vendit une magnifique collection d'aquarelles de Bonington ; je ne crois pas qu'il soit possible de rencontrer jamais l'équivalent de cette splendide réunion. Il y en avait de toutes les époques de son talent, mais particulièrement du dernier temps, qui est le meilleur. Ces ouvrages se payaient alors des prix élevés ; de son vivant il vendait tous ses ouvrages, mais il ne les a jamais vus monter à ces prix énormes que, pour ma part, je trouve légitimes et la juste estimation d'un talent si rare et si exquis.

« Mon cher ami, vous m'avez donné l'occasion de me rappeler des moments heureux et d'honorer la mémoire d'un homme que j'aimais et que j'admirais. J'en suis d'autant plus heureux, que l'on a essayé de le rabaisser, et qu'il est, à mes yeux, très-supérieur à la plupart de ceux qu'on a cherché à lui faire préférer. Tenez la balance entre mes prédilections et ces attaques. Mettez, si vous voulez, sur le compte de mes vieux souvenirs et de mon amitié pour Bonington ce qu'on serait tenté de trouver partial dans ces notes...

« E. DELACROIX. »

A M. ERNEST CHESNEAU.

Ce 14 décembre 1861.

Monsieur,

J'ai reçu avec reconnaissance les cinq épreuves que vous avez bien voulu m'adresser de l'Étude que vous avez faite sur l'ensemble de mes ouvrages. Je suis fier d'être l'objet d'une semblable appréciation faite par une personne d'un goût aussi éclairé. La délicatesse de l'analyse que vous avez appliquée à tant de productions la plupart oubliées ou peu connues, l'estime que vous voulez bien leur accorder malgré d'innombrables faiblesses, me donneraient sur leur mérite véritable une confiance que je ne puis avoir ; mais je n'en suis pas moins heureux de voir qu'elles ont pu mériter une si bienveillante et sérieuse attention.

· Agréez, Monsieur, avec mes vifs remerciements, les assurances de la considération la plus distinguée.

EUG. DELACROIX.

J'espérais, Monsieur, vous adresser cette lettre il y a quelques jours : je n'ai pu, malgré mes informations, avoir votre adresse; je prends le parti de l'envoyer aux bureaux de *l'Opinion nationale*.

A M. P. ANDRIEU.

15 décembre 1861.

Mon cher Andrieu,

Je reçois votre lettre à Paris où je ne suis que depuis peu de jours. J'ai trouvé la campagne bonne, même par la pluie et la gelée. J'y trouvais une très-grande tranquillité que vous ne pouvez avoir étant chez des personnes dont vous êtes obligé de suivre les habitudes.

Je ne comprends pas bien ce que vous me dites au sujet de la copie que vous voulez faire à Anvers; mais, comme vous m'annoncez votre retour prochain, nous causerons de votre projet. Je regrette beaucoup que vous ne puissiez faire une copie de l'*Héliodore;* personne ne serait plus à même d'en faire une excellente reproduction[1].

Je pense souvent à nos séances dans l'église, comme le prisonnier qui, rendu à la liberté, regrette quelquefois le pain de munition mangé entre quatre murs. Au reste, je mène ici une vie aussi tranquille qu'à la campagne, et je me dispense le plus que je peux des corvées du monde et de la politesse.

J'entrevois dans votre lettre que vous n'êtes pas mécontent de vos portraits. On plaît si difficilement aux autres, que c'est toujours quelque chose que de se plaire à soi-même.

----

1. Personne encore ne serait aussi capable que M. P. Andrieu d'exécuter les reproductions des peintures murales de la Bibliothèque de la Chambre des députés, par exemple, déjà gravement endommagées, ou de l'*Entrée des Croisés dans Constantinople,* mal exposé dans les galeries et dont la place serait dans nos musées du Louvre.

C'est un plaisir que je ne goûte pas aussi souvent que je le voudrais...

E. D.

A M. DE VALERNE.

PEINTRE, BOULEVARD DES INVALIDES, 4, PARIS.

Ce 22 décembre 1861.

Mon cher Monsieur,

Votre excellente lettre m'a fort touché et vous avez bien fait de céder au désir de me l'envoyer. Pourquoi travaillons-nous, nous autres artistes, si ce n'est pour savoir que nous plaisons à quelqu'un? Il nous arrive si souvent de nous déplaire à nous-même, qu'un suffrage bienveillant ne peut qu'encourager et fortifier, comme vous le dites aussi. Je vous remercie donc beaucoup et suis heureux de vous le dire.

Recevez l'assurance, etc.

M. de Valerne avait été un de ses élèves.

A M. MOREAU, père.

Ce 17 janvier 1862.

Mon cher Monsieur,

Recevez mes très-sincères excuses du retard que j'ai apporté à répondre à votre très-aimable lettre en date du 3 janvier. J'ai été tout à coup interrompu au milieu de toutes mes occupations par une indisposition qui m'a rendu incapable de quoi que ce soit. Je vais mieux et me hâte de vous remercier relativement à ce que vous voulez bien me

dire d'obligeant sur l'article très-incomplet que j'ai fait sur
Charlet. Je vous dois encore quelque justification pour mon
peu d'empressement à écrire quelque chose sur Decamps : je
vous ai parlé de certains motifs que vous avez appréciés ; je
crois, en outre, que sa perte est trop récente non-seulement
pour qu'il puisse être jugé complétement, mais aussi pour
qu'un jugement ait tout l'intérêt qu'il pourrait avoir plus
tard.

Permettez-moi d'ajouter que ce grand artiste a eu de son
vivant la bonne fortune d'être goûté sans conteste du public
et des artistes : pas une voix ne s'est élevée contre tous les
genres de succès qu'il méritait et qu'il a obtenus. Charlet n'a
point rencontré le même bonheur. L'admiration pour ses
œuvres a été renfermée dans un cercle plus restreint, et c'est
précisément à cause de son genre, qui dans l'opinion du
public paraissait inférieur, qu'il m'a paru importer de faire
ressortir la grandeur qu'il y a imprimée. Au reste, depuis que
j'ai eu le plaisir de vous voir, la figure de Decamps a grandi
dans mon estime. Après l'exposition des ouvrages en partie
ébauchés qui ont formé sa dernière vente, j'ai été véritablement enthousiasmé par plusieurs de ces compositions, et mon
sentiment a été celui de tout le monde. Je dois vous dire
aussi que cet article, pour lequel j'étais engagé depuis
longtemps, m'a donné de l'ennui à composer ; écrire, c'est
un métier particulier qu'il faut, comme tous les autres, prati-
quer beaucoup. Je n'en ai eu que la fatigue sans le plaisir,
ce que je ne puis dire de la peinture qui est toujours mon
passe-temps favori et à laquelle je retourne sans regretter les
palmes littéraires.

Veuillez, etc.

E. Delacroix.

A M. PH. BURTY.

Monsieur,

Je n'ai aucun souvenir de M. *Jérôme,* ni d'avoir rien fait qui ait trait à cela. La caricature du *Bonhomme de lettres* n'est pas non plus de ma main. Je ne sçais (*sic*) quel accident a empêché de tirer mon dessin : il a été reproduit, mais maladroitement, par un de mes amis qui dessinait à peine. J'ai fait antérieurement un ou deux dessins pour être gravés dans le *Nain-Jaune,* mais ils ont été arrangés au gré du directeur du journal. Tout cela est bien obscur et ne mérite pas de fixer l'attention. Il existe, je me le rappelle, un certain combat du *Constitutionnel contre la Quotidienne* qui est une affreuse lithographie de ma façon, et je ne sçais si cela a paru.

Je vous suis bien reconnaissant de ce que vous me dites d'aimable au sujet du *Sardanapale.* Je n'ai pu encore y aller[1]. Le tableau a été exposé au Salon de 1828. Il n'a été reçu qu'à une voix. Il avait indigné tout le monde et avait effarouché même mes amis.

Ch. Blanc m'avait dit qu'il devait paraître dans son journal un dessin d'un des tableaux de la chapelle de Saint-Sulpice ; je n'en ai pas entendu parler...

Quoi qu'en dise Delacroix, la gravure qui parut en tête du *Manuscrit de feu M. Jérôme* (Paris, 1825, 1 vol. in-8°, fatras politico-économique publié par Français de Nantes) dut être gravée d'après une sépia de lui. Le « dessin » qu'il réclamait fut une petite eauforte d'après l'*Héliodore,* publiée dans la *Gazette des*

---

1. Il était exposé au boulevard des Italiens.

Ce 13 février 1862

Monsieur,

je vous prie de vouloir bien me pardonner de ne vous avoir pas encore remercié de la lettre où vous prenez la peine de me détailler les prix qu'ont atteint mes lithographies à la vente de la Combe; je n'en ai pas moins été très content de ce résultat et j'en ai pris note pour me consoler du contraste que forment ces prix, avec ce que m'ont rapporté les dessins sans l'origine.

Je vous demanderai quand j'aurai le plaisir de vous voir, les prix de certains Gericault pour lesquels je n'ai aucune lumière. Recevez Monsieur l'assurance de mon cordial dévouement.

Eug Delacroix

Beaux-Arts. Le directeur du journal, M. Galichon, sentant que ce croquis sommaire était peu digne d'un travail aussi considérable, avait envoyé une livraison sans épreuve.

————

A M. PH. BURTY.

Ce 1ᵉʳ mars 1862.

... Je n'ai connu le *second Faust*, et encore très-superficiellement, que longtemps après que mes planches étaient faites. Il m'a paru un ouvrage mal digéré et peu intéressant au point de vue littéraire, mais l'un de ceux qui sont le plus propres à inspirer un peintre par le mélange de caractères et de styles qu'il comporte. Si l'ouvrage eût été plus populaire je l'aurais peut-être entrepris. Vous me demandez ce qui m'a fait naître l'idée des planches sur *Faust*. Je me rappelle que je vis vers 1821 les compositions de *Retch* qui me frappèrent assez : mais c'est surtout la représentation d'un drame opéra sur *Faust* que je vis à Londres en 1825 qui m'excita à fair quelque chose là-dessus. L'acteur, nommé *Terry*, qui a laissé des souvenirs dans le théâtre anglais de ce temps-là et qui est même venu à Paris, où il a joué, entre autres, le rôle du *roi Lear*, était un Méphistophélès accompli quoiqu'il fût gros ; mais cela n'ôtait rien à son agilité et à son caractère satanique.

Vous savez que Motte fut l'éditeur : il eut la malheureuse idée d'éditer ces lithographies avec un texte qui nuisit beaucoup au débit, sans parler de l'étrangeté des planches qui furent l'objet de quelques caricatures et me posèrent de plus en plus comme un des coryphées de l'*école du laid*. Gérard, toutefois, tout académicien qu'il était, me fit compliment de quelques dessins, surtout de celui du *Cabaret*. Je ne me rappelle pas ce que j'en retirai : quelque chose comme cent francs

et de plus une gravure d'après Lawrence, le portrait de Pie VII.
Toutes mes spéculations ont été dans ce goût. L'*Hamlet*
mieux encore : je l'avais fait imprimer à mes frais et éditer
moi-même. Le tout me coûta 5 ou 600 francs et je ne rentrai
pas dans la moitié de mes frais. Les médailles (dont j'ai
retrouvé des épreuves à votre intention) ont été exposées chez
des marchands, mais personne n'en a voulu.

J'ignore si Bonington a fait l'eau-forte dont vous me parlez : vous me rappelez que je fis d'après un de ses dessins
une lithographie assez lourde représentant un vieillard assis à
une table et lisant je crois une lettre que vient de lui apporter un jeune homme à grandes bottes appuyé contre la table.
Je dois en avoir une épreuve unique : peut-être s'en sera-t-il
répandu quelque autre qui aura donné l'idée de l'attribuer à
Bonington. Mais mon dessin est bien loin de la légèreté qu'il
mettait dans ses lithographies et, il faut dire, dans tout ce qui
sortait des mains de cet admirable talent. J'apprends que la
jeunesse de ce temps ne l'apprécie guère. Il partage cette
réprobation avec l'illustre Charlet qui pour cette génération
est un homme de l'empire et d'une exécution arriérée.

Recevez, monsieur, avec mes remerciements, mille assurances de considération et de dévouement.

E UG. D ELACROIX.

————

A M. VICTOR CHOQUEL.

Ce 14 mars 1862.

Monsieur, je suis vraiment désolé de ne pouvoir me rendre
au désir que vous m'exprimez d'une manière si flatteuse pour
moi, et je serais plus fâché encore si vous supposiez que le
prix que vous voulez bien m'offrir fût une raison de vous

refuser; la véritable est que depuis quelques années, j'ai tout à fait renoncé à faire des portraits, à cause d'une certaine susceptibilité des yeux qui me rend très-pénible de copier un modèle en peignant et avec le soin que demande particulièrement le portrait.

Veuillez donc, Monsieur, recevoir l'expression d'un véritable regret dans cette circonstance où j'aurais été heureux au contraire de réaliser un désir dont je vous remercie.

Agréez en même temps l'assurance, etc.

E. Delacroix.

M. Choquel avait demandé à Eugène Delacroix de peindre le portrait de sa femme. C'est un amateur du goût le plus subtil. Il possède plusieurs des œuvres du maître,— et des mieux choisies : — des aquarelles, des dessins, des pastels, des peintures à l'huile, le portrait de *M*^me *Simon, de l'Opéra,* une esquisse de la *Bataille de Nancy,* des *Fleurs* peintes à Nohant, etc.

A M. DE SAINT-GEORGES,

A NANTES.

Paris, 21 mars 1862.

Monsieur,

Je reçois à l'instant l'affreuse nouvelle que m'apporte votre lettre, et je suis comme vous sous l'impression déchirante et renouvelée à chaque instant de l'incertitude de la vie, et de cette disparition subite des hommes les plus rares. Mes relations encore récentes avec M. de la Combe ne me donneraient pas le droit de me dire son ami, et il me semble pourtant que je sens se briser un de ces liens qui nous attachent au monde. C'est qu'il ne fallait qu'un instant pour apprécier cette riche nature, dans laquelle le cœur et l'esprit

allaient de pair. Hier encore, je m'occupais de chercher une
pièce rare qui lui manquait et que j'eusse été si heureux de
lui offrir : je l'ai trouvée enfin, voilà que ses yeux ne s'ouvri-
ront plus! Vous, Monsieur, dont il appréciait si vivement le
caractère et qui l'avez connu pendant longtemps, vous recevez
un coup que rien ne peut guérir; vous perdez, avec l'ami
incomparable, l'homme que des penchants communs avaient
encore rapproché et avec lequel vous pouviez vous entretenir,
en vous comprenant parfaitement tous les deux, de ces arts
qui consolent, qui, au reste, sont devenus pour moi l'unique
bonheur de ma vie. Il faut bien que ce soit le seul sur lequel
il soit permis de compter, puisque l'on reste abandonné de tous
ceux que le cœur s'était choisis comme des modèles et des
appuis contre le chagrin.

EUG. DELACROIX.

Le colonel de la Combe, admirateur passionné de
Charlet, a laissé un catalogue des lithographies de ce
maître dont Delacroix prisait si haut la verve, le style
familièrement épique, la veine toute française. La
vente de son cabinet rappela avec justice l'attention
des amateurs sur les lithographies de Géricault, de
Bonington, de Decamps, de Delacroix, — véritables
dessins à plusieurs exemplaires — qu'il avait recueillies
en concurrence avec M. Parguez et M. His de la Salle.

A M. THORÉ.

Ce 27 avril 1862.

Mon cher ami, la personne dont vous m'avez parlé est
effectivement passée chez moi en mon absence, et je désire
beaucoup, vous n'en doutez pas, voir ses belles reproductions.

Mais j'ai presque aussitôt égaré la carte où se trouve son adresse : je l'ai cherchée inutilement et enfin je viens vous la demander et vous remercier, en même temps, de me procurer la vue de belles choses.

J'ai aussi à vous remercier de l'envoi qui m'a été fait de votre biographie de Bonington, qui donne une idée vive et nette de ce qu'il était, comme homme et comme talent. Vous êtes bien bon d'y avoir inséré ma pancarte. A propos, le portrait qui se trouve en tête ne se recommande pas par la même qualité que votre article, c'est-à-dire qu'il ne donne pas la moindre idée du pauvre Richard.

Je ferai ce qui me sera possible et avec beaucoup de plaisir pour que la cantate du Bibliophile[1], que j'apprécie et aime beaucoup, soit préférée. Seulement, quoique, comme confrère, je sois en bons rapports avec ces Messieurs de l'Académie, je dois dire que j'y suis considéré comme à peu près le seul de mon avis, ce qui fait que je ne figure dans aucune commission. Ce sera donc par mes recommandations, si elles sont accueillies comme je le désire, que je pourrai obtenir quelque chose.

Recevez, mon cher ami, les assurances de mon bien sincère attachement.

Eug. Delacroix.

Au ministère d'État comme à l'Académie, je ne jouis pas d'une grande popularité : on y a refusé péremptoirement de confier quelques-uns de mes tableaux[2], faveur qui a été accordée à plusieurs. Je ne le regrette pas beaucoup, je vous avoue; je n'aime pas qu'on fasse voyager les tableaux. Il y aura là un seul petit tableau de moi qui appartient à un amateur, lequel l'y a renvoyé de son chef et sans me consulter[3].

---

1. Le Bibliophile Jacob.
2. Pour l'Exposition universelle de Londres.
3. L'*Assassinat de l'évêque de Liége*, qui appartenait à M. Frédéric Villot.

A M. SCHWHITER.

A VENISE.

30 avril 1862.

... Ce ne sont pas les moyens de séductions qui manquent à votre lettre, mais elle s'adresse à un homme tellement
enlacé dans ce moment qu'il n'y a pas moyen de partir. Mon
travail de Saint-Sulpice est dans la phase la plus intéressante, et
les intérêts les plus grands me commandent d'achever le plus
tôt possible. — Je vous sais néanmoins un gré infini de votre
aimable insistance, mais il y a un moment de la vie où, avec
tout ce qu'il faut en apparence pour être libre, on est retenu
par des nécessités très-impérieuses ; le temps aussi est fort court
et les occupations plus multipliées. Quand j'aurai 50,000 francs
de trop, j'achèterai un palais ; il sera comme ma petite campagne de Champrosay, où je ne trouve pas le temps de mettre
les pieds, et qui est remplie d'agréments. Je vous admire et
vous envie de vous être fait une vie qui vous permet, à com-
mandement, de prendre un mois et plus pour une partie. Je
mourrai sans bouger, en me disant que je suis le maître de
le faire, ce qui est vrai aussi. — Ce que je redoute le plus
dans ce moment, c'est l'impossibilité de me remettre, à mon
retour, au travail le plus pénible et qui m'a mis dans ce courant d'idées dont je suis échauffé, mais que des distractions
charmantes me rendraient rebutant. Profitez donc encore pendant que vous y êtes. Faites-nous au moins des esquisses pour
redoubler mon regret à votre retour...

E. D.

A M. FR. PETIT.

Ce 2 mai 1862.

Monsieur, je me suis ravisé au sujet du dévernissage des
tableaux, et vos hommes, qui les ont enlevés très-soigneuse-

ment, ont dû vous parler à ce sujet de ma nouvelle résolution. Comme je désirerais, s'il est possible, trouver une occasion de placer ces tableaux, qui peuvent ne pas convenir à tout le monde à cause de leur dimension, mais qui seraient à leur place dans une grande habitation et chez un homme d'une certaine fortune, j'ai pensé justement que cette nouvelle exposition restreinte, par son public choisi les mettrait à même d'être bien vus pour cet objet. J'oserais donc me recommander à vous pour m'aider dans cette circonstance auprès des personnes qui fréquenteraient la galerie du Cercle. Je serais heureux de vous montrer ma reconnaissance pour le service que vous me rendriez en leur trouvant une bonne place, et dans le cas où vous ne préféreriez pas tout simplement un droit de commission sur lequel nous n'aurions pas de peine à nous entendre, je pourrais disposer pour vous d'un ouvrage qui serait à votre convenance. Je pourrais, par exemple, m'arranger pour avoir à ma disposition un petit tableau qui a paru vous plaire chez moi, et dont je puis changer la destination et qui a l'avantage d'être achevé : c'est *le petit Achille monté sur le centaure Chiron.* Si cet arrangement ne vous convenait pas, vous me diriez franchement ce que vous préférez.

Nous pourrons, si vous avez un moment, causer sur les prix qu'on pourrait exiger des quatre tableaux.

Je vous recommanderai bien de les faire vernir avec soin, très-peu couverts et avec le meilleur vernis possible.

Recevez, Monsieur, etc.

EUG. DELACROIX.

Il s'agissait, croyons-nous, des quatre puissants tableaux de fleurs qui ne trouvèrent d'acquéreur qu'à la vente posthume de l'atelier.

A M. SOULIER.

Ce dimanche 11, 1862.

Cher ami, ... Viens donc dîner avec moi mardi. Viens
vers 5 heures. Je serai rentré sûrement à cette heure-là et
nous causerons les coudes sur la table. Je ne suis pas en bon
état, j'ai eu la grippe tout l'hiver et ne me suis guéri qu'en
sortant le moins possible. Maintenant ce sont d'autres malai-
ses, l'estomac est fort dérangé et mon travail que j'avais pu
continuer cet hiver est à peu près arrêté. Tout me fatigue, je
voudrais dormir sans cesse. Vieillesse qui dort, mauvais signe.
Mais il faut s'habituer à l'invasion progressive de cette glace
et de cette torpeur. Te revoir quelques instants me réchauffera
et me rappellera de bons moments.

EUG. DELACROIX.

A M. ERNEST CHESNEAU.

Champrosay, ce 7 juin 1862.

Monsieur, [1]

On m'a transmis ici le volume qui contient la totalité de
vos Études sur les peintres modernes, et je vous réitère avec
bien de l'empressement les plus vifs remercîments : je me suis
aperçu que je vous avais encore de nouvelles obligations pour
la manière flatteuse dont vous avez bien voulu me mentionner dans ceux de ces travaux que je ne connaissais pas encore. Tous vos jugements ne seront peut-être pas approuvés,
mais ils méritent tous l'intérêt par leur sincérité et par la
finesse des aperçus. Me permettez-vous, Monsieur, à propos
d'un ouvrage si consciencieux et dans lequel, pour ma part,

je n'ai à reprendre qu'un excès de partialité bienveillante
pour ce qui me concerne, me permettrez-vous, dis-je, de vous
témoigner mon étonnement de ne pas voir figurer parmi les
peintres de ce siècle que vous trouvez les plus remarquables,
un homme admirable que je place fort haut dans mon
estime et dont vous ne prononcez pas même le nom : je
veux parler de Prudhon, le plus original peut-être de tous
les hommes dont vous vous êtes occupé, et que la postérité
placera, je n'en doute pas, avant plusieurs de ceux qui ont
exercé votre plume. Je ne peux attribuer cette omission qu'à
un parti pris systématique et fondé, mais que je regrette que
vous n'ayez pas pris la peine d'expliquer pour le lecteur, ami
des arts, à qui vous annoncez une sorte d'histoire de la peinture de notre temps. Je voudrais aussi, tant je suis exigeant
avec vous qui m'avez tant gâté, une grosse place pour Charlet. Ce n'est pas un caricaturiste, c'est un homme énorme ;
il a peint avec le crayon ; maintenant au contraire le pinceau
arrive rarement, avec toutes les ressources de la palette, à
passionner les tableaux d'une génération peu portée aux
grands effets de la peinture et qui en supprime ainsi les
principales difficultés.

Veuillez, Monsieur, excuser ces remarques qui vous
prouveront au moins que j'éprouve un vif intérêt à la lecture de ces Études vraiment originales, et si je me permets
d'y demander une sorte de complément, veuillez ne voir
dans ce désir qu'une autre manière de vous témoigner ma
reconnaisance.

Votre très-dévoué serviteur.

EUG. DELACROIX.

A Mme LA DUCHESSE C. DE C...

Champrosay, ce 13 juin 1862.

Madame la Duchesse,

Comment vous remercier d'une lettre aussi aimable et de ces éloges que votre précieuse partialité à mon égard vous a inspirés?...

Vous entendez bien, Madame la Duchesse, que quand je fais l'éloge de votre goût, je n'entends pas le voir chez vous dans votre bonté à adoucir mes reproches, mais dans la pieuse horreur que vous ressentez pour tout ce qui est horrible. Hélas ! l'horrible est partout : il est dans le fade comme dans l'énergie exagérée. Pouvez-vous rien comprendre à la littérature d'aujourd'hui, à ces nouvelles qui ont toujours l'air d'être la même, même à toute cette peinture qui n'offre que de la prétention impuissante et la répétition des mêmes pastiches?

J'avais vu, Madame la Duchesse, ce fameux tableau : mais il ne m'avait nullement surpris, j'entends par le genre de mauvais qui s'y trouve et qui ne diffère pas beaucoup du mauvais que l'auteur affectionnait autrefois. Il est fâcheux qu'on l'ait entraîné à montrer ce triste résultat à un âge où il n'y a plus guère d'espoir de prendre une revanche...

La duchesse C. de C. était, dans les arts, le sculpteur Marcello.

Le « fameux tableau » était le *Jésus au milieu des Docteurs*, de J.-D. Ingres.

A M. SCHWITER.

Champrosay, 11 juin 1862.

... J'avais ébauché un projet de voyage en Italie pour en finir. Votre lettre me rappelle cette idée. Nous en causerons.

Partir de suite me serait impossible à cause de tableaux
que j'ai promis de livrer. Le moment des chaleurs est aussi
un peu redoutable. Vous me direz quel est le moment le
meilleur pour cette excursion, que je voudrais faire en peu
de temps, et pourtant de manière à voir un peu de tout.
Comme vous vous proposez de repartir maintenant, j'irai
vous joindre où vous seriez...

Et huit jours après il lui écrit encore :

Soyez assez bon pour m'écrire l'adresse que vous avez à
Venise pour le cas où j'aurais quelque chose à vous demander
d'ici jusqu'au moment où je me mettrai en route pour vous
joindre. Je vais faire de mon mieux pour exécuter ce projet
qui me serait doublement agréable en votre compagnie...

E. D.

A M. FR. PETIT.

Champrosay, ce 23 juin 1862.

Monsieur, je compte aller à Paris vendredi de cette
semaine, 27 : si vous étiez assez aimable pour passer, de *deux*
à *trois heures,* j'aurais le plaisir de vous entretenir sur les
objets intéressants dont vous me parlez. Vous pourriez aussi
me faire rapporter à la même heure les quatre tableaux de
fleurs dont le succès a peut-être été satisfaisant, mais non
pas tout à fait dans le sens que j'aurais souhaité.

J'aurai quelques objections à vous présenter au sujet de
l'exposition que vous méditez de quelques-unes de mes œuvres : ces expositions des mêmes choses, fréquemment répétées, ont leurs dangers, et l'impossibilité d'avoir des choses
nouvelles leur fait perdre de leur intérêt.

Nous verrons cela ensemble. Le projet de photographies me paraîtrait de nature à avoir plus de succès, s'il vous sourit toujours...

A M. DE VALERNE.

Champrosay, ce 5 juillet 1862.

Mon cher Monsieur,

Je vous exprime le regret de ne pouvoir satisfaire à votre demande relativement à l'obtention de la commande d'un tableau. Les personnes qui vous ont parlé de mon influence au ministère d'État ont voulu sans doute éluder les recommandations qu'on leur avait faites à votre égard. Elles seules auraient quelque influence si elles étaient véritablement bien disposées, mais ce sont les mêmes qui empêchaient autrefois tous mes élèves d'être admis au concours de l'École. La preuve de leur position favorable à cet égard, c'est qu'elles font partie de la Commission et que je n'en suis pas. Dans cette situation, je ne puis rien demander au ministère d'État, d'autant plus que votre demande, venant d'un artiste qui n'a point obtenu de médailles au Salon, ne me paraît devoir être accueillie que grâce à des influences exceptionnelles. Ce sont ces influences que le Ministre a voulu éviter en nommant une Commission dont les avis sont très-écoutés, mais qui commence par donner aux siens et à ses amis...

A M. FR. PETIT.

Champrosay, ce 8 août 1862.

Monsieur,

J'ai vivement regretté de ne pas vous trouver samedi dernier, et comme je pensais retourner à Paris j'ai tardé à vous reparler du plaisir que m'ont fait les photographies que vous avez fait essayer d'après mes tableaux. Je ne puis trop vous encourager à poursuivre cette entreprise qui me paraît devoir donner de bons résultats sous tous les rapports et dans laquelle je vous aiderai autant que je le pourrai.

Quant à l'exposition de mes tableaux que vous projetiez pour cet hiver, je ne suis pas revenu du peu d'empressement que je ressens pour cette opération. Je vous ai dit quelques-unes des objections qui malgré vos observations se sont présentées à mon esprit. Il y a en outre une circonstance qui pourrait encore y faire obstacle si elle se réalise : j'avais pensé, tant pour ma santé que pour mon plaisir, à aller passer quelques mois en Italie, justement au moment où il serait utile de s'occuper de réunir les tableaux et aussi pendant le temps où ils seraient exposés, et je regretterais de ne pas au moins jouir de la vue de cette exposition. Je vous suis pourtant bien reconnaissant et je vous remercie encore de cette pensée conçue par vous dans mon intérêt, et qui pourrait peut-être se reprendre plus tard. J'insiste toujours pour les photographies dont je n'attendais pas de si bon résultats et qui sont dus, je n'en doute pas, aux soins que vous avez fait apporter à leur exécution.

E. D.

AU BARON SCHWITER.

Ce 8 août 1862.

... Je suis forcé par ma santé d'une part, et de l'autre par des considérations que je vais vous dire, d'ajourner un projet de voyage en Italie. J'ai eu une aggravation de l'indisposition dont je vous ai parlé (maladie de la vessie, sonde, etc.), laquelle rend les déplacements difficiles. Peut-être les cha-

leurs y ont-elles contribué ; mais en tout cas il y a un inconvénient que je craindrais de rendre sérieux. — En second
lieu votre belle Italie me paraît se remettre en campagne
pour de nouvelles aventures. J'espère... je me berce encore
de l'espoir de faire avec vous ce voyage en choisissant un
moment où nous n'aurions rien à craindre, ni l'ardeur du
climat, ni les excentricités des patriotes...

E. D.

A M. SAINTE-BEUVE.

Champrosay, par Draveil (Seine-et-Oise),
ce 12 août 1862.

Cher monsieur,

Que je vous remercie du plaisir que m'a causé le souvenir si flatteur que vous me donnez dans votre excellent article
sur ce brave Delescluse, auquel vous faites trop d'honneur en
le touchant de votre plume délicate ! Je suis tout seul à la
campagne, où je m'étais fait envoyer *le Constitutionnel,* pensant que c'était un journal comme un autre ; et voilà qu'il
m'arrive tous les lundis une nourriture spirituelle et l'occasion d'un plaisir exquis. Ne vous lassez point, cher et ancien
compagnon de guerre : continuez vigoureusement à prouver
(et j'en serai charmé pour ma part) qu'on peut être romantique et avoir du bon sens et de l'élévation.

Je vous serre la main avec une véritable reconnaissance,

EUG. DELACROIX.

Ce billet fut écrit à Sainte-Beuve, après la lecture
dans *le Constitutionnel* du premier des articles sur
Étienne-Jean Delescluze. Cette charge à fond sur le
critique qui fut l'implacable ennemi du romantisme
a été réimprimée dans les *Nouveaux lundis.*

A M. ALEXANDRE COLIN [1].

Champrosay, ce 15 septembre 1862.

Mon cher Colin,

Je n'avais pas manqué de m'informer à l'Institut, au commencement du mois, des époques du jugement des concours. Je partis à cette époque pour aller chez des amis près d'Orléans. J'en suis revenu hier pour assister à l'exposition et au jugement, et j'ai éprouvé le chagrin de ne pouvoir influer comme je l'aurais voulu sur le choix des concurrents récompensés. J'en suis d'autant plus affligé que mon opinion était que votre fils méritait le premier grand prix. J'ai fait partager cette opinion à quelques confrères, malheureusement en trop petit nombre, et nous avons voté en conséquence.

L'influence des maîtres est abominable, et il est bien difficile que les jugements ne s'en ressentent pas. Vous verrez par les prix et par la mention, que chacun de ces jeunes gens avaient leurs maîtres respectifs dans l'Académie. Battus pour le premier prix, nous avons essayé d'obtenir le second, et même un second grand prix, et nous n'avons même pu avoir la mention.

C'est en toute sincérité que je vous répète qu'à mes yeux votre fils était le plus digne. Son paysage sortait du poncif ordinaire des *éternels Poussin*. Les figures étaient fort bien arrangées, et c'était le seul chez lequel les devants fussent, selon moi, bien exécutés. Voilà, mon cher ami, la justice de ces jugements d'école; trois ou quatre voix au plus, voilà ce qu'on peut se flatter d'obtenir quand on n'est pas soutenu par un professeur, et on s'est arrangé de manière que je ne pusse jamais l'être. Je suis revenu ici après la séance, où j'ai trouvé

1. Cette lettre a été publiée dans *l'Art*.

votre lettre. J'avais appris par un journal, *la Presse,* je crois, que votre fils était le cinquième.

Recevez, mon cher et vieux camarade, l'expression de mon amitié et de mon bien sincère regret.

EUG. DELACROIX.

A LA DUCHESSE C. DE C...

Audes (Marne), ce 23 septembre 1862.

.... Les distractions que je prends font de moi un autre homme : je ne pense guère à la peinture. En revanche je jouis beaucoup de tout ce que je vois, je suis ici dans une vraie campagne. Champrosay est un village d'opéra-comique : on n'y voit que des élégants ou des paysans qui ont l'air d'avoir fait leur toilette dans la coulisse ; la nature elle-même y semble fardée ; je suis offusqué de tous ces jardinets et de ces petites maisons arrangées par des Parisiens. Aussi quand je m'y trouve je me sens plus attiré par mon atelier que par les distractions du lieu. Ici, en pleine Champagne, je vois des hommes, des femmes, des vaches : tout cela m'émeut doucement et me donne des sensations inconnues aux petits bourgeois et aux artistes des villes...

A Mme DE FORGET.

Angerville, 4 octobre 1862.

... Vraiment, il y a des moments où cette oisiveté me pèse un peu. On joue beaucoup le soir, et comme je ne touche jamais une carte, je me trouve un peu livré à moi-même. Il y a ce bon côté que je peux après le dîner, quand le temps est passable, faire des marches et des contre-marches

devant le château, qui fait passer ces dîners trop succulents.
J'ai eu il y a quelques jours des clairs de lune ravissants. Il
y a aussi de temps en temps un peu de musique. Batta en
fait d'excellente, malheureusement il n'est pas accompagné
convenablement; cela le refroidit, l'empêche de jouer souvent.
En somme, on me dit que j'engraisse, mais je crois que c'est
par politesse et pour m'engager à rester plus longtemps...

A M. GUILLEMARDET.

Angerville-la-Rivière, par Malesherbe (Loiret),
ce 11 octobre 1862.

Cher ami,

J'ai reçu en partant ta bonne lettre avec bien du plaisir,
et je suis bien heureux de celui que t'a fait le raisin de
Champrosay; puisse ce raisin soulager ton rhume! Nous
avons chacun nos ennemis acharnés, qui dans le rhume, qui
dans la vessie, et dans tant d'autres maux. Un homme raisonnable se dit qu'en somme la grande question est de vivre,
et même de vivre avec ses maux : c'est ce que tu feras j'espère encore longtemps avec les soins que tu sais prendre à
propos. Ta lettre est si aimable que j'y eusse répondu tout
de suite si j'eusse été dans une situation ordinaire. Mais non-
seulement je partais, mais une fois arrivé, j'ai été pris, au
milieu de la vie agréable que je mène ici, d'une paresse
presque insurmontable. Tu sais sans doute que je suis chez
M. Berryer, qui est le meilleur des hommes et le plus atten-
tionné à ses amis : des distractions, un parc charmant, quelques personnes agréables, tout cela vous endort à l'endroit
de vos devoirs et contribue surtout à vous empêcher de prendre la plume.

Je trouverai, à mon retour, un jour pour t'aller voir ; je
t'en préviendrai pour te trouver et voir tes tableaux. Tu

éprouveras beaucoup de difficultés à les placer, il ne faut pas se le dissimuler, même en admettant leur originalité et leur bonne conservation. Les Greuze se vendraient fort bien : on a fait même des folies pour ce maître qu'on a dédaigné si longtemps; mais le sujet, c'est-à-dire un portrait, pourrait ne pas éprouver autant de faveur. Quant à Mignard, cela sera je crois plus difficile encore : ses ouvrages ne se classent pas pour les amateurs dans un ordre très-élevé. Il faudra donc un morceau hors de prix pour exciter les amateurs. Tu vois que je ne te farde pas la vérité; mais comme il est question d'affaires, il ne faut pas se faire d'illusions qui empêcheraient peut-être d'accepter des prix raisonnables si on les trouve. Après que je les aurai vus, peut-être te donnerai-je de meilleurs encouragements.

Je pense être ici jusqu'au 20 ou 25 au plus tard. Dis à tes chères sœurs que je suis bien heureux de les voir recouvrer leur santé : vous êtes tous de la constitution de ta bonne mère et vous vivrez longtemps. Pour moi, ma santé est bien plus égale qu'elle n'a peut-être jamais été; toute mon étude ici est de résister aux entraînements d'une cuisine véritablement exquise. Je fais beaucoup d'exercice pour me mettre à la hauteur de la circonstance.

Je t'embrasse bien, cher ami, en attendant le plaisir de te revoir.

A M. P. ANDRIEU.

Champrosay, 29 octobre 1862.

Mon cher Andrieu,

J'ai trouvé votre lettre comme je venais d'arriver ici, et, avant de repartir pour un autre petit voyage (chez M. Berryer) après lequel je ne bougerai plus, je m'empresse de vous remercier de tout ce que vous dites d'aimable et d'encoura-

rageant. Vous le savez et tous les artistes le savent : les éloges
sont le vent qui enfle la voile et nous pousse à aller plus loin.
Il faut être doué d'un furieux amour-propre pour pouvoir se
passer de l'assentiment des autres et j'avoue mon faible à cet
égard. Vous savez tous les petits chemins par où il faut passer
pour arriver à faire quelque chose de passable : ne vous
découragez donc pas si vous éprouvez de la peine à rendre
vos idées. Je vous ai dit souvent et je vous ai prouvé que le
grattoir était l'instrument par excellence ; pour faire il faut
effacer : ceux qui ont bien fait ont été obligés d'en passer par
là. Il y a bien longtemps que je n'ai vu ces peintures dont
vous me parlez [1], et ce que vous m'en dites m'a fait un bien
vif plaisir.

Je regrette bien que vous n'ayez pu aller joindre la belle
Duchesse ; sous tous les rapports, vous y auriez profité. Il n'y
a pas bien longtemps que je lui ai écrit, et elle m'a répondu
une lettre fort aimable. Elle était à Aix et me parlait de
l'abandon de ses projets de travail. Elle aime Paris et ne
reviendra probablement pas trop tard ; vous la retrouverez
plus en train, mais malheureusement plus entourée de distractions. Je souhaite beaucoup que vous finissiez vos tableaux
à votre satisfaction pour qu'ils fassent de l'effet à l'Exposition.
Cela est capital pour vous. Je pense qu'après toutes mes tour-
nées finies je reviendrai à Paris et j'irai vous voir aussitôt.

Adieu, mon cher Andrieu : je vous remercie encore de
votre bon souvenir et suis tout à vous,

E. DELACROIX.

1. Le *Salon du Roi*, attenant à la bibliothèque de la Chambre des
députés.

Cette lettre est la dernière qu'il paraisse avoir adressée à son ami Soulier, receveur du canal du Loing, à Saint-Mauduit (Seine-et-Marne). Du moins elle est la dernière dans le paquet de copies qui nous a été confié.

Ce 20 novembre 1862.

Cher ami, ... ta lettre est bien triste et ce n'est pas sans sujet. La maladie de madame Soulier d'abord, ensuite celle de ton cher fils. Heureusement que tu m'annonces que ta femme va mieux; espérons que tu recevras de meilleures nouvelles du Mexique, car il est notoire que cette saison tend à faire disparaître les maladies, et le tempérament robuste de ton fils aidera à sa guérison. Quant à toi, pauvre ami, tu es dans le même cas que moi : les saisons peuvent changer, mais plus elles se succèdent, plus elles augmentent la cause des mille souffrances qui nous assiègent et qui nous attendent encore. Notre saison à nous c'est la vieillesse dont l'injure se fait sentir à tous les moments du jour. L'incertitude de tes affaires est bien faite aussi pour te donner plus d'ennuis. J'use souvent quand je suis triste et souffrant du même moyen que toi pour me relever : je pense aux moments heureux où nous nous sommes connus et ceux où nous avons joui si pleinement de la société l'un de l'autre. Bien des vides se sont faits et au demeurant nous y sommes encore. Il faut donc nous dire qu'avec toutes nos douleurs, nous sommes au nombre des privilégiés. On me citait dernièrement un mot d'Auber le compositeur, qui est un homme de beaucoup d'esprit. On lui disait à propos de ses 80 ans qu'il est bien ennuyeux de vieillir : « Oui, dit-il, mais c'est le seul moyen de vivre long-temps. » Voilà pour t'égayer un moment.

Remercie bien Mme Soulier de son bon souvenir : je suis bien heureux qu'elle aille mieux. Ce sera à son tour de te soigner si l'hiver ne t'est pas favorable; c'est aussi l'ennemi que je redoute. Le travail fait toute ma joie, mais il exige de ma part beaucoup de sacrifices, surtout dans cette saison.

Adieu, cher ami, prends courage et crois bien à tous mes vœux pour que tu sois plus heureux.

Ton vieil ami,

EUG. DELACROIX.

———

A M. WACQUEZ.

Février 1863.

Monsieur, je n'ai pu me rendre qu'hier à l'exposition du boulevard des Italiens. J'étais malade et je le suis encore. Je regrettais beaucoup de ne pas pouvoir vous dire mon impression de votre tableau. Il m'a paru d'un aspect vrai et très-étudié dans ses détails. Peut-être une certaine mollesse dans l'exécution des fonds nuit-elle un peu à la franchise de l'ensemble. Au reste, je crois aussi qu'il faut l'attribuer à ce que vos animaux, qui d'ailleurs sont très-bien dessinés, sont modelés avec beaucoup de ressort. — Les petites critiques que je prends la liberté de vous faire, entre autres celle de mettre un peu trop de détails sur les devants, me paraissent devoir être attribuées, en grande partie, non pas à l'indigence de l'effet que vous avez surabondamment, mais à une cause qui me paraît devoir induire toute espèce de talents dans cet abus. Je me suis permis déjà plusieurs fois de déconseiller à des artistes s'occupant de paysage de vivre continuellement à la campagne. La présence de la nature ôte toute initiative, et il me paraît presque impossible, en présence de la perfection qu'elle offre toujours, de ne pas se croire inférieur toutes les fois qu'une certaine inspiration vous porte à des sacrifices. Le système des simples études d'après nature me paraît infiniment préférable, ainsi que l'éloignement des objets de l'imitation dont la mémoire ne conserve alors que les points saillants.

Veuillez excuser ces idées que je vous soumets, et qui me sont dictées par un désir sincère qu'elles puissent vous être utiles.

Agréez mes compliments affectueux.

EUG. DELACROIX.

A M. DUTILLEUX.

Ce vendredi matin, 8 mai 1863.

Mon cher ami, quand j'ai vu avant-hier dans vos mains et sous vos yeux la petite esquisse de *Tobie,* elle m'a paru misérable, quoique cependant je l'eusse faite avec plaisir. Enfin, quoi qu'il en soit de cette impression, je me suis rappelé après votre départ que vous aviez regardé avec plaisir le *petit lion* qui était sur un chevalet. Je souhaite bien ne pas me tromper en pensant qu'il a pu vous plaire ; je vous l'aurais envoyé tout de suite sans les petites touches nécessaires à son achèvement et que j'ai faites hier. Recevez-le avec le même plaisir que j'ai à vous l'envoyer et vous me rendrez bien heureux.

Votre sincèrement dévoué,

EUG. DELACROIX.

Il est encore frais dans de certaines parties : évitez la poussière pendant 2 ou 3 jours.

A M. P. ANDRIEU.

Ce 21 mai 1863.

Mon cher Andrieu,

Je vous remercie bien de votre bon souvenir et suis particulièrement très-heureux que vous n'ayez pas éprouvé de mécomptes dans vos compositions. On n'achève bien que ce qui est bien préparé. Vous recueillerez le fruit des efforts préliminaires que vous avez faits...

Je n'ai pas eu à me louer de ma santé et je n'ai pour ainsi dire rien fait depuis que je vous ai vu. Le rhume que j'ai depuis près de trois mois est aussi violent, et j'y ai ajouté les inconvénients d'une chute que j'ai faite sur l'angle d'un meuble, et qui m'a causé un grand ébranlement. J'ai aussi les yeux en mauvais état pour avoir trop lu, ne pouvant travailler. Je fais mes paquets pour changer d'air, et j'espère que la campagne me remettra en état de travailler avec suite, ce qui chassera l'ennui et la tristesse.

J'ai vu la Duchesse deux ou trois fois avec beaucoup de plaisir : je crois qu'elle vous regrette beaucoup et voudrait s'occuper de peinture. J'entends dire qu'elle a beaucoup de succès pour ses bustes, dont l'Impératrice lui a fait de très-grands compliments : je pense qu'elle doit être satisfaite.

Ne négligez pas d'accepter les commandes qu'on pourra vous donner, surtout si vous deviez les refuser en vue des travaux que nous pourrions faire ensemble. La mauvaise campagne que je viens de faire ne me dispose guère à me lancer pour le moment dans les grandes entreprises, malgré la passion que j'ai pour elles : mais il faut que la passion cède à la raison. Je suis à un âge où il faut s'accoutumer aux privations.

Haro m'a parlé des chagrins que vous avez eus à l'Exposition : les artistes sont traités d'une manière abominable, et cet état ne cessera pas, tant que le jury sera institué comme il est.

Tenez-moi toujours au courant de ce que vous faites. Ce travail va augmenter votre confiance en vous-même : c'est l'élément le plus nécessaire pour réussir dans toutes choses.

Recevez, mon cher Andrieu, etc.

EUG. DELACROIX.

A M. GUILLEMARDET.

Ce 3 juin 1863.

Cher ami, j'étais tellement fatigué et excédé de mes arrangements, que je n'ai pu aller te voir avant mon départ; j'en ai été d'autant plus contrarié que je savais que tu avais éprouvé un petit accident. Voilà que depuis trois jours j'ai été obligé de revenir pour consulter : ce rhume de trois mois commençait à tourner mal. On m'a raccommodé tant bien que mal, avec permission de m'en retourner demain, mais avec la prescription d'un repos et d'un silence absolus. Je ne puis être mieux qu'à Champrosay pour observer l'ordonnance; mais, du moins, au lieu de ne voir que les cheminées de Paris j'ai sous les yeux la plus belle campagne. Tu le vois, repos, silence, et surtout silence. C'est pour avoir été dans ces derniers temps engagé souvent dans des conversations que, le rhume cédant, j'en suis venu à ne pouvoir prononcer une parole sans tousser.

J'espère, bon ami, que tu te tiens ferme aussi au même régime bienfaisant et que nous nous retrouverons dans peu remis de nos inquiétudes...

A M. L. RIESENER.

Paris, le 6 août 1863.

Cher ami,

Ne t'étonne pas de voir une main étrangère, — ma plus grande maladie à présent est la faiblesse, car tous les autres accidents ont disparu. C'est une convalescence qui sera très-longue à cause de cela, mais, du reste, je reçois mes amis et surtout j'ai bon appétit.

S'il se présentait quelque chose de grave on te l'écrirait tout de suite.

Je t'embrasse,

EUG. DELACROIX.

Tel est le dernier billet qu'ait dicté Eugène Delacroix. Il le signa d'une main ferme. On voit, par la date du document que nous reproduisons ci-après, avec quelle pudeur il dissimulait à ses amis la gravité d'un état qu'il ne connaissait que trop bien. Il n'existait plus lorsque la gouvernante Jenny Lesguillon se décida à « écrire » aux parents et aux amis.

PRÉFECTURE DU DÉPARTEMENT DE LA SEINE.

ÉTAT CIVIL.

Du quatorze août mil huit cent soixante-trois, à trois heures et demie du soir. Acte de décès dûment constaté de Ferdinand-Victor-Eugène Delacroix, artiste peintre, membre de l'Institut, commandeur de la Légion d'honneur, décédé en sa demeure, rue de Furstemberg, n° 6, le treize de ce mois, à six heures du matin, âgé de soixante-cinq ans, né à Charenton Saint-Maurice, Seine; célibataire, sur la déclaration faite par messieurs François-Honoré de Verninac, président du tribunal civil de Tulle (Corrèze), y demeurant, chevalier de la Légion d'honneur, âgé de cinquante-neuf ans, et Eugène-François-Charles Legrand, avoué près le tribunal civil de Paris, âgé de trente-quatre ans; demeurant rue du Luxembourg, n° 45, qui ont signé après lecture avec nous, Dutertre, Jacques Delaire, adjoint au maire du sixième arrondissement de Paris, officier de l'état civil. Signé Verninac, Legrand, Delaire.

(*Pour copie conforme.*

Paris, le 3 septembre 1874.

Le maire du VIe arrondissement,

Signature illisible.)

TABLE

———

1837.

1838.

1839.

1840.

1841.

1842.

1843.

1844.

1845.

1846.

1851.

1852.

1853.

1854.

1855.

1856.

1857.

1862.

1763.

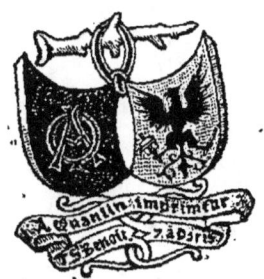

Quantin, imprimeur
7, S*-Benoit, 7, à Paris

www.ingramcontent.com/pod-product-compliance
Lightning Source LLC
Chambersburg PA
CBHW051351220526
45469CB00001B/204